Senhora do meu destino

Susana Vieira

SENHORA DO MEU DESTINO

COM
MAURO ALENCAR

GLOBOLIVROS

Copyright da presente edição © 2024 by Editora Globo S.A.
Copyright © 2024 by Susana Vieira
Copyright © 2024 by Mauro Alencar

Todos os direitos reservados. Nenhuma parte desta edição pode ser utilizada ou reproduzida — em qualquer meio ou forma, seja mecânico ou eletrônico, fotocópia, gravação etc. — nem apropriada ou estocada em sistema de banco de dados sem a expressa autorização da editora.

Texto fixado conforme as regras do Novo Acordo Ortográfico da Língua Portuguesa (Decreto Legislativo no 54, de 1995).

Editor responsável: Guilherme Samora
Editores assistentes: Renan Castro e Gabriele Fernandes
Colaboradora: Eliana Pace
Preparação: Patricia Calheiros e Marcela Isensee
Revisão: Vivian Sbravatti
Foto de capa: Wagner Carvalho, para a exposição Somos Todos Artistas, no Fórum de Ipanema (2018)
Design de capa: Carolinne de Oliveira
Diagramação: Crayon Editorial

1ª edição, 2024

CIP-BRASIL. CATALOGAÇÃO NA PUBLICAÇÃO
SINDICATO NACIONAL DOS EDITORES DE LIVROS, RJ

V718s

Vieira, Susana, 1942-
Susana Vieira : senhora do meu destino / Susana Vieira, Mauro Alencar. - 1. ed. - Rio de Janeiro : Globo Livros, 2024.
352 p.; 23 cm.

ISBN: 978-65-5987-114-8

1. Vieira, Susana, 1942-. 2. Atrizes - Brasil - Biografia.
I. Alencar, Mauro. II. Título.

24-88856 CDD: 791.45092
CDU: 929:7.071.2

Meri Gleice Rodrigues de Souza — Bibliotecária — CRB-7/6439

Direitos exclusivos de edição em língua portuguesa para o Brasil adquiridos por Editora Globo S.A.
Rua Marquês de Pombal, 25 — 20230-240 — Rio de Janeiro — RJ
www.globolivros.com.br

Este livro, composto na fonte Fairfield, foi impresso em papel Lux Cream 60g/m² na Lis Gráfica.
São Paulo, março de 2024.

Dedico este livro ao meu filho Rodrigo, meu companheiro de jornada, meu amigo nas boas e nas más horas, meu menino compreensivo, meu apoio invisível, minha saudade permanente.

Também à minha fiel escudeira e amiga Dany Tavares, em quem confio na vida e para o infinito. E a quem amo pelo caráter, pela sabedoria, pela ética e pela calma.

ESCOLHI FAZER DA MINHA biografia um lugar seguro, em que eu pudesse ser eu mesma, longe de qualquer julgamento.

Para aqueles que me amam...

Eu deixo toda a minha gratidão.

Eu reconheço o meu tamanho, a minha força e admiro a mulher que eu sou e tudo o que eu conquistei até aqui.

Mas não tenho como contar essa história sem reconhecer todo o amor que recebi de milhares de pessoas, de diversas formas, mas sempre amor.

Deixo aqui nestas páginas a minha verdade e minha gratidão a Deus, quem me deu a vida.

SUMÁRIO

Uma questão de tempo *13*
Prefácio *15*

1. Um salto para a vida! 23
2. Álbum de família 25
3. Vida de bailarina 49
4. Sob os holofotes 51
5. Tempos da tv Tupi 55
6. Subindo no altar 57
7. Eu e Rodrigo *61*
8. Fazendo história aqui e no estrangeiro 69
9. tv Excelsior 75
10. Uma questão racial 79
11. A sucessora *81*
12. Um doce referencial perdido 87
13. Tupi e Record *91*
14. Minha origem teatral 95
15. Shirley Valentine, um ícone mundial 97
16. A solidão do sucesso *103*
17. As divas *113*
18. A arte de vestir uma personagem *123*

19. tv Globo 129
20. O espião 133
21. Separação e superação 137
22. Liberdade para viver 139
23. O preconceito da separação 143
24. Escalada 145
25. Uma cena de amor 151
26. Sensualidade à mostra 157
27. A partilha 161
28. A vida para sempre 167
29. O trato com a imprensa 169
30. Uma paixão no *merchandising* 173
31. Conceitos morais 175
32. O que é o casamento? 177
33. A ditadura da beleza 179
34. O grande maestro 181
35. Teatro *versus* tv 183
36. As executivas 189
37. As exigências do mercado 191
38. Os gigantes 195
39. Conflitos com a caracterização 199
40. Um fraterno amor 201
41. Fera ferida 207
42. Os diretores 211
43. O salvador da pátria 215
44. A música que me move 223
45. Nem boneca nem vestidinho 229
46. A sedução dos cabelos 233
47. A regra do jogo 235
48. Os ossos do ofício 239
49. Agruras da tecnologia… 241
50. Reconhecendo o mundo 245
51. Careta não, disciplinada 247
52. Eu e o Carnaval 251

53. Quando o destino me traiu 261

54. O preço da velhice 265

55. Um novo olhar 267

56. O ser feminino 271

57. Minha fé 275

58. Rajá 279

59. Éramos seis 281

60. Pensar no futuro 283

61. A pandemia que mudou nossa vida 287

62. E a vida recomeça 291

63. Bola pra frente 301

64. Meus netos em solo brasileiro 303

65. O tempo não para 307

Posfácio 311

Para aqueles que eu amo 313

Estrela na vida e na arte 315

Uma questão de tempo

Tenho muitos pensamentos e sentimentos diferentes. Isso é bom porque ainda tenho altos e baixos, coloridos e não coloridos. E a cada dia acontece algo que me marca, para o bem e para o mal. Tenho saudades das coisas boas, mas vou caminhando para a frente. Minha carreira foi seguindo de maneira muito linda e próspera. E, pensando bem, vivi uma irresponsabilidade saudável da minha geração.

Acho que o passado não tinha o peso que vejo agora ao escrever este livro com Mauro Alencar. Não consigo me lembrar tão bem do passado, com detalhes mínimos, a não ser conversando, e assim fomos remontando a minha vida, a minha rica carreira, as vivências que tive ao longo da minha história, a minha trajetória como atriz, como mulher. A forma como vivi e vivo cada instante com muita intensidade, muita paixão, destemor. Como fui ultrapassando cada etapa da vida com suas alegrias e seus dissabores, pertencentes a qualquer trajetória humana, mas sempre com um olhar de superação de mim mesma.

Neste momento da minha vida, admito que a doença que me deu uma baqueada e que me afastou do trabalho por um período me deixou deprimida. Não que eu queira morrer no palco, mas o trabalho é minha essência. No entanto, essa parada obrigatória me fez refletir sobre muita coisa da minha vida e da minha carreira. Foi uma experiência de profundo autoconhecimento. Quanta vida eu vivi...

A vida vivida não se ensina, mas por meio deste livro quero compartilhar a fascinante experiência humana que representa meu equilíbrio entre a Susana Vieira e a Sônia Maria com vocês. Só descobri a essência de cada personagem que fiz, ou a importância daquele personagem para além da novela, quando o Mauro se propôs a escrever o livro comigo e a me ajudar a mexer fundo nas minhas memórias. Mais que um livro no qual remexo as minhas memórias e as minhas lembranças pessoais e da minha carreira artística, tentamos mostrar para onde é que a vida foi me levando, por quais caminhos passei, quantas pessoas conheci, os trabalhos que integrei... E quantos projetos ainda posso ter. Projetos. Não digo sonho. Porque esse negócio de sonho, se você não realiza, fica frustrado. Então, eu não sonho. Eu projeto.

SUSANA VIEIRA

Prefácio

Susana Vieira: um brinde à arte de viver!

A mágica da criação do ator nasce de uma celebração a Dionísio, deus dos ciclos vitais, do vinho e do delírio; expoente máximo do entusiasmo. Um culto agrícola, religioso, festivo, repleto de cantos e danças. Deste turbilhão de emoções, representado pelo coro grego, eclode — falando não agora em nome do deus, mas em nome de si próprio — a figura do ator. E o templo, espaço de festividades religiosas, passa a ser denominado "teatro". É quando adentramos a seara artística, organizada na Grécia por volta do século VI a.C., e passamos a contar na vida social com a presença do ator.

Assume o ator, com máscaras visíveis ou não, ao longo dos séculos, a responsabilidade de comunicar, interceder (juntos aos deuses?) e representar na sociedade todos os nossos dilemas, nossas aspirações, nossas mazelas, nossas dores e nossas alegrias. Drama e comédia.

E, como que saída de um coro grego, encontramos as múltiplas representações de Susana Vieira. Primeiramente, como Sônia Maria, cuidadora da realidade do lar, dos afazeres domésticos. A preparadora do terreno artístico, do templo que irá transformar-se em palco. Não tardará para que Sônia dê espaço para Susana brilhar à luz da ribalta e sob os holofotes televisivos.

Mas a passagem de Sônia para Susana e a escalada artística de Susana Vieira é lenta, gradual, acompanhando o ritmo dos festejos ao deus Dionísio, até a merecida — por talento e vocação — consagração estelar.

Entretanto, por destino ou pacto com os deuses do Olimpo e da arte de representar, a grande atriz Susana Vieira não abandonou a realidade. A longa história de sua autobiografia, que tive o privilégio de acompanhar e registrar, comprova isso. E, muito particularmente, a construção de uma das maiores estrelas da arte dramática na televisão. Assim notará o leitor desta ora memória, ora biografia, ora evolução artística de uma atriz que passou por diversas emissoras de televisão antes de consagrar-se na TV Globo.

No estrelato, sem perder a realidade (serviria Sônia Maria de base para a fagulha de loucura que todo artista deve ter?), a atriz Susana Vieira passou a representar a resolução positiva dos mais variados conflitos humanos: o feminino por si só e o feminino interagindo com o universo masculino e com a sociedade em geral.

Nada lhe escapa, portanto, uma observadora arguta da sociedade. Revê o passado, firma-se no presente e projeta o futuro que se torna o presente bem resolvido. E de que maneira isso ocorre? Como ela mesma diz: "Até que não foi tão difícil assim".

Criada em seus primeiros anos de vida no bairro de Olivos, no município de Vicente López, a uma hora de Buenos Aires, compreendemos o comportamento ora aristocrático, ora latino-melodramático da atriz na vida e na arte. Primeiramente porque Susana também passou seus dias em Buenos Aires, lugar de forte presença italiana. A cidade portenha é marcadamente conhecida por expressões e gestos fortes, por uma gente que se atira para vencer na vida. Depois, conhecendo mais intimamente o cotidiano de Olivos, ficamos sabendo que o agradável e sofisticado bairro foi colonizado por ingleses. Desse modo, desenham-se na vida e na arte os gestos, as emoções e as atitudes de nossa atriz. Pronto: geograficamente está preparada a construção (argamassa) emocional e artística que será a base que Sônia Maria Vieira Gonçalves entregará para Susana Vieira tornar-se uma verdadeira estrela na vida e na arte, remodelando para si o fundamental legado da beleza e do refinamento da *mãe e o rigor espartano* do pai; mas ambos de essencial contribuição para a base da história da arte que norteou nossa atriz.

Como se Atenas e Esparta, retornando às origens gregas, tivessem sido (e foram!) bases para o que se desvelaria mais tarde, na trajetória da mulher e da atriz. E, da síntese das culturas, Susana Vieira bem poderia ser a representação de um tango, nascido em Buenos Aires e Montevidéu (cidades caras à sua formação) com a presença de outros ritmos musicais como o samba, nascido no Rio de Janeiro. Ou, em certos momentos, uma valsa austríaca (a lembrar de Marina Steen, de *A sucessora*). Daí sua maleabilidade artística ao longo de tantas décadas, por diversas mídias. Soube, com isso, musicalmente até, movimentar-se pelos estúdios, pelos palcos da vida. E muito bem explicitou a sua arte, "atingindo altos patamares de popularidade e prestígio", como registrou meu saudoso mestre Artur da Távola no fabuloso livro *O ator*:

> "O traço que de imediato ressalta em Susana Vieira é o domínio da técnica de representar em televisão. Ela se move e posiciona com absoluta perfeição no quadrado da câmera. Parece adivinhar quando está em cena ou em planos mais abertos. O rosto de Susana é riquíssimo. Há desenhos de menina no corte dos olhos, na curva do queixo, ao lado de signos outros, sensualíssimos, como a boca eriçada e úmida e a angulagem do rosto perto da mandíbula, denotando intensidades e impulsos passionais. Essa mistura de signos de menina com a sensualidade intensa de uma contraditória mulher, permite o trânsito de muitas emoções pelo rosto. E em televisão, o rosto é 90%. Nos olhos de Susana coabitam pecados, ironias, doçuras, ambições e durezas. Não é fácil encontrar-se num só rosto signos assim tão variados e contraditórios, à disposição do ator. O hindu Rajneesh diz muito bem que a fonte de toda a tensão é o 'tornar-se'. As pessoas deixam de ser e deixam o próprio ser para 'tornarem-se' o que sonham. É a representação (num plano muito simbólico) desse tipo de vida e de pessoas modeladas por ela, o que as personagens de Susana Vieira explicitam. Parece que a atriz sentiu em seu ser a ligação profunda que haveria entre ela e o público a partir do momento em que representasse essa ânsia intensa e sofrida do 'tornar-se'".

Daí que, seja por conhecimento artístico, seja por intuição íntima com a vida, a atriz ora entrega-se por inteiro à personagem, ora a critica como atenta observadora (de si e das personagens à sua volta), conseguindo em certos momentos substituir a psicologia pelo gesto. Não por um acaso, encontramos em sua atuação o embasamento artístico e teórico de três gigantescos encenadores mundiais: Constantin Stanislavski, Meyerhold e Bertolt Brecht.

Susana, ao longo de sua história, foi nos mostrando a carga trágica que existe na vida; mas sempre unindo isso a uma visão clara e direta como parte integrante da condição humana. E sempre trouxe a público uma visão popular (mas não populista), uma resposta que desse a volta por cima com aprendizado e reconhecimento de nosso lado mais sombrio. Nesse sentido, impossível não fazer um paralelo com as observações do consagrado dramaturgo Nelson Rodrigues: "Aprendi a ser o máximo possível de mim mesmo".

Sendo o máximo possível de si, voltando todos os conflitos da condição humana para si mesma e renascendo inúmeras vezes, Sônia e sua maior representação artístico-social — Susana Vieira — tornaram-se essenciais para a cultura contemporânea, gerando uma intensa identificação com diversas camadas da sociedade. Mulher e atriz encarnando arte e vida com a mesma intensidade.

Não por acaso, Susana Vieira apresentou uma das mais notáveis encarnações de Alaíde (*Vestido de noiva*), a complexa personagem criada por Nelson Rodrigues que contribuiu para renovar o cenário teatral. Por meio da aparente desordem dos planos — presente, passado e alucinação —, encontramos uma lógica inquestionável.

Antes disso, a determinada Veridiana (*Os gigantes*), cerebral, emocional, já mostrava um ponto de mutação na galeria de personagens defendidos por ela. Surgia aí uma nova Susana, com visão direta e objetiva da realidade. O prenúncio do que viria a ser a função social da atriz.

Dentro de uma literatura dramática, não é difícil observarmos as sutilezas empregadas pela operária da cena na composição de grupos de personagens, como veremos no desenrolar de sua longa história...

Por vezes romântica e completamente mergulhada nas emoções daquela a quem empresta seu físico, como Candinha, de *Pigmali*ão 70. Reprimida, mas com sexualidade à flor da pele, Tina, em *O espigão*, caminha para o realismo proposto por Dias Gomes. Até subir importante degrau na carreira artística na perfeita composição de Cândida (*Escalada*, de Lauro César Muniz), num jogo interpretativo que se equilibrava entre a completa entrega à personagem e uma visão crítica que partia da própria atriz. Entravam em ccna a questão do divórcio, ainda em tempos de férrea ditadura, e a personagem que não aceitava um casamento frustrado com Antônio Dias (Tarcísio Meira).

O jogo do faz de conta, a mescla perfeita entre ficção e realidade, foi o passaporte para alcançar o protagonismo total em *Anjo mau*, como a babá Nice, criada por Cassiano Gabus Mendes.

A mesma chave interpretativa que Susana utilizaria na obra-prima *A sucessora*. A nova mulher de Roberto Steen (Rubens de Falco) deveria romper com o pomposo francesismo que imperava no Rio de Janeiro na década de 1920. Atriz, como suporte físico, numa total entrega às emoções da personagem, mas também com relativo distanciamento para injetar um olhar crítico sobre o afetado estrangeirismo e a desnecessária solenidade numa residência familiar.

Susana ousa, moderniza-se sempre, em sintonia com o seu tempo, na construção do que poderíamos chamar "mito contemporâneo", pois serve de inspiração e espelho para diversas camadas da sociedade.

Dentro desse quadro, encontramos o determinismo da já citada Veridiana Gurgel, de *Os gigantes*, personagem que simbolizou o período final da ditadura no Brasil. Na sequência, alguns destaques como Paula (*Baila comigo*), Gilda (*Partido alto*), Renata (*Um sonho a mais*) — personagens solares, frutos também de suas criações anteriores, misturadas com maestria à sua verve cômica, crítica, irônica, debochada. Mas, atriz de inúmeros recursos, ao misturar a dramaticidade herdada de sua vivência argentina com a despojada interpretação brasileira, encontra um espaço para a docilidade justiceira de Amanda (*Cambalacho*). Envereda, então, por mulheres intensas, com peso mais dramático: Gilda (*O salvador da pátria*), Ana (*A próxima vítima*), Lorena (*Mulheres apaixonadas*). Personagens ricas em gestos e emoções tão diferenciados como a esfuziante Rubra Rosa, de *Fera ferida*, e a sofisticada Branca Letícia, de *Por amor*, uma das mais notáveis vilãs de nossa teledramaturgia.

Esse arco dramático pode ser concluído com a próspera migrante nordestina Maria do Carmo (*Senhora do destino*), a orgulhosa senhora de seu destino, mais um grande personagem de Aguinaldo Silva sob medida para a atriz. E é no palco, em seu brilhante desempenho como Shirley Valentine (um presente do amigo e diretor Miguel Falabella), que Susana parece resumir toda a sua trajetória: não permitir que a vida a transforme em uma mulher submissa (Shirley), mas, sim, em protagonista de sua própria história (Valentine), no difícil ajuste com a solidão, contando consigo mesma no caminhar da vida...

É nesse complexo equilíbrio entre a ficção e a realidade, nos diversos tempos e planos emocionais que regem a nossa vida — presente, passado e devaneio — que encontramos a base de nossa longa história. Certamente, um aprendizado que permitiu uma história de sucesso na vida de Sônia e na arte de Susana Vieira. E que, seguramente, vem servindo, com um pouco mais de lucidez, à compreensão de nossa existência.

Acompanhando, como testemunha ocular, a carreira de Susana Vieira desde a sua estreia na Globo em 1970 (aquilo que não presenciei foi-me muito bem informado pelas pioneiras Ivani Ribeiro e Dulce Santucci) e observando atentamente seus desdobramentos na sociedade, não foi difícil compreender sua inserção na manifestação artística, sua importância vital no processo psicossocial da indústria do entretenimento. Por certo, tudo isso tendo como origem sua extraordinária contribuição para o desenvolvimento artístico do Brasil e do exterior.

Ainda, tendo como base as ciências sociais que compõem nossa essência na trajetória humana, senti-me no dever de incentivar a atriz a contar sua história. Para a minha (nossa) felicidade, ela aceitou, porém, com uma condição: que eu estivesse junto a ela nessa longa jornada íntima, artística... O passo a passo da construção de uma atriz — e ser humano — estelar, os desafios da vida e da carreira, a reinvenção de si mesma a provar a máxima de nosso poeta Ferreira Gullar: "A arte existe porque a vida não basta". Por esse motivo precisamos da arte. A arte que transforma a dor em prazer estético. Sônia Maria Vieira Gonçalves ou Susana Vieira fazem exatamente esse percurso. Trilham exatamente por esse caminho. E nisso reside exatamente o motivo deste livro.

E, para mim, o meu maior desafio foi organizar a imensidão que é a nossa biografada, estrela na vida e na arte! Susana Vieira, a quem sou eternamente grato pela oportunidade e confiança de poder mergulhar em tão rica vida pessoal e artística, é a própria essência da poesia de Clarice Lispector. Susana/Sônia é o mar! Pois, como ela própria registrou em nosso longo percurso (sempre com a presteza de dona Cida e com o saboroso café e lanche da tarde preparado por Cláudia e Rose): "Eu nunca sou definitiva".

MAURO ALENCAR

1. Um salto para a vida!

De repente, eu estava em cima de uma maca que corria pelo corredor e aquelas luzes brancas no teto passando rapidamente. Isso me lembrou o começo de um filme, e, para não ser reconhecida no hospital, me cobri com um lençol. Isso foi em 12 de dezembro de 2017, e eu não estava entendendo nada. Pensava comigo mesma: "Meu Deus! Mas eu estava tão bem. O que estou fazendo aqui?". Foi a primeira vez que entrei num CTI (centro de terapia intensiva) na minha vida. E, estando consciente, foi uma experiência muito forte. Aquela maca que não chegava nunca ao seu destino e eu sem a menor ideia do que iria acontecer, se iria ser operada... porque, imagino, quando você vai para o CTI inconsciente, a experiência é outra. Quando você está consciente e os médicos estão tentando saber o que você tem — eletrocardiograma, ela está tendo um infarto? — graças a Deus eu não tive, mas mesmo assim a vivência desse momento é traumática.

À medida que o tempo foi passando, percebi que estava combalida, mas me sentia bem. Afinal, estou na terceira idade, ou melhor, acho que estou na segunda parte da terceira idade! E chegar aos oitenta anos é uma experiência muito forte, muito diferente. Você é diferente em tudo, sim. Não adianta dizer que está jovem, que o corpo está jovem... porque, por mais que você se cuide, o corpo tem a sua idade. Quero começar a contar a minha história a partir do que está acontecendo agora, do tempo presente. E também para que as pessoas saibam por que fui parar no hospital. Foi quando o médico perguntou como estava a minha vida que comecei a fazer uma retrospectiva até aquele dia, 12 de dezembro de 2017.

Na verdade, acho que tudo foi um acúmulo. Um ano e meio fazendo e passando por coisas desagradáveis e fingindo que estava tudo uma maravilha. Cheguei de Miami e fui internada no mesmo dia.

Falam que tenho muita energia, que vou vencer, que "transmito vida" para os outros. Isso é muito bom de ouvir, mas fiquei numa obrigação, talvez, no subconsciente, de me superar. Entretanto, nunca me superei em nada, até porque sempre achei que as minhas atividades na arte fossem as coisas mais naturais do mundo. Se levantei e estou com força e inteligência, vou fazer o quê? Televisão, teatro, cinema, comercial... Fico achando que, se não aproveitar o dia, passar cada minuto fazendo alguma coisa, não há sentido. Achava que não tinha que dar pausa, porque a vida é uma bênção, é encantadora.

Tenho horror a imaginar que um dia vou morrer. Tenho verdadeiro horror à morte! E a primeira lição que tirei desse susto que me levou ao hospital foi que não se pode perder tempo na vida. Tenho que ouvir meu corpo, que me dava sinais de que eu nunca mais iria fazer nada que não quisesse. Antes de responder "sim" a uma proposta, eu precisava primeiro responder "não". Virar o disco. Sair do lado A, do "sim, sim, sim", e mudar para o lado B, que é dizer "não".

Dizem o tempo todo que a idade não está no corpo, está na cabeça. Isso não é verdade! É óbvio que a minha cabeça mudou, mas o corpo começa a dar sinais de cansaço, apesar de me cuidar muito. Não sou mais jovem. Sou uma pessoa muito preocupada, séria, apesar de não parecer. Ainda bem que o meu lado engraçado, curioso, de criança, contrabalança a seriedade.

Consegui levar bem tudo isso até hoje, manter o equilíbrio. Talvez, graças à doença, eu tenha me dado conta do tempo. Foi como se eu fosse um carro correndo numa estrada, às vezes diminuindo a velocidade, outras vezes acelerando, e aí ele bateu contra a parede. Fui ver o estrago — que não era muito grande, porque estou aqui, inteirona. Apesar de eu ter feito um tratamento de quimioterapia e de cortisona por um ano, que gera perda de massa óssea e muscular — que é o que eu mais tinha —, eu não esmoreci. Enfim, todo mundo me admirava por minha vitalidade. Mas o tratamento contra o câncer é muito pesado e desgastante. Isso faz parte do processo de tratamento e hoje eu estou bem.

2. Álbum de família

Nasci na Maternidade São Paulo, na Bela Vista, e fomos morar numa casa em Perdizes, bairro de classe média. Tenho fotos andando de bicicleta, vestida de bailarina e segurando a barra do vestidinho como qualquer menina comum dá época. Em tantas biografias de mulheres no mundo, a primeira foto apresentada da infância é a da menina olhando para a câmera, simpática, segurando a barra do vestidinho. Como eu. Quando eu tinha quatro anos, em 1946, fomos morar na Argentina porque meu pai foi trabalhar como chefe do gabinete do adido militar Arthur da Costa e Silva na Embaixada do Brasil e minha mãe, Maria da Conceição, conhecida por Nia, trabalhava como tradutora de francês no Consulado do Brasil. Marius de Pontmercy Vieira Gonçalves, meu pai, ganhou esse nome porque minha avó Jandira gostava muito dos romances de Victor Hugo e resolveu batizá-lo como o personagem Marius Pontmercy, de *Os miseráveis*. Ele era contemporâneo de Arthur da Costa e Silva, que seria presidente do Brasil entre 1967 e 1969.

Minha mãe era linda, suave, educada, de um alto-astral sem euforia. Marcou toda a minha vida porque representava o lado lúdico da família, aquele que herdei. Quando dava banho em mim e nos meus irmãos — aquela era a hora mais feliz —, ela criava histórias lindíssimas para nos contar. Não falava de princesas nem de duendes, nem de sapatinhos roxos ou chapeuzinhos vermelhos — inventava histórias de pessoas como nós, de *Marilu, Marilin, Totó*, uma menina, uma boneca e um cachorrinho. Era ela quem me levava para ver filmes infantis, como *Bambi*, e povoava nossa imaginação contando histórias clássicas dos irmãos Grimm e de Hans Christian Andersen.

O LEGADO DE MEU PAI

EM BUENOS AIRES, INGRESSEI na vida artística, assim como outras meninas, no Teatro Colón. Recém-chegada à Argentina, fui matriculada na escola de dança desse tradicionalíssimo e imponente teatro. Quase todas as garotas da minha geração sabiam tocar piano, eram bailarinas e conheciam literatura... Isso fazia parte da nossa formação, era normal a mulher ter esses conhecimentos.

Arthur Bernardes, o melhor amigo do meu pai em Buenos Aires, tinha uma grande livraria que visitávamos sempre. Meu interesse por livros nasceu naturalmente, pois a leitura era um hábito para nós, fazia parte de nosso dia a dia. Na verdade, eu era uma menina brasileira, educada em um colégio no exterior, que aprendia sua língua pátria em sala de aula. Foi papai quem escolheu para nós o turno da manhã no Colégio Brasil, uma rigorosa escola bilíngue que atendia estrangeiros. De manhã, as matérias matemática, geografia e história em espanhol; no período da tarde, as mesmas matérias em língua portuguesa.

Meu pai era muito austero, mas me deixou legados importantes. Como considerava importantíssimo que eu e meus irmãos preparássemos nosso corpo por meio do exercício, foi quem despertou em mim o amor pelo esporte. Não porque fosse bonito jogar vôlei, mas porque a prática esportiva faz parte da disciplina de um povo. Ele nos obrigava a praticar esportes duros, competitivos, que envolviam fortes confrontos físicos, como basquete, que ele adorava, além de vôlei, corrida, salto triplo, salto de barreira — meu pai nos ensinou vários deles. Todos os domingos, nosso programa obrigatório era misturar o passeio ao clube River Plate com exercícios físicos. O esporte aperfeiçoa nosso corpo e o faz durar mais, como o meu está durando! Preparar o corpo e preparar a mente: *Mens sana in corpore sano (mente sã, corpo são).*

En el baile de la vida...

Todas as mães do mundo naquela época achavam que as filhas deveriam ser bailarinas, e o sonho da mamãe virou realidade. Aos oito anos, numa apresentação de final de ano no Teatro Colón, participei de *Pedro e o Lobo*, a composição de Prokofiev que apresenta às crianças os diversos instrumentos musicais.

Nessa peça fiz o papel de um gatinho, mas, na verdade, queria ter feito o passarinho. Quando vi as fotos e me vi naquela roupa de gato cinza, com um rabo, não gostei de mim, me achei feia. Além disso, como tinha uma barriguinha, eu fiquei bem barrigudinha com aquela malha cinza, bigode e um rabo... Enquanto isso, a menina que fazia o passarinho era muito bonitinha, com uma roupa toda amarelinha! Não bastasse isso, a parte musical também não ajudava porque a cena do gato era representada pelo som de um clarinete, muito grave. E, quando o passarinho entrava, eu me recordo que era uma música lindíssima, como se fosse um colibri voando... Não é porque fazia um gato que precisava ser feia! Queria ser tão bonita como o passarinho! Então, comecei a perceber a minha vaidade desde esse tempo.

Observação: é por isso que não consigo me comunicar com os gatos, tenho medo deles. Quando fui assistir ao filme *Alice no País das Maravilhas* e vi aquele gato do filme, voltei ao meu lugar de infância em que eu não gostaria de estar. E seu sorriso até hoje me assusta.

O alerta para a vida

Interessante é que, muitos anos depois, em consulta com um analista, descobri que o personagem-animal com o qual eu mais me aproximava era o coelho, que está sempre correndo atrás das coisas, achando que está atrasado, e não para em lugar nenhum... Assim como faz o coelho do livro *Alice no País das Maravilhas*, sempre correndo. Me identifiquei com esse coelho e talvez eu seja um pouco isso. Sempre acho que estou um pouco atrasada porque a vida tem um fim e posso deixar de fazer algo. Não quero me atrasar para a vida. Quero me atrasar para a morte.

Trabalhando isso com a minha analista, vimos que fujo da morte como se o tempo estivesse passando e a morte chegando. Estou sempre alerta, ou melhor, sempre tenho algo para fazer...

O FRIO DA INFÂNCIA

NOSSA PRIMEIRA MORADA NA Argentina foi na Calle Florida, no centro de Buenos Aires. Depois, a Embaixada nos colocou numa residência no bairro de Olivos, que pertence ao município de Vicente López, a uma hora da capital. Um bairro residencial muito bonito, próximo à avenida Maipú, com ruas tranquilas, arborizadas, onde está localizada a residência do presidente — e, por esse motivo, é conhecido como "bairro presidencial".

Foi na Argentina, tão europeia, que conheci o frio. Lembro-me da lâmina fina de gelo que recobria os jardins no caminho até o colégio. Nas manhãs geladas de inverno, nossas mãos rachavam por causa do frio. Havia uma palavra em espanhol para designar isso: *"sabañones"*; parece que o frio vai tirar a sua carne. Ao recordar isso, posso sentir o frio, o ar gelado daquela época, sem contar a obrigação de ter que me levantar muito cedo para ir ao colégio... Acho que é por isso que detesto acordar cedo até hoje.

No colégio, quatro matérias foram fundamentais para a minha vida: espanhol, matemática, geografia e história. Com essas disciplinas, um jovem estudante poderia enfrentar a vida. História e geografia fazem despertar o interesse pelo mundo!

Em resumo, tive uma infância e uma juventude normais, muito boas, sem dificuldades financeiras. Brinquei, fui a clubes, tentei namorar. Tinha raiva da saia comprida do colégio e do sapato Vulcabras. Eu era uma adolescente vaidosa com poucas possibilidades de ampliar a minha vaidade, porque meu pai achava que bastava ter um único casaco branco ou preto. Logo eu, que amo cores!

Em Olivos, comecei a ficar meio moleca, talvez por influência de meu irmão, Sérgio. Aos dez, doze anos, ganhei uns patins e deslizava destemida com eles pelo bairro, que tem algumas ladeiras. Até que um dia, ao desviar de um carro, caí e quebrei a mão — já quebrei a mão quatro vezes, é a parte mais frágil do meu corpo. Sempre fui meio ousada e achava que aquele mar dava pé. Só via que não dava pé quando já estava quase me afogando...

Voltei para casa machucada e com muita dor, mas não contei nada a ninguém. Meus pais só perceberam quando resolvi jogar pingue-pongue para inaugurar a mesa que tinham comprado, justo naquele dia. Conclusão: levei uma bronca de meu pai, fui para o hospital e engessei o braço!

Mas o fato é que nunca fui de ficar na sala tocando piano ou no quarto bordando... Sempre fui de muita atividade, sempre fui *hiper*. "Brincadeiras de meninos" podiam ser perigosas, no entanto, elas me atraíam... E descobri, com o tempo, que a vida também é perigosa, mas a vida também sempre me atraiu... Com tudo isso, passei a aceitar que todas as coisas da vida podem ser perigosas, mas isso não tira a vontade de viver. Sair de casa é perigoso; entrar no mar é perigoso; pegar um avião é perigoso; casar-se é perigoso. Tudo é perigoso! E tudo é divino e maravilhoso.

Naquela época, na minha infância, brincando como moleque, você caía, se machucava e se levantava. A vida é exatamente isso. E levo a vida com grande alegria, achando que é uma grande brincadeira! Por esse motivo, nunca me amedrontei! Sou moleca até hoje!

Paladares portenhos

Na Argentina, o carro da família era um Chevrolet Oldsmobile 1946, mas também andávamos muito de metrô, que já estava bem avançado por lá. No nosso carro, viajávamos para o interior do país. Eu me recordo em particular de uma viagem a Córdoba. Levamos três dias para chegar e, no caminho, compartilhávamos maçãs e biscoitos cream cracker.

Em minha memória, também guardo o sabor de três tipos de salgados — pizza, fainá e fogazza. A fainá que eu gostava era de milho, mas normalmente ela é feita de farinha de grão-de-bico, água, azeite, sal e pimenta. É um prato de origem italiana, chamado de *farinata*, e que chegou em Buenos

Aires com os imigrantes no início do século xx. Lá comíamos a "pizza a cavalo", que é a fainá sobre a pizza.

Tínhamos uma funcionária, uma espanhola chamada Lisa, que cozinhava no dia a dia e mantinha um olho em mim e outro em meu irmão. No domingo, porém, minha mãe é que cozinhava. Apesar de ambos trabalharem na Embaixada, meu pai achava que mulher tinha que ser dona de casa e que mãe tinha que cumprir com os deveres maternos. O cardápio não mudava nunca: arroz, maionese e carne assada porque meu pai exigia. Aprendi a fazer tudo isso, mas não gosto de cozinhar, ainda que a cozinha, para mim, tenha sabor de agregação.

Vendo minha mãe preparar maionese, eu sentia um grande afeto. Ficava observando como apenas uma gema podia se transformar numa maionese para quatro, cinco pessoas! Foi nessa época que compreendi o milagre da multiplicação dos pães — a divisão fraterna feita por Jesus. Aprendi que a divisão, a multiplicação dos pães, não era um milagre, e sim uma sabedoria de Jesus.

Outra especialidade de minha mãe era um sanduíche em camadas, que veio a ser também o meu maior orgulho na cozinha. Até hoje faço esse prato no Natal.

É curioso... ainda que eu diga que tenho pouca recordação da minha infância, consigo, neste exato momento, fechar os olhos e vivenciar um pouco daquele tempo. Não sou uma pessoa que vive do passado. O meu passado não vive permanentemente no meu subconsciente, não me atrapalha. E nem carrego nada traumático. Tenho poucas lembranças do passado porque ele... passou!

Reinações de Susana

Para meu pai, o conhecimento e a cultura eram fundamentais. Não líamos histórias de princesa e príncipe, tipo *A bela adormecida*, porque ele não deixava que entrasse esse tipo de literatura em casa. Meu pai não me apresentou príncipes — o que fez muito bem porque príncipes não existem, a não ser em poucos países como Espanha, Inglaterra… Ele preferiu apresentar--nos o universo de Monteiro Lobato, autor de clássicos infantojuvenis que nos mostrou que nossa mente poderia voar. Talvez venha daí o fato de eu não ser uma pessoa quadrada. Para mim, a vida era aquela liberdade que o Monteiro Lobato mostrava nos livros e que todo mundo aceitou. Acho que por muito tempo me vesti de Emília na vida porque sempre gostei de maquiagem, de blush, de rímel, que era o que a boneca mais tinha. Alguma coisa dela eu trouxe comigo: aquele atrevimento, aquela coragem… São viagens eternas que lembro.

Na mocidade, comecei a ler a obra de Erico Verissimo. *Clarissa*, por exemplo, marcou muito a minha vida por tratar do despertar de uma adolescente. Deve ser por esse motivo, pela sintonia com a clássica personagem do autor gaúcho, que me identifiquei tanto com a Clarissa. Admirava também a personagem Bibiana, de *O tempo e o vento*. Naquela época, eu queria ser a Ana Terra. Personagens fortes, determinadas, sempre admirei muito essas mulheres.

Enfim, conheci muito da vida artística dentro de casa. O ambiente no qual vivi na infância e na juventude impulsionou o meu dom artístico. O piano da casa de meus avós maternos, a música clássica, a literatura que abriu a nossa cabeça para o mundo do teatro, porque nos despertava a criatividade… Além do mais, meu pai incentivava o conhecimento de pintores como Van Gogh, Degas… Todos esses fatores conectaram-me com a artista que existia dentro de mim.

Além disso, naquela época havia aqueles álbuns nos quais você escrevia mensagem para as amigas no fim de ano. É impressionante como todos escrevíamos bem! Conhecíamos bem a língua portuguesa e redigíamos sobre assuntos filosóficos, literários… Aliás, eu tinha mania de escrever.

Em resumo, essa base cultural e artística foi fundamental e percorreu toda a minha jornada.

Na vida diária, meu pai também nos ensinou a reciclar o lixo porque, há oitenta anos, já existia essa preocupação entre os argentinos. E, ao escovar os dentes, não deixar a água escorrendo pela torneira enquanto a escova passeia por sua boca.

Pêssego em calda e ética

Um episódio que me marcou durante esse período de infância e juventude aconteceu numa colônia de férias, em Buenos Aires, pertencente à Igreja Católica. Durante as férias escolares, com os pais trabalhando, era um hábito deixar as crianças nessas colônias: as meninas, nas dirigidas pelas freiras, e os meninos, com os padres. Meu pai e minha mãe me levaram para essa colônia, e eu tenho a lembrança até hoje de ter me sentido muito cerceada por pessoas severas, de comportamento rígido — as freiras não eram amorosas. Meu pai se esqueceu de falar para as freiras que eu não comia açúcar porque sofro de uma deficiência que me faz não assimilar ou digerir dextrose, sacarose, frutose e glicose.

Pois bem. Todas as noites, nos sentávamos no refeitório, naquelas mesas enormes, com alunas de um lado e do outro. Eu já havia combinado com a minha amiguinha que se sentava à minha frente que eu passaria a sobremesa por baixo da mesa e ela me devolveria o prato limpo. E por que essa situação? Na primeira vez que eu disse para a freira que não podia comer açúcar, ela simplesmente respondeu: "Não tem nada dessa história aqui. Você vai comer o que tem".

Houve então um dia em que a sobremesa era pêssego em calda, ou "durazno en almíbar". Quando fui entregar o doce para a minha amiga, o pêssego escorregou, passou por baixo da mesa e foi parar nos pés da freira, rija, postada em pé no final do refeitório. Ela não hesitou: *"De quién es este durazno?"*, perguntou, com severidade. Para uma menina, o tom da freira parecia ainda muito mais ríspido, em uma língua diferente, o espanhol, com a rigidez de um colégio (sim, naquela época o sistema educacional nos colégios era mais severo, ainda que excelente), o frio que na infância parece ainda mais intenso... Portanto, pairava um clima de medo no ar. Mas não me intimidei e, como sempre dou a cara a tapa, disse que era meu, jamais diria que era da minha amiguinha. Eu sempre tive ética. Isso me dá garra, me dá gana.

Fazendo um paralelo com os dias de hoje, quando vou raivosa reivindicar um direito, dentro de uma atitude política, é porque não posso me conformar com a falta de ética brasileira dos grandes, no topo. Por exemplo, tenho uma noção muito grande da utilização consciente da água e dos recursos naturais, além da preservação do meio ambiente. Meu pai já agia assim. Ao ver uma luz acesa, dizia: "Não sou sócio da Light!". Trago isso comigo até hoje.

O CASTIGO NA TORRE

ENTÃO, COMO SE FOSSE um filme de terror ou um dos desenhos de Walt Disney, a freira me colocou de castigo numa torre, trancada na caixa d'água, ouvindo o barulho da água cair, com medo de barata, sentindo um pavor muito grande. Aí ela abria a porta do quartinho e me atochava de pêssego em calda. Ainda dizia: "Você só vai sair daqui quando comer uma lata inteira de 'durazno en almíbar'". Parecia a história de João e Maria. Nunca vou me esquecer dessa sensação horrível, dessa raiva. Fiquei marcada pelo tal "durazno en almíbar" e também com esse colégio, com essa colônia de férias.

Você vai embora daquele lugar, o tempo passa, mas a história marca você, torna-se profunda. Chega ao âmago de sua vida, nas origens, nos traumas de infância e parece que você nunca mais vai esquecer mesmo. Eu não estava com raiva de mim, nem da garota, nem da freira. Estava sim com raiva do meu pai, que tinha me colocado naquele colégio interno. Só sei que comecei a ficar doente, não comia mais nada e a diretoria chamou meu pai, que passou a me levar abacate (*palta*, em espanhol), que é a única fruta que eu gosto. Aqui, um parêntese: minha mãe não aparecia porque meu pai não a deixava participar; ele tomou as rédeas da nossa vida, dos filhos.

Um pai não pode tomar conta da família, de tudo, como se a mãe, a mulher, não existisse! Isso, para mim, mesmo àquela época, não era natural. Eu tinha uma outra visão de pai e de mãe. Aliás, acho que todo mundo tem uma visão bem diferente do que realmente são os seus pais. Às vezes, a gente esquece que eles são humanos... Por mais que você seja bem criado, com acesso ao conhecimento e a bens materiais, ficam lacunas que fazem parte da relação de sentimentos, da condição humana.

Enfim, meu pai me tirou da colônia um pouco antes de terminarem as férias achando que a história do pêssego em calda era mentira minha, de uma menina cheia de vontades, e me levou para fazer análise.

Em análise com o açúcar

A PSICÓLOGA OCUPAVA UMA sala muito arejada, e na mesa havia vários desenhos, lápis de cor, muitos brinquedos. Ela me fazia muitas perguntas e eu não falava nada, sentada, quieta. Mas gostava de ficar ali, naquele mundinho onde ninguém me obrigava a coisa alguma. Ela então chamou meu pai e disse que a questão do açúcar havia criado um conflito muito grande em mim e que eu decididamente não falava sobre isso. Ou seja, o trabalho não conseguia avançar. Meu pai, então, suspendeu a análise e começou a me obrigar a comer frutas. Ninguém tem ideia de como eu sofri *bullying* com isso, com meu pai e com outras pessoas também. Quem iria imaginar que uma menina não gostasse de frutas! Maçã, banana, pera, uva... Eu não gostava de nada disso. Lembro até de um dia em que, em uma das mamadeiras, minha mãe se esqueceu de colocar açúcar. Eu não rejeitei. Muito pelo contrário, adorei! Até que, cinco anos depois, Suzaninha nasceu exatamente igual. Quinze anos depois, com Sandrinha, foi a mesma coisa. Como minhas irmãs também rejeitavam o leite adoçado, os médicos na época concluíram que poderia ser algo genético, uma vez que meus pais eram primos–irmãos. Já meus irmãos homens, Sérvulo e Sérgio, não têm esse problema.

O assédio sexual

EU FICAVA MUITO NA Embaixada e era louca por jardins, plantas. Uma vez, passeando por ali, ao sentir cheiro de linguiça, que acho maravilhoso, fui atrás do aroma e vi que um homem mais velho, talvez o jardineiro, estava cozinhando naquele mato. Perguntou se eu queria um pedaço da linguiça e eu, muito gulosa, aceitei. Ele me chamou para sentar-se ao seu lado e, nesse instante, levou minha mão até o sexo dele. Foi chocante, como todo mundo pode imaginar, porque, naquela época, na minha infância e mesmo na juventude em Buenos Aires, não tínhamos a menor ideia do que era sexo. Eu devia ter uns oito ou nove anos, no máximo, e não havia toda essa exposição do corpo com a qual passamos a viver... Quando ele fez isso, senti que aquilo não era normal, que havia alguma coisa errada naquela atitude. Saí correndo e nunca contei nada disso para os meus pais. Não mais voltei àquele jardim... E nunca mais me senti assediada, porque hoje posso gritar: "Não encosta".

Toda essa história que vivi não me deixou traumatizada. Mas, hoje, quando se fala de abuso sexual de crianças, levo um susto. O ser humano e as instituições já deveriam ter evoluído. Quem comete esse crime hediondo merece até ser condenado à morte. Pedofilia é um crime que deveria merecer prisão perpétua.

Toda essa campanha que estamos presenciando e que envolve o assédio sexual tem de estar na ordem do dia. Falta de respeito é pouco. É triste a gente ter de viver assim, a gente só quer ser livre e feliz, mas há muito medo e muita violência. Ainda temos de lutar muito.

Lembranças familiares

Meus pais eram de Minas Gerais. Meu pai, de Araguari, no norte do triângulo mineiro. Mamãe, de Conquista, cidade próxima de Uberaba. Também de Uberaba veio a outra parte da família, de mineradores; para ser mais exata, mineiros de carvão. Meus dois avôs eram irmãos, as avós eram cunhadas e meus pais, como já disse, eram primos-irmãos. Braulino, pai da minha mãe, era irmão de Deoclécio, pai do meu pai. Braulino se casou com Sara e tiveram três filhas — Nair, Helena e Maria da Conceição, minha mãe. Deoclécio se casou com Jandira.

Quando fiquei um pouco mais velha, tive um pouco de inveja de quem dizia: "Minha avó me criou" ou "Tenho uma avó que faz um bolo delicioso!". Invejava uma coisa que não conheci porque fomos morar na Argentina, sem outros familiares além dos meus pais e meus irmãos. Depois de adulta é que vi a importância desse convívio, mas ninguém morre por não ter tido isso.

Ouso dizer que meus avós eram pessoas simples, mas não incultas; tanto que na casa da minha avó materna, Sara, havia um piano, e meu avô Braulino tinha um violino. Minha avó paterna, Jandira, gostava de literatura e era fã de Victor Hugo, como já comentei. Meu avô Deoclécio eu não cheguei a conhecer.

Meus avós maternos tocavam nas sessões do cinema mudo da cidade onde viviam. Então, minha mãe e suas duas irmãs compareciam às funções e, enquanto os pais tocavam, elas ficavam deitadas atrás da tela, onde havia um espaço, a coxia. Ou seja, elas viam o filme ao contrário. Muito tempo depois, nos raros momentos de intimidade, minha mãe me contava os enredos dos filmes que vira na infância e eu falava das atrizes que via no cinema. Gosto de imaginá-la assim, criança, fixando na memória imagens em branco e preto e construindo o lastro que, muitos anos mais tarde, chegaria até mim. O cinema foi fundamental para mim, para a arte de interpretar.

MÃE E PAI: UMA DELICADA RELAÇÃO

MINHA MÃE ERA SUBMISSA, se apagava diante da presença poderosa do marido, um patriarca no sentido mais autoritário da palavra que, desde cedo, assumiu a responsabilidade pela nossa criação — até mesmo a compra de roupas e sapatos era com ele. Meu pai esperava que eu me comportasse como uma adulta responsável e cumpridora de umas tantas obrigações. Quando adoecia, era ele quem cuidava de mim.

Pequena, tive muita dor de garganta e de ouvido. Quem aplicava as injeções era meu pai, com o seguinte detalhe: preferia fazer isso quando eu estava dormindo, porque achava mais fácil. Eu acordava no susto, com uma agulha espetada na bunda. Tenho pavor de injeção até hoje. A favor dele, sei que tentou ensinar minha mãe a fazer as aplicações. Dava a ela uma laranja para praticar, mas ela não conseguia. Para minha mãe, laranja era laranja, filho era filho.

Fui uma criança introspectiva por temperamento, mais próxima da minha mãe, que era acuada, do que de meu pai, autoritário. No entanto, reconheço que herdei dele certa austeridade e que isso me beneficiou: devo a ele o ensinamento maravilhoso da disciplina e do comprometimento com o que faço, como também as noções muito definidas de honra, ética e educação. E devo a ele a mulher exigente na qual me transformei — seja em relação a mim mesma, seja em relação aos que trabalham comigo.

Olhando para trás, posso dizer que essa minha ideia de ser bela, ter saúde e estar em forma deve-se ao fato de que convivi com o feminino na infância de maneira discreta. Quer pela presença marcante de meu pai, quer pelos costumes da época. Mas minha mãe estava lá, sempre presente, muito cuidadosa, muito elegante e arrumada. Ela me penteava e deixava que eu penteasse o cabelo dela. E é uma grande intimidade, quando uma pessoa pega o cabelo da outra, mais do que um beijo!

Socialmente, minha mãe era expansiva, alegre, tocava piano. Na presença do meu pai, ficava mais contida. Mas, naquela época, era esse o comportamento da mulher diante do homem. Quando ela morreu, brotou em mim a mulher guerreira que sou hoje, que faz barulho e não se conforma. Mas o que eu tenho a dizer também é que desde pequena eu não achava natural que uma mulher fosse "contida" por um homem. Mesmo que esse homem fosse o seu marido. Nunca me conformei com a passividade de minha mãe. Podia ser o comportamento da época, mas eu não me conformava.

Levei muito dessa vivência dramática para minha carreira. Em minha casa, via essa opressão do meu pai sobre a minha mãe, sobre mim, essa postura do homem que manda em tudo e em todos; e carreguei isso para a minha vida, repelindo a opressão. Usei esse sentimento, por exemplo, na composição de Cândida, em *Escalada*. Era a minha revolta, rebeldia em relação a um casamento que não funcionava mais.

Sou uma mulher madura, que tem uma carreira bem-sucedida, enfim... trabalhar, para mim, sempre foi algo rotineiro, e mais do que isso, necessário. Dinheiro é importante, claro! Mas tem a questão da realização pessoal, de você se sentir produtiva, melhorando o seu entorno, o mundo... Fazendo um retrospecto da minha vida, percebo que tive uma mãe à frente do seu tempo. Não era comum, quando eu era uma garotinha ainda, mulher trabalhar fora de casa. Mas para mim foi algo que soou natural, porque minha mãe fez isso a vida toda. Ela era uma mulher libertária, trabalhava fora de casa, se vestia bem, saía linda sempre.

No Brasil, minha mãe foi diretora da escola que criou junto com meu pai, a Escola Monteiro Lobato, que ficava na Ilha do Governador. Depois, eu já casada, ela foi trabalhar como secretária executiva da Fundação Getúlio Vargas.

Agora, minha mãe não mandar na casa dela, não mandar nos filhos, não ter autoridade acima do marido ou de igual para igual — isso me chocava. Ela se foi muito cedo e eu continuei chocada. Pode ser que eu tenha entrado numa espécie de conflito de ódio com o meu pai. Achei que depois de adulta eu pudesse me vingar de tudo aquilo que achava errado: trazer ela para morar comigo, desafiar meu pai, mas não tive esse tempo...

Talvez por influência dela, sempre fiz muito bem os meus personagens tocados pelo medo. Foi assim quando tive que compor *a pequena Karen*! Eu buscava na minha vivência familiar as memórias do medo. Um processo criativo do diretor russo Constantin Stanislavski. Muito desse processo de trabalho aprendi com o grande ator Sérgio Cardoso, um dos maiores símbolos da arte dramática, com quem tive a honra de fazer par romântico em *Pigmalião 70*.

Mauro Alencar — *Interessante, Susana, você parte da memória emotiva proposta pelo diretor Constantin Stanislavski e, em seguida, faz uma crítica distanciada de sua personagem bem ao estilo de Bertolt Brecht. Seu processo criativo responde à excelente composição de Marina Steen em A sucessora, creio eu, a melhor personificação de uma personagem tocada pelo medo, tendo o retrato da falecida Alice Steen a assombrar, tal e qual uma espada sobre a sua cabeça, o seu cotidiano com o marido, Roberto (Rubens de Falco), e seu processo de libertação, tanto da família de origem na fazenda quanto do mundo cheio de regras que cercava o marido na vida urbana. E podemos dizer que, mais de quarenta anos depois, você volta nesse dilema — e vencedora — com a Shirley Valentine.*

Não me conformo com essas mulheres, essas personagens, submetidas ao medo. Temos de lutar contra isso. No fundo, me revolto quando alguém, ainda hoje, escreve sobre uma mulher submissa — um demônio se apossa de mim. Sempre batalhei para ser uma atriz que respeita o texto que vem do autor, mas também sou uma atriz autoral, e, quando recebo uma personagem assim, submissa, trabalho duro, dramaticamente falando, vivendo a personagem de forma muito intensa para libertá-la dessa situação de opressão. O que quero dizer é que inicialmente sou "obediente" ao texto, ou seja, leio e procuro compreender a personagem e todo o seu universo interno e externo.

Depois, aos poucos, vou imprimindo minha criatividade, a minha visão de mundo à personagem, mas sempre respeitando a personagem criada pelo autor. E, ao trabalhar dessa maneira na composição do papel que recebo para interpretar, sou uma atriz autoral porque também participo da construção da personagem.

Tenho esse compromisso com as mulheres.

PAREDES ARGENTINAS

No nosso primeiro apartamento em Buenos Aires, eu, com quatro anos, dormia num sofá da sala, assustada, encolhida, com medo de tudo, principalmente da escuridão — meu pai não permitia que dormíssemos de luz acesa. Eu devia ter o que chamam hoje de síndrome do pânico, porque achava que qualquer coisa que pudesse acontecer seria na sala. Fazia xixi na cama porque tinha medo de me levantar. Até sentia o corpo se levantar, mas era o corpo etéreo porque o físico ficava preso à cama. Sempre me levantava com os dedos enrijecidos e, com tudo isso, ainda levava bronca do meu pai. Naquela sala escura, eu ficava num estado de paralisia que já senti algumas vezes depois de adulta… Minha lembrança é de pânico. Com o tempo esse medo foi passando, mas não completamente.

Mas veja a importância que tem quatro paredes! Sartre já sabia disso…

MA — *Interrompo o início da viagem de Susana, em suas primeiras recordações como Sônia-criança, para esclarecer a menção ao clássico texto teatral do escritor existencialista. Susana, você está se referindo à peça teatral Huis Clos (Entre quatro paredes), do autor Jean-Paul Sartre, certo?*

Justo! *Entre quatro paredes*, peça de Sartre, que eu viria a fazer em 1977, com Otávio Augusto e Vanda Lacerda no Teatro Senac, em Copacabana. O fato é que quatro paredes me dão uma sensação de proteção, seja no útero da mãe, seja no meu quarto. Isso que passei na infância, fora do meu país, o que ficou disso tudo? Me deixou a coragem. Por isso, acho que todo ser humano traz dificuldades a serem superadas. Se a gente que teve pai e mãe presentes carrega mágoas, imagina quem não teve!

CONFLITOS DE UMA CRIANÇA

ACREDITO QUE O SER humano nasce com duas sensações: a dor e a fome. Os sentimentos, como o amor e o ciúme, a inveja, vamos adquirindo com o passar do tempo, ao nos relacionarmos com as pessoas pela vida... O que acontece é que cada um vai dosando isso de acordo com o seu caminhar, o seu sucesso, a sua felicidade diante do mundo.

Quanto à inveja, há diferentes tipos dela. Você pode ter inveja de uma outra pessoa por ela ser alegre, por exemplo, e não necessariamente por seus bens materiais.

Minha irmã, Suzaninha, nasceu em Buenos Aires, no dia 18 de março de 1947, com o cabelo loiro e olhos azuis. Não sei quem valorizou isso, esse marketing sobre o "olho azul" ser algo especial, mas a pessoa já se sente linda, loira, alta, com algo a mais. E eu me dei conta disso quando ela nasceu.

Esse tipo de comportamento vai passando de geração para geração, porque senti ciúme dela e eu tinha apenas cinco anos! Fiquei fascinada pela cor dos olhos de minha irmã, tinha inveja do olho azul, porque não tínhamos essa cor de olhos. Também despertava a minha atenção a maneira como pronunciavam seu nome em Buenos Aires... "Suzana"... O z com o som de s, eu achava isso um charme!

Acreditava também que meus pais estavam dando mais atenção a ela, que tinham mais afeto por ela, até porque um bebezinho sempre chama mais atenção — aquela princesa de olhos azuis e loira! Toda a família se apaixonou por essa pessoinha que tinha entrado na nossa casa e fui meio deixada de lado, até mesmo porque meu irmão, sendo homem, nunca recebera muitos afagos.

Bem, tudo fica em segundo plano quando chega um bebê: o irmão, o marido, o cachorro... E, certamente, eu trouxe isso para dentro de mim ainda muito criança. A chegada de um bebê modifica todo o relacionamento de uma casa, de uma família. O homem, por exemplo, sente-se rejeitado. E você consegue explicar tudo isso para uma criança de cinco anos? Então, eu devia ter inveja da atenção que minha irmã estava despertando nos meus pais, que viviam sempre muito ocupados.

Lembro-me também de que eu tinha, não vou dizer inveja, mas ciúmes, porque a cama de minha irmã ficava no quarto dos meus pais. Eu tinha muito medo, quando criança, de dormir separada deles. Pensava: por que não fizeram isso comigo também? Mas, ao mesmo tempo, gostava de saber que minha irmã não teria medo. Além disso, eu percebia que as maiores broncas sempre recaíam sobre o meu irmão Sérgio e sobre mim. Nunca em minha irmã mais nova. Achava, claro, que era porque ela tinha olhos azuis... Também nunca achei que minha irmã fosse culpada; achava, sim, que ela era sortuda.

Travessuras em Montevidéu

Na transferência de meu pai para a Embaixada do Brasil em Montevidéu, capital do Uruguai, eu estava com treze anos e é nesse período que meu irmão Sérgio Ricardo entra com maior nitidez nas minhas lembranças de vida. Fazíamos muita bagunça na cobertura do prédio onde morávamos, ele sendo sempre repreendido pelo meu pai. Enfim, vivemos muitas peraltices de criança. No apartamento, que era uma cobertura, em que fomos morar, havia uma varanda que circundava todo o local e eu e Sérgio corríamos feito uns loucos rindo, brincando. Entre uma parte da varanda e a outra, havia um telhado de vidro e, certo dia, meu irmão, correndo, despencou e eu fui junto... Graças a Deus não tivemos danos físicos, somente emocionais, porque ficamos apavorados. Como a brincadeira havia sido sugerida pelo meu irmão, só ele foi castigado. Achei isso uma injustiça.

Meu pai não compreendia a nossa idade, queria que eu fosse adulta, respeitosa, respeitada, cheia de obrigações e hierarquias. Hoje em dia, entendemos mais os nossos filhos, os jovens. Falamos: "O meu filho está na 'aborrecência'". Chegou-se à conclusão de que na adolescência os filhos ficam chatos, aborrecem os pais, mas essa compreensão é de hoje! O fato é que ficamos muito mais complacentes e passamos a compreender que cada idade traz um comportamento. É impossível instituir um comportamento único para todas as idades.

Nessa época, comecei a me interessar por meninos no colégio, mas meu pai tinha pavor em imaginar que eu pudesse me casar com um estrangeiro, um argentino ou uruguaio, porque tinha planos de voltar para o Brasil. Como ele era muito nacionalista, é provável que preferisse um genro brasileiro. Aí, quando fiz quinze anos, ele encerrou as atividades na Embaixada de Montevidéu e voltamos para o Brasil, onde nascem Sérvulo Augusto, em 3 de dezembro de 1955, que veio a se tornar músico, e a caçula, Sandra Maria, em 6 de maio de 1957. Todos nós com nomes começando com a letra S: Sérgio Ricardo; eu, Sônia Maria; Suzana Maria; Sérvulo Augusto; Sandra Maria. E aqui seguimos a vida, minha mãe como professora de francês e cuidando do lar, da família...

Meu irmão, Sérgio Ricardo, e a presença da ausência

Meu irmão, Sérgio, que nasceu no dia 22 de novembro de 1940, portanto dois anos mais velho que eu, é uma pessoa muito ausente na minha história. Nós poderíamos ter tido um bom convívio, de amor, porque é disso que é feita a vida. Mas não usufruí desse meu irmão.

Meu pai nunca me bateu, mas meu irmão apanhava muito. Sérgio aparece na minha memória integrando as nossas peraltices e fazendo com que nosso pai nos castigasse — a ele, fisicamente; comigo, meu pai era bravo com palavras. Para meu irmão, a vida era mais difícil. Além das punições físicas, quando fez doze anos, ele foi mandado de volta para o Brasil por desejo de meu pai. Enfim, nunca aceitei bem a distância desse irmão criado de maneira germânica e distante de nós. Ele no Brasil, no Rio de Janeiro, e nós na Argentina, em Buenos Aires.

Na cabeça de um militar, a primeira profissão é servir à pátria, e Sérgio foi despachado para um colégio militar no Rio de Janeiro. Mais tarde, cursou a Academia Militar das Agulhas Negras, em Resende, no interior fluminense, onde chegou a receber o Espadim de Ouro — honraria entregue aos melhores alunos. Estive várias vezes na Academia e paquerei muitos cadetes por lá. O apelido de meu irmão era "Galo", por ser muito namorador.

Sérgio cresceu e virou militar como meu pai. Por volta de 1961-62, foi servir na fronteira do Brasil com Bolívia ou Peru e passou para o lado dos guerrilheiros, sendo expulso do Exército. Portanto, teve de ressarcir o Exército pelos custos do curso na Agulhas Negras. Após esse forte episódio, foi morar em Porto Alegre, cidade efervescente em política de esquerda, tornou-se jornalista e foi assessor de imprensa do governador. Foi lá que ele constituiu família — vivia com a mulher e os dois filhos. Depois de se separar, foi morar em Rondônia, onde virou assessor de um governador que também era de esquerda, na capital, Porto Velho. Mas nunca se aproximou de nós. E nem meu pai nunca fez questão de que nós nos aproximássemos dele.

Com o passar do tempo, comecei a sentir falta disso, uma estranheza. Porque, se eu, que tinha o restante todo da família em volta, sentia falta desse irmão com quem eu brincava muito, será que ele não sentia falta da gente? Será que nunca pensava nesses irmãos? Será que imaginava que eu o amava? Que tinha vontade de reencontrá-lo?

Não me conformava com filhos que vivem longe. Até a adolescência, acho necessário tê-los por perto; essa criação católica, cristã, de ter a família junto. Minha sensação era de que um filho não precisava ter a mesma profissão do pai e eu não gostava que meu pai tivesse forçado meu irmão a ir para o Exército, porque ele não tinha espírito bélico. Sérgio gostava de música e poesia.

Quando me mudei para a casa do Itanhangá em 2003, onde moro hoje, resolvi responder a todas essas perguntas que me fazia. Após algum tempo, descobri o telefone do meu irmão, liguei e os convidei para virem passar o Natal de 2006 comigo. Meus sobrinhos me viam na televisão e eu não dava o menor afeto para eles, porque não os conhecia. Mas, quando eles vieram, de coração aberto, nos entrosamos muito. Eles agora vão me ver no teatro e a gente se abraça e se beija porque somos de paz, de emoção. É quando vemos que o que mais bate no nosso peito é o coração, não a razão. Hoje eles fazem parte da minha vida. Dois anos depois do reencontro, Sérgio nos deixou. Como minha mãe, morreu em decorrência de um câncer no cérebro.

A opressão

O MILITARISMO ERA o que eu menos queria na minha vida, porque leva à opressão que gera o medo. E esse foi o sentimento que tive pelo meu pai durante grande parte da vida: medo. Entretanto, do ponto de vista objetivo, acho que a criação dentro desse militarismo foi até boa, digo sobre a parte da disciplina, do estudo... A opressão é subjetiva. A opressão de um marido militar em casa é terrível, a farda em si é opressiva. Isso não quer dizer que não se deva impor limites. O problema é a opressão, é uma pessoa dominar a outra pelo medo. Eu tinha um medo subjetivo de meu pai. Estranhava a maneira como ele tratava minha mãe, não era uma relação amorosa. Eu não tinha nem avô, nem avó por perto, porque geralmente os avós suprem essa carência, preenchem o vazio que uma criança sente diante de uma relação não amorosa dos pais. Nós não tínhamos primos, não tínhamos ninguém por perto, a nossa família se reduzia a isso.

Mas tudo isso ocorreu, é bem verdade, porque morávamos fora do Brasil. Quando retornamos, em 1955, houve um grande reencontro familiar. Senti que meu pai ficou menos rígido porque reencontrou os amigos, e minha mãe voltou a se relacionar com as irmãs. Do mesmo modo, eu me reencontrei com as minhas duas avós, com os meus primos. Aí passamos a conhecer o que era família, e eu gostei muito disso.

Uma boa escola é fundamental

COM A TRANSFERÊNCIA DE meu pai do Uruguai para o Brasil, fomos morar no Rio de Janeiro, na Ilha do Governador. Fui estudar no Colégio Estadual Prefeito Mendes de Moraes, na Freguesia, uma das melhores escolas que tive na vida — a escola pública no Brasil era excelente e eu amava esse colégio. Maria Arminda Falabella, mãe do Miguel Falabella, era professora de português e francês. E, na minha turma, cada um foi para uma área: economia, matemática, ciências... Não conheço um aluno da minha turma que não tenha se sobressaído em alguma coisa. Na carreira artística, só eu.

44 Susana Vieira

Não éramos gênios. O estudo é que era genial. Os professores é que eram geniais. A vida já me despertava grande interesse. Mas o interesse maior e a ampliação do meu cérebro, do meu conhecimento, se deu por meio da escola. O Miguel Falabella deve se lembrar disso tudo, mas ele fala que é tão mais novo do que eu que, quando a mãe dele era minha professora de francês, ele ainda não tinha nem nascido... Uma pena, Miguel... Mas a nossa formação foi no mesmo colégio, que era muito bom!

No final do ano, acontecia sempre uma apresentação e o aluno podia dançar, tocar piano, recitar ou representar cenas de uma peça de teatro. Eu adorava literatura hispânica. Havia lido muito a obra da chilena Gabriela Mistral, mas para aquele evento eu selecionei uma poesia da uruguaia Juana de Ibarbourou. Eu resolvi fazer a apresentação na língua original da autora, o espanhol. Talvez até fosse para me exibir, mas eu amava a literatura hispânica. Tudo isso vinha do tempo em que moramos na Argentina e no Uruguai.

O POEMA

NESSA APRESENTAÇÃO, MEU PAI estava na plateia e ficou muito comovido. O poema começava assim: *"Porque es áspera y fea, porque todas sus ramas son grises, yo le tengo piedad a la higuera"*. E eu ia me envolvendo e encantando pela figueira... *"En mi quinta hay cien árboles bellos, ciruelos redondos, limoneros rectos y naranjos de brotes lustrosos. En las primaveras, todos ellos se cubren de flores en torno de la higuera"*... Me envolvendo com sua história... *"Si ella escucha, si comprende el idioma en que hablo, ¡qué dulzura tan honda hará nido en su alma sensible de árbol!"*

Ao final do poema, uma declaração: *"Y tal vez, a la noche, cuando el viento abanique su copa, embriagada de gozo le cuente: ¡Hoy a mí me dijeron hermosa!"*.

E lembro, como se fosse hoje, do que ele falou: "Minha filha, vá em frente porque você tem uma veia artística". Foi aí que tudo mudou... A obra dessas autoras é parte fundamental da minha formação humana e artística.

O GOSTO PELA EDUCAÇÃO

MEUS PAIS SEMPRE SE preocuparam com a educação e, quando voltaram para o Brasil, o objetivo era fundar uma escola. Foi na Ilha do Governador que nasceu a Escola Monteiro Lobato, uma escola primária, na rua Cambaúba, 48. Veja a importância do Monteiro Lobato também para a história de meu pai.

Minha mãe era a diretora e professora de francês e de educação musical. E, como eu já gostava de crianças, adorava quando a professora do jardim de infância faltava porque eu ficava com elas. Quando eles fundaram a escola, eu tinha dezesseis anos, já estava na TV Tupi do Rio de Janeiro e então fazia teatrinho com as crianças, brincava de ser professora. Nessa época, minha mãe, apesar de já ter sido operada para a retirada de um rim, engravidou — isso dezessete anos depois do nascimento de Suzaninha e, em 1955, nasceu o Sérvulo Augusto, quando eu já tinha treze anos, e, dois anos depois, chegou a Sandra. Isso fez com que a saúde de minha mãe ficasse mais delicada, e eu tivesse uma importância maior na vida dos dois. Do mesmo modo, por eu ter bem mais idade que meus irmãos, desenvolvi um sentimento materno, de cuidado com eles. Aprendi tudo sobre os bebês! A trocar fralda, fazer comida, brincar. Esse aprendizado maternal foi muito importante quando veio meu filho e se mantém até hoje!

LIBERTÁRIA FEMINISTA

LEMBRO-ME DE MINHA MÃE linda, linda, saindo de casa para trabalhar. Por isso, para mim, a mulher trabalhar fora hoje, ou ontem, ou há trinta ou oitenta anos, é a coisa mais normal do mundo. Já conheci minha mãe como tradutora e professora de francês. E o fato de ela trabalhar fora não era algo libertário, isso fazia parte do nosso mundo, de maneira natural. Porque ela não era feminista nem foi para as ruas com faixa, exigindo salário igual ao dos homens...

Posso não ter queimado sutiãs — pois tinha peitos grandes e carregava um complexo horrível de ter muito peito na adolescência —, mas fui feminista no sentido de não me acomodar no padrão vigente da época. Assim como minha mãe. Hoje em dia, no entanto, ando sem sutiã...

Antes da morte dela, eu era uma pessoa mais doce, suave, feminina, menos preocupada com tudo. Queria ser mais *relax*, mais "fina" como minha mãe. Mas aprendi com meu pai e na escola da vida a ser forte, a não esmorecer, a não ter medo de nada, a ter disciplina e a perseguir objetivos. Fiquei mais parecida com ele depois da morte de minha mãe. Passei a enfrentar melhor os desafios da vida. Devo a ele essa coragem que tenho, essa dureza, essa postura de não me entregar, que foi a maneira como eduquei meu filho.

Meu pai sentia prazer e orgulho em ser pai da Susana Vieira. Me amava porque dei a volta por cima, não descarrilei, não me perdi. Mantivemos por mais de quatro anos um afastamento físico, mental, amoroso e sentimental, mas depois fizemos as pazes e nunca mais nos separamos.

Meu pai nos deixou aos 93 anos, em 8 de novembro de 2009, apaixonado por mim e eu por ele. Suas últimas palavras para mim, antes de morrer, foram: "Você foi a maior joia da minha vida".

A INAUGURAÇÃO DE BRASÍLIA

EM 1957, MEU PAI foi trabalhar na construção de Brasília e estivemos com ele na inauguração da nova capital, em 1960. Ele foi a São Paulo nos buscar, seguimos de avião até Goiânia e lá pegamos um carro para Brasília. Viajamos à noite, tudo escuro, sem um posto, sem nada, e, de repente, como se fosse um disco voador, surgiu Brasília naquela mata virgem. Era como uma pedra preciosa iluminando tudo, um impacto enorme — Brasília ao vivo, aquela cena toda, fiquei muito impressionada.

Meu pai chegou a fazer faculdade de direito aos sessenta anos para poder trabalhar como advogado dentro da CESP (Central Elétrica de São Paulo), em 1966. Depois, em 1975, foi trabalhar na construção da Usina Hidrelétrica de Itaipu, no Paraná, deixando aos cuidados de minha mãe as rédeas da casa e da família. Ela se libertou e se posicionou a favor do meu trabalho na televisão, aliás, foi a primeira pessoa que me estimulou nas artes; incentivou meu irmão a deixar o Exército; e deu apoio à Suzaninha para esquecer um namorado — colocou minha irmã num navio que ia para a Europa. Quando meu pai voltou, minha mãe já estava forte, dona do pedaço, trabalhando como secretária executiva de um diretor — presidente da Fundação Getúlio Vargas.

ACIDENTE EM ALTO-MAR

FOI NA ILHA DO Governador. Estávamos numa praia do Iate Clube Jardim Guanabara quando meu pai resolveu nadar comigo e com meu irmão Sérgio. Nos primeiros cem metros, o tempo virou e caiu a maior tempestade. Deu tempo apenas de chegarmos a um barquinho ancorado a duzentos metros da praia. Só que a corda dele se soltou da pedra e fomos parar quase no meio da Baía de Guanabara. Depois de uma hora, a tempestade já havia amainado, mas fomos lançados em outra enseada. Até que apareceram uns pescadores e nos ajudaram. Acho que nunca rezei tanto na vida e nunca tive tanto medo.

Esse medo eu levei para a vida adulta... A tempestade na praia, o acidente na via Dutra e a covid-19 foram os meus maiores medos.

3. Vida de bailarina

Estudei balé no Teatro Colón, de Buenos Aires; no Teatro Solís, de Montevidéu; e na Escola de Balé do Theatro Municipal de São Paulo. Me formei no Theatro Municipal do Rio de Janeiro. O balé ensina muita coisa: disciplina, noções de conjunto, generosidade, precisão com a coreografia, inclusive a musicalidade — o conhecimento de música clássica. Trata-se sempre das mesmas habilidades que as ensinadas na escola russa, os mesmos desafios.

E reconheço que o balé, por meio da escola russa, me trouxe muita disciplina. É uma escola muito severa e isso acabou me afastando um pouco desse universo da dança, porque o meu pai, por ser coronel, já era muito severo comigo, e a professora usava um bastão para corrigir as nossas pernas. A escola francesa era um pouco mais "macia", mas a nossa formação básica vinha mesmo da Rússia.

Eu sempre fazia parte do corpo de baile, que é composto por dez, vinte ou trinta bailarinas. Num grupo de balé, uma ajuda a outra. Não tem maquiador, nem cabeleireira, nem camareira, portanto, se você for individualista, não consegue permanecer no grupo. O maior brilho de um corpo de baile é quando se dança com perfeição, todos fazendo a mesma coreografia em total sintonia.

Queria ser primeira bailarina, é claro, mas sabia que não chegaria lá porque tenho muita coxa e não sou magra — a coxa pesada atrapalha muito o balé. Assim, quando surgiu a oportunidade de ser atriz, respirei aliviada. Não cheguei a ser primeira bailarina, mas estou entre as primeiras atrizes do país.

O FANTASMA DA ÓPERA

EU ERA LOUCA PARA conhecer os camarins do Theatro Municipal do Rio de Janeiro, mas, quando estudei lá, as alunas nem chegavam perto das grandes bailarinas: Alicia Alonso, Bertha Rosanova, Tatiana Leskova. Os teatros tinham uma pompa, era assustador, e, ao mesmo tempo, pareciam um santuário, grandes catedrais! Eu sentia um medo eufórico.

As alunas andavam em grupo — ninguém queria ser a última a sair porque tínhamos medo do fantasma da ópera. E não entrávamos sozinhas no teatro, apenas nas dependências anexas, onde eram ministradas as aulas. Mas me recordo que uma vez burlamos a segurança e entramos no teatro. Quando adentramos o palco, e não tinha luz, claro, saímos correndo com medo de que o fantasma da ópera nos pegasse! De todos os musicais americanos, o que mais gosto é *O fantasma da ópera*, por estar ligado ao meu passado. As músicas são maravilhosas, eu até gostaria de cantar.

4. Sob os holofotes

Minha história artística começa como bailarina no Theatro Municipal de São Paulo, em 1960. Eu integrava o corpo de baile da Maria Pia Finócchio, que foi primeira bailarina de 1963 a 1983, um exemplo para mim pela vitalidade e jovialidade. Quando nosso grupo foi para a TV Tupi, em 1961, passei a integrar o corpo de baile da emissora.

Havia na TV Tupi, em 1960, um programa chamado *Concertos Matinais Mercedes-Benz*. Era o início da produção de TV com transmissões externas e esse programa era transmitido do Theatro Municipal aos domingos, às dez horas da manhã. Oferecia uma programação clássica — ópera ou sinfonias — e quatro locutores narravam o concerto em diferentes idiomas. Como eu era do corpo de baile, foi a primeira chance que tive de uma câmera me captar, e olha que eram vinte bailarinas correndo atrás da *Aida*, de Verdi. Devo ter me sobressaído ou me exibido, ainda que estivesse na última fila do balé, porque os câmeras diziam: "Pega aquela loirinha… Pega aquela loirinha do Rio". E, quando o Cassiano Gabus Mendes, que era diretor artístico da TV Tupi, me viu dançando nesse programa, ele também deve ter reconhecido a loirinha e mandou me chamar para participar de quadros humorísticos.

Quando contei para o meu pai que um diretor da TV Tupi tinha me visto dançar e me achado muito bonitinha, e que havia me convidado para fazer parte da programação, ele não aceitou, mas minha mãe já havia concordado e comecei a trabalhar.

Basicamente, o meu início de carreira foi no programa *Grandes Atrações Pirani*, da TV Tupi, em 1961 — a Pirani era uma rede de lojas de grande importância, assim como o Mappin, a Mesbla... O slogan era "Pirani, a gigante de São Paulo" ou "Pirani, a Gigante do Brás", famoso bairro da Zona Leste de São Paulo. Tudo um grande sucesso que percorreu a década de 1960.

Tratava-se de um programa de noticiário e de variedades com cantores, exibido aos domingos — uma mistura do *Domingão do Faustão* com *Fantástico*. O corpo de baile da Maria Pia Finócchio — nele estava também a primeira esposa do Walter Avancini, Calpúrnia — fazia fundo para os cantores se apresentarem: cheguei a dançar acompanhando a popular cantora Celly Campello com "Banho de lua" e Adoniran Barbosa com "Trem das onze": *"Não posso ficar nem mais um minuto com você..."*. Letras inesquecíveis! Quando Elza Soares foi cantar "Se acaso você chegasse", apareci pintada de negra lavando roupa em um cenário que imitava uma favela. Hoje, é claro, isso seria inconcebível. Mas temos que entender com o olhar da época. Esse tipo de coisa era considerado "normal". O diretor pedia, a gente fazia sem questionar.

Na época do Carnaval, Lamartine Babo, no palco da Tupi, cantava: *"Lourinha, lourinha dos olhos claros de cristal. Desta vez em vez da moreninha, serás a rainha do meu Carnaval"*.

Me apresentei ao lado de grandes vedetes da época — Virgínia Lane, que era uma diva, Mara Rúbia, Íris Bruzzi, Rose Rondelli, Marly Marley, Carmem Verônica, Anilza Leoni — e até de baby-doll dancei. E no programa *A Bola do Dia,* escrito pelo Ribeiro Filho e protagonizado por Walter Stuart e David Netto, eu fazia a gostosinha nos quadros humorísticos enquanto eles contavam a piada do dia...

Esse meu começo de carreira foi um mix que serviu para tudo porque tinha balé, canto e representação. Então, a minha escola na TV Tupi foi grandiosa. Eu ia aprendendo no dia a dia todas as funções que um ator, um cantor e um bailarino podem desempenhar. Tudo isso num programa de entretenimento e com grandes pessoas, grandes talentos.

Quando Maysa foi lançar a música "Meu mundo caiu", me vesti toda de preto. Eu me jogava no chão quando a escutava, não entendia como uma pessoa tão linda como ela podia sofrer tanto por amor — àquela época da vida, eu imaginava que a beleza trazia felicidade em todos os sentidos. Adorava a dramaticidade dessas cantoras, você se rasga! Então, foi por meio delas, de suas músicas, que foi aflorando o meu lado dramático de atriz.

Essa minha carreira de atriz começou meio de brincadeira. Como eu sabia que nunca chegaria a ser uma grande bailarina, ficou claro que eu tinha que fazer uma escolha. Ou continuava insistindo na dança mesmo assim, ou eu me atirava nessa nova aventura. E foi isso que eu fiz!

CASSIANO, O PADRINHO

COMO CONTEI, CASSIANO GABUS Mendes era diretor artístico da TV Tupi e foi o primeiro profissional importantíssimo na minha vida. Foi por meio dele que embarquei definitivamente no universo da televisão. Ele me chamou e disse: "Sônia, como você irá participar de programas fixos, acho melhor escolher outro nome, porque nós já temos no elenco da casa uma Sônia, que é um prodígio". A Sonia Maria Dorce havia sido criada na TV Tupi, como a Maisa mais recentemente no SBT — as duas lembram a Shirley Temple, menina-prodígio. E, então, quando o Cassiano me perguntou como eu queria ser chamada artisticamente, não respondi Suzana (com Z) e sim, Susana, com sotaque espanhol, ou melhor, portenho, de Buenos Aires, porque era assim, Susana (com S), que eu escutava na Argentina. Com esse, digamos, consertinho no nome, passei a ser Susana, com S. Nem me passou pela cabeça que eu estava escolhendo o nome de minha irmã. Eu tinha dezesseis anos e ela tinha dez! Com essa idade, eu não achava que ela, Suzaninha, iria se incomodar com isso. Além disso, jamais achei que eu fosse fazer uma carreira artística! Jamais! Mas, quando assumi o nome "Susana", minha irmã ficou muito brava. Alguns anos depois, tivemos um novo conflito em torno disso.

Em contrapartida, quando fui trabalhar na Venezuela, apresentando e cantando num programa de TV, os diretores resolveram chamar o programa de *Susana con S*. Eles acharam interessante frisar que era uma brasileira apresentando um programa latino. Do mesmo modo que tem o show *Liza com Z*, da Liza Minnelli.

Susana e Suzana

Anos depois, o que sei é que, quando o Walter Avancini, diretor de novelas, chamou minha irmã para trabalhar na tv Globo, em 1971, espantou-se ao saber que as duas irmãs tinham o mesmo nome. Então, minha irmã disse: "Mas eu quero assinar exatamente como é o meu nome: Suzana Vieira Gonçalves, grafado com Z. E artisticamente Suzana Gonçalves". Isso foi em *Minha doce namorada*, novela de Vicente Sesso, a única vez que trabalhamos juntas.

MA — *Passei a ver o seu nome grafado com S em* A sucessora, *em 1978. Aliás, começou com Z e a partir do capítulo 35 mudou para S.*

Na verdade, isso foi meio confuso. Na época de *A sucessora*, começou com Z, depois mudou para S, como você falou. Nossa! Isso até gerou certa confusão, porque ligavam para a tv Globo dizendo que a grafia do meu nome estava errada.

MA — *Mas o mesmo nome... Qual a razão? Insisto com a nossa estrela!*

A razão disso está dentro de minha alma, de meu âmago. E estou revelando isto: que tem origem no meu ciúme que deve vir da infância.

5. Tempos da TV Tupi

Nessa época, na TV Tupi, os elencos eram muito reduzidos e havia poucas jovenzinhas como eu — lembro-me da Patrícia Mayo, casada com o diretor Luiz Gallon. Numa outra faixa etária, tínhamos Laura Cardoso, Glória Menezes, Wanda Kosmo... Mas, se a concorrência era menor, era preciso muita determinação para nos firmarmos numa carreira e num ambiente que eram considerados "de prostituição". A vocação e o talento eram fundamentais para você se estabelecer na carreira, porque exercíamos uma profissão que estava à margem da sociedade, das pessoas ilibadas. O ambiente não era considerado adequado para "meninas de família".

A TV Tupi foi uma escola. Eu era muito observadora de atrizes como Laura Cardoso, Glória Menezes, Vida Alves, Lolita Rodrigues, Neuza Amaral, Flora Geny, Ana Rosa... Eva Wilma era casada com John Herbert. Os rapazes eram o Luis Gustavo e o Cláudio Marzo e os galãs, Henrique Martins, Amilton Fernandes e Carlos Zara.

Cassiano Gabus Mendes me apresentou pessoas como Wanda Kosmo, atriz que também dirigia o *Grande Teatro Tupi*, em São Paulo, e que colocava a literatura universal dentro da TV com textos de Jean Cocteau, Jean Negulesco. Walter George Durst e Dionísio Azevedo dirigiam o TV de Vanguarda, programa idealizado por Fernando Faro com adaptações da dramaturgia e literatura mundial, como Shakespeare, Dostoiévski e Ernest Hemingway. E Geraldo Vietri ficava à frente do TV de Comédia. Isso também foi aprimorando o nosso trabalho, a base de nossa formação. O interessante é que nós não tínhamos ideia de que a televisão fosse se transformar nesse gigantesco veículo de comunicação mundo afora.

Com o tempo, com os meus trabalhos na TV *de Vanguarda* e na TV *de Comédia* da TV Tupi, meu pai mudou de ideia em relação à televisão e, por meio dessa realidade que eu trouxe para dentro de casa, percebeu a seriedade de um trabalho muito importante e que envolve muita gente.

O NAMORADO GALÃ

COM O CLÁUDIO MARZO, que eu achava lindo, vivi um namoro que acontecia durante o trajeto do ônibus na volta para casa. Do Sumaré ao Brooklin, onde eu morava. A gente se sentava no último banco, era o momento do nosso namoro. A gente vinha conversando e se beijando. Ele me levava até a porta de casa e depois pegava outro ônibus para Guarulhos, onde morava. Ele era um amor de pessoa, menino de família. Passávamos muito tempo juntos dentro da TV Tupi, com a TV *de Vanguarda* e TV *de Comédia*, mas nunca ficávamos sozinhos. Meu pai acompanhando tudo, atento aos movimentos daquele jovem profissional da TV.

O DESQUITADO

OUTRO GRANDE ATOR QUE ficou muito apaixonado por mim — e eu por ele — foi o Amilton Fernandes, o primeiro galã da televisão brasileira, protagonista da importante novela *O direito de nascer*, de 1964, da TV Tupi de São Paulo. As mulheres eram loucas por ele. Eu era uma bonequinha e ele, lindo, mas era desquitado e foi muito correto: "Susana, a gente não vai poder ter nenhum envolvimento porque o seu pai é muito severo e eu sou desquitado". Realmente, meu pai, quando soube, também me proibiu de ter qualquer relacionamento com o Amilton por causa disso. Aliás, um comportamento comum à época. Até porque o desquite permitia apenas a separação do casal, mas sem novos casamentos.

6. Subindo no altar...

Tive muitas paixonites, e, quando surgiu o Régis Cardoso, que já trabalhava na tv Tupi como diretor e era um homem respeitável, vi nele uma maneira de sair de casa. Não era amor, foi a necessidade de sair de casa. Até porque não é como hoje que se tem uma grande liberdade: se você não gosta de uma pessoa, namora com outra; se não gosta dessa, vai procurar outra... e assim por diante até encontrar a pessoa certa. Ou nem encontrar...

Assim, quando o Régis me pediu em casamento, logo aceitei, porque namorávamos na minha casa ou na dele e isso era constrangedor, já que não havia intimidade nenhuma, e o texto, vamos chamar assim, que aproxima os apaixonados ou os casais, era simplesmente banal. Na minha época não existia pílula, não existia o casar sem ser virgem. Assim, nos casamos em 1963; eu virgem porque morria de medo do meu pai, que dizia que, se eu aparecesse grávida, me botava para fora de casa — esse era o texto dos pais, na vida e na ficção, acredito que aprenderam isso com o cinema ou com os livros porque nenhum pai iria inventar uma frase tão cruel como essa! Na verdade, o problema não era exatamente a gravidez, e sim o fato de uma garota deixar de ser virgem. Enfim, meu casamento foi natural para aquela época.

O Régis era uma pessoa doce, não era agressivo, não falava alto nem nada e me deixava ser como sou, expansiva, alegre. Gostei desse homem que curtia o meu jeito e não me obrigava a ser a senhora dele; se estávamos numa festa, eu não precisava ficar agarrada a ele. Tudo isso era o oposto do meu pai... Então, comecei a ser livre. E isso, para mim, naquele momento, foi fundamental.

O AVISO DOS GATOS

O VICENTE SESSO, UM dos mais importantes autores de novela do país, já era meu amigo pessoal. Ele morava num casarão antigo, na rua Santo Antônio, na Bela Vista, com um corredor comprido que terminava na cozinha. Eu ia muito à casa dele, que vivia cercado de gatos. Quando fui distribuir os convites do meu casamento com o Régis, passei na casa do Vicente Sesso e deixei os convites na sala enquanto tomávamos um cafezinho na cozinha. Quando voltamos para a sala, vi que meus convites estavam todos molhados do xixi dos gatos. Ou seja: todos os meus convites de casamento foram entregues cheirando a xixi. Os gatos, animais tão enigmáticos, fizeram aquilo para me mostrar que o casamento não daria certo.

OS SINAIS DE MACHISMO

MINHA MÃE TRABALHAVA FORA e, como comentei, eu tinha esse modelo em casa. No entanto, um pouco antes de me casar com o Régis, ele disse que eu deveria parar de trabalhar, o que era muito difícil, pois eu já tinha uma carreira estabelecida na TV Tupi. Foi o primeiro ato machista dele. Como eu já estava com o casamento marcado e via que era uma forma de sair de casa, fui em frente, achando que conseguiria mudar essa situação. Fomos morar na alameda Santos, nos Jardins, em São Paulo, e minha mãe é quem foi montando nosso apartamento — uma mesa com quatro cadeiras, um sofá, uma televisão.

Engravidei logo após o casamento, e meu filho nasceu em 19 de setembro de 1964, em São Paulo. Chorei durante toda a gravidez porque, já que o Régis foi trabalhar no Rio de Janeiro, eu era uma mulher grávida sem o marido presente: não passeava com o meu marido grávida, não comprava o enxoval do bebê em sua companhia. E não tinha a malícia de perceber que a falta de sentimento e de sexo era muito nociva para um casamento. Mais do que isso, para você ter um bom relacionamento, é preciso o afeto, o carinho, o companheirismo de ambas as partes. Mas eu não tinha experiência para saber que o afastamento era um demonstrativo claro de que havia um problema no nosso casamento. Foi com esse sentimento que fui dar à luz: o de que eu era uma mãe solo.

E o que era mais incompreensível: se eu sou assim hoje, com vinte eu era um bijuzinho!

São coisas que só se aprende com a vida, vivendo...

7. Eu e Rodrigo

Meu filho chama-se Rodrigo, nome escolhido pelo Régis, como bom gaúcho, devido ao capitão Rodrigo Cambará, o belo personagem de *O tempo e o vento*, essa obra monumental de Erico Verissimo. Eu amo esse personagem!

Eu me sentia forte com o meu filho, ele era a minha fortaleza! Rodrigo e eu ficávamos na janela do nosso apartamento, vendo os carros passando, e as primeiras coisas que ele começou a falar foram os modelos de carros — Opala, Gordini, Fusca... Depois, eu colocava o bebê no carrinho e passeávamos pela rua Augusta, pelo Parque Trianon — eu sentava lá e ficava lendo uma revista. Régis já estava no Rio de Janeiro.

Cuidei muito bem do Rodrigo desde bebê. Acordava cedinho para trocar a fralda dele e nós dois voltávamos a dormir, ele no quarto dele e eu no meu — a criança não dormia no meu quarto porque eu preservava a intimidade do casal, esse era o conceito que eu tinha de maternidade. Nesse período, comecei a cozinhar as receitas que minha mãe havia me ensinado, a lavar roupa, a enfrentar as fraldas — que não eram descartáveis, e eu até preferia, porque não se desmancham e poluem os rios. Fazia crochê, via televisão, coisas bem domésticas, tudo como mandava o figurino da época. À noite, deixava o meu bebê sentado no sofá vendo televisão, enquanto eu lavava e passava roupas, inclusive as camisas do Régis, de gola e punho, que ele trazia do Rio. Lembrando que eu já era a atriz Susana Vieira, mas não tinha a menor raiva de fazer aquilo por achar que os afazeres domésticos poderiam ser um complemento para a mulher que trabalha fora. Acreditava que você poderia trabalhar fora e lavar cuecas.

Quem ensinou o Rodrigo a ler, com dois ou três anos, foi a atriz Carmem Silva, que também trabalhava na tv Tupi.

Quando eu voltei a trabalhar, estava sem ninguém para me ajudar, então deixava o Rodrigo na casa da avó, Norah Fontes, também atriz, mãe do Régis. A Carmem, gaúcha, era muito amiga da Norah e ficava hospedada em sua casa, no Sumaré, e com isso se afeiçoou muito ao meu filho. Ela o olhava enquanto fazia palavras cruzadas e dessa forma ia ensinando o Rodrigo — aos quatro anos, ele já sabia ler! Ambas, grandes atrizes! A Norah, por exemplo, era do tempo das companhias de teatro, pertenceu à Companhia Teatral de Jardel Jércolis, pai de Jardel Filho. Viajavam o Brasil inteiro fazendo teatro.

A Jacyra Silva, atriz muito expressiva, também esteve muito presente nesse momento da vida do meu filho. Frequentava muito a minha casa e me chamava de "Sônia" porque tínhamos um convívio mais íntimo.

UMA PALAVRA SOBRE A MATERNIDADE

HOJE EU TENHO OBSERVADO que a necessidade de ter filho é uma questão muito mais social do que verdadeira. Há uma cobrança sobre a mulher, e ter filho é uma opção. Há inúmeros caminhos na vida E, muitas vezes, o que vai encantar você é o trabalho. Para mim, essa conquista veio aos poucos. Sobretudo na minha juventude, na década de 1960, ter filho era algo absolutamente natural e extensivo ao casamento. Isso é muito mais um código social e cultural.

Por outro lado, eu acho que ter filho é a coisa mais natural do mundo. Acho que criam tanta fantasia em torno da maternidade! Meu Deus, que exagero é esse em algo tão natural no processo biológico de qualquer ser vivente! É absolutamente natural, é normal ter filho. Então eu não sei por qual motivo essa espetacularização da maternidade. Fulana está grávida! Ela vai ter um filho! Aí a imprensa toda acompanha. E vêm as fotos! A mulher com o barrigão de frente, de perfil, com o marido pondo as mãos na barriga da mulher grávida. Como se fosse nascer uma nova civilização! Parece que estar grávida significa que você se consagrou na vida. Você deu certo como filha, mulher, esposa, profissional. Parece que você cumpriu uma obrigação social. Ou seja, é muito glamour em torno de algo tão natural, tão humano, tão intrínseco ao reino animal. Eu vejo isso sobretudo aqui no Brasil. Não fantasiar sobre a gravidez não significa desamor, muito pelo contrário. Até porque, na maioria dos casos, incluindo em especial as mulheres menos favorecidas economicamente, a gravidez não é um processo fácil de ser administrado. E não só! Eu mesma não tive uma gravidez fácil. Tive parto normal e com muita dor porque Rodrigo estava com a cabecinha ao contrário. Além disso, cesariana não era comum, para não falar do fato de ser muito cara. Então eu acho que é absolutamente desnecessário esse falatório todo em torno da gravidez.

Mas, deixo aqui registrado que, desde que nasceu, o Rodrigo foi a minha razão de viver e de trabalhar.

Uma passagem de vida inesquecível para mim foi quando Rodrigo tinha entre 4 e 5 anos e estávamos no Vale do Anhangabaú, no centro de São Paulo, e vimos nosso ônibus já saindo do ponto. E corremos! Eu segurando a mãozinha dele. Quando subimos no ônibus, ele falou: "Perdi o patato". Na correria, o sapato ficou caído na rua. Não me importei pois, naquela corrida que demos até o ônibus, pude sentir a mão pequenina dele dentro da minha e isso selou a nossa relação para sempre.

AS BABÁS DO MEU FILHO

POR TRABALHAR NA TV Globo, no Rio de Janeiro, o Régis só vinha para casa duas vezes por mês. Fui ficando triste, infeliz, sentia falta do marido no casamento e resolvi peitar o Régis dizendo que voltaria a trabalhar, e foi o que fiz. Tanto é que contratamos uma babá para o Rodrigo, a Rosa, e voltei a trabalhar.

Tive babás maravilhosas para o meu filho. Depois da Rosa, vieram a Amélia e a Carmelita. Eram amorosas e sábias. Foi graças a elas que pude voltar a trabalhar porque não apenas cuidaram dele, mas cobriram o Rodrigo de afeto. Elas tinham um comportamento muito parecido com o meu de educação, disciplina e severidade.

MA — *Falando em babá, impossível não relembrar de seu estrondoso sucesso que foi a babá Nice, em* Anjo mau. *De meus encontros com o autor Cassiano Gabus Mendes, recordo que ele considerava a sua composição perfeita: os gestos, o olhar... Dizia-me ele: "Um gesto doce, uma feição meiga, mas um olhar de quem cobiçava um pedaço daquele mundo cheio de luxo e dinheiro". Você extraiu alguma característica dessas babás para compor a Nice? Ou foi tudo resultado de sua criação?*

Nunca faço um personagem pensando em alguém, tenho essa característica em meu trabalho de atriz. Não preciso conhecer alguém louco para fazer uma personagem louca. Quando estou representando, devem existir sentimentos e comportamentos dentro de mim que afloram na hora da criação de uma personagem.

Para mim, o que ficou da babá do *Anjo mau* era a extrema doçura que eu transmitia quando estava com o Edinho, o bebê, filho da Stela (Pepita Rodrigues) e do Getúlio (Osmar Prado). Eu sabia que não podia passar maldade alguma diante daquele bebê. Mas, de certa forma, o exterior acaba influenciando você. A relação com o bebê era a única expressão de carinho numa casa onde ninguém me dava confiança.

O que eu imprimi de suavidade no comportamento da babá Nice era o que eu via nas babás do Rodrigo. Não conheci nenhuma babá má. Para mim, esse foi o grande encanto da novela. Eu amava tanto o bebê Edinho, personagem da novela, quanto o bebê Erick, da vida real, e me relacionava muito bem com a mãe do menino, a Ivanilda, um amor de pessoa, engraçada, simpática.

Nos anos 1970, ao mesmo tempo em que havia uma aparente liberdade sexual, também havia uma censura muito grande de costumes. Quando fiz a babá em *Anjo mau* em 1976, havia um preconceito grande. Um homem rico jamais poderia se casar com uma empregada.

Por esse motivo, a Nice morre no final de *Anjo mau* a pedido da Censura — era uma censura moral, que visava a preservar os costumes tradicionais familiares. Fiquei indignada porque achava que em 1976 uma mulher não podia morrer de parto dentro de um hospital de rico. A Nice era casada com um homem rico e estava num hospital particular. O que foi isso, então? Castigo! Foi a tradicional família brasileira que obrigou o Cassiano a escrever isso! A criar esse fim para a babá!

A MORTE DE NICE: UM VERDADEIRO *HAPPENING*

NUNCA MORRI TÃO MAL em cena! Não tinha a menor ideia de como era morrer. Aliás, não tenho a menor ideia de como é fazer cena de morte. Já fiz duas ou três vezes e odeio porque sou muito forte, muito vigorosa, muito ativa, não sei fazer cena em que estou morrendo, me esvaindo em sangue. Foi difícil fazer a cena, até porque nunca ninguém morreu na minha frente, graças a Deus!

MA — *Susana, é impressionante a comoção nacional causada pela morte de Nice — um verdadeiro* happening *naquele momento. A morte da babá no fim da novela rendeu noventa pontos de audiência para o horário das sete da noite. Cassiano Gabus Mendes foi entrevistado no programa* Moacyr TV *para explicar ao público por que havia resolvido matar a personagem tão popular. E ele simplesmente resumiu o fato dessa maneira: "Matei a babá porque as pessoas morrem". Por fim, Helena Silveira, importante cronista de nossa* TV (*à época no jornal Folha de S.Paulo*) *dizia que Nice era apenas uma jovem buscando uma boa oportunidade na vida, um reconhecimento. E, claro, não deveria ter sido punida com a morte ao final da novela, sem gozar das benesses da vida. Eu próprio só soube da intervenção da Censura Federal quando conheci Cassiano e ele me contou das agruras para levar a Nice vitoriosa até o final da novela... Lembrando que Cassiano usou na nova babá o seu nome de batismo, Sônia! Uma homenagem ao primoroso trabalho de Susana...*

O Cassiano se vingou! Quando nasce a filha prematura da Nice com o Rodrigo, ela morre no parto e a família contrata outra babá. Ela só aparece, de costas, passeando com o carrinho no fundo da casa que tinha uma bela piscina. O Cassiano deve ter ficado tão irado com o fato de a Censura ter mandado matar a Nice, que na última cena o Rodrigo chama pela nova babá, Sônia (interpretada pela Débora Duarte, muito bonitinha), e, assim que ela se vira para ele, ambos trocam um olhar que dá a entender que a história iria se repetir.

Homenagem em nova versão

Quando fizeram o REMAKE da novela, em 1997, recebi uma homenagem no último capítulo! "Dedicamos esta novela à nossa primeira babá, Susana Vieira".

O núcleo era do Carlos Manga e, a direção, de Denise Saraceni. Quando o Manga me perguntou quem eu achava que deveria fazer a babá, eu só via uma pessoa na minha frente: Vivianne Pasmanter. Ela havia feito a minha filha, muito alucinada, em *Mulheres de areia*, e tinha uma carinha de anjinho, bochechinha, docinha com um olhar maroto... Mas ela não levou o papel, e sim a Glória Pires que, como sempre, arrasou.

Enfim, voltando à homenagem, eu aparecia como a nova babá. O Kadu Moliterno (Rodrigo) até que fez uma cara de safado quando chama pela nova babá, mas, como ele terminava casado com a nova Nice e não mais viúvo, a diretora mudou toda a intenção de nossos olhares. Minha Nice se casava com o patrão como babá e morria ao final; já a Nice interpretada pela Glorinha se casa sem estar na condição de babá. Ou seja, eu fui empregada até o final da novela.

> MA — *Talvez a semente dessa mudança em sua chave interpretativa seja a sedutora babá Nice, complexa em sua feminilidade; aliás, uma especialidade na criação do genial Cassiano Gabus Mendes. Recordo-me de alguns encontros e bons cafés que tive com ele, Cassiano era encantado por sua babá Nice; mistura perfeita entre o angelical e um olhar malicioso, de grandes conquistas, exatamente como ele havia imaginado a personagem.*

Realmente, me baseei no título da novela para mostrar todas as nuances da personagem. Eu sabia que para o bebê eu deveria ser um anjo de doçura. Fizemos um trio muito agradável: eu, o bebê e o José Lewgoy, que interpretava o meu pai, Augusto, chofer da mansão. Grande ator e um dos melhores amigos da minha vida! Cassiano escreveu grandes personagens femininas. E o impacto da morte da babá Nice surpreendeu a todos nós, profissionais e público que acompanhavam a novela com muita emoção.

Os autores

Nossos novelistas, esses profissionais que mostram o nosso cotidiano, merecem todo o nosso aplauso e respeito. Agradeço aos autores que veem em mim a possibilidade de fazer avançar, com a minha interpretação, a mensagem de liberdade das personagens. Eles escrevem com sutileza, inteligência, e consigo, com a minha leitura da personagem, transmitir esse sentimento ou comportamento de liberdade porque sou uma pessoa completamente liberal, como deve ser a essência da arte.

No entanto, eu não via uma repressão sexual naquela época. Todo mundo beijava, namorava ou transava com todo mundo. A gente andava com pouca roupa, não havia uma moral sobre o físico, o corpo. Havia, sim, uma forte repressão política. Possivelmente, a minha agitação vem nos olhos, uma agitação social dentro do meu olhar.

8. Fazendo história aqui e no estrangeiro

Nosso país mudou muito desde que comecei a trabalhar em novelas, na década de 1960. O que estamos fazendo através delas é contar a história do Brasil, e a minha vida é feita das novelas brasileiras. Os romances brasileiros também são as novelas brasileiras! Esse é o grande mérito dos nossos autores, que escreveram e escrevem sobre os costumes, os preconceitos. Se fui me aprimorando como atriz, devo muito a eles, que foram desenvolvendo personagens tão interessantes para eu interpretar. Esses autores de novela foram geniais para a história do Brasil, porque estão contando o hoje e o ontem.

MA — *Certamente, Susana. Na década de 1960, o Brasil basicamente importava textos da Argentina, Cuba e México e, com isso, toda a estética desses países.*

Houve uma grande mudança a partir da década de 1970, de renovação temática e de produção da qual eu me orgulho de ter feito parte. Em particular quando a tv Globo começou a investir no gênero e conquistou imenso público pela variedade de histórias, personagens e cenários. Mas foi graças a esses países que o Brasil começou a fazer novelas!

De qualquer modo, existe uma magia que mantém o público vidrado por essas novelas, do México, em especial, no mundo todo. O visual das mulheres é muito diferente do nosso. O excesso de maquiagem deixa essas mulheres lindas, cada uma delas. Todas com cabelos maravilhosos. A fantasia da novela mexicana vai na contramão das nossas novelas. Mesmo que na nossa novela tenha a moça pobre que se apaixona pelo homem rico, não necessariamente esse é o *leitmotiv* da novela. As nossas produções tratam de vários assuntos, dos vários problemas de nosso país.

Quando a TV Globo entrou no mercado internacional, houve um grande interesse desse público pela variedade de histórias, personagens e cenários externos mostrando o Brasil. Há muito tempo, somos símbolo de qualidade em produção de telenovela. E nós, atrizes e atores, também somos famosos em vários países onde passeamos.

No início da década de 1980, eu fiz um trabalho no México. Queriam uma atriz que falasse língua portuguesa e espanhola e o Boni me indicou para a Televisa, a maior emissora do México. E fui emprestada pela TV Globo. O objetivo da Televisa era ampliar o mercado de suas produções.

Eu havia terminado uma participação em *Elas por elas,* do Cassiano Gabus Mendes, em 1983 e, impulsionada pelo sucesso de *A sucessora* pela América Latina, integrei o elenco da produção de *Profesión: señora*, de Alberto Adellach, com direção de Antonio López Sánchez. Um sucesso que misturou atores de diversas nacionalidades. A protagonista, a heroína da história, era a grande atriz argentina Leonor Benedetto. Sua personagem, Griselda, rivalizava com a minha, María, uma vilã, filha de um embaixador brasileiro no México, composta bem ao estilo mexicano que eu adorava! O protagonista era o ator mexicano Julio Alemán.

Mas o contraste entre mim e as atrizes mexicanas era abismal! Elas chegavam aos estúdios com belos carros, Mercedes-Benz, Rolls-Royce. Chegavam de botas, sapatos altos, envoltas em suntuosos casacos, muito bem penteadas. Era uma diferença muito grande entre a nossa realidade. Mas foram muito simpáticas comigo e logo perguntavam: "Susana, donde están los postizos?". Elas se referiam às longas unhas postiças, o que todas elas usam (a minha unha é natural!), e também aos cílios e ao mega hair, já moda por lá.

Outra grande diferença era o uso do ponto eletrônico, um fonezinho que você coloca na orelha. De longe, um profissional vai lendo o texto para você. Só que esse "leitor de texto" diz a fala de todos os personagens, e isso era uma loucura para mim. Por esse motivo, há algumas pausas na representação que a gente não compreende. Eu decorava o texto, como era o método brasileiro e até de outros países, e eles não compreendiam como eu decorava tudo!

Isso faz toda a diferença na interpretação. Eu não me adaptava e resolvi tirar o ponto eletrônico. Mas aí veio o Sindicato dizer que isso era proibido, que eu estava ferindo as regras profissionais do México, e mostrando até uma superioridade em relação às atrizes mexicanas.

Isso me trouxe alguns problemas à época, pois eu comecei a sofrer de labirintite. E, claro, eu precisava obedecer às regras do Sindicato. Então, ao mesmo tempo que eu adorava estar na novela, sentia-me muito mal por ter de conviver com aquela maneira de trabalhar.

Eu ficava hospedada no vigésimo andar do Hotel Hilton e, ao cair da tarde, eu ficava na janela olhando para aquela cidade imensa e sentia uma enorme nostalgia. Não foi fácil. Eu fiquei longe da minha família por um ano! Muitas vezes, a despeito de toda essa movimentação e desse glamour (até porque a vida artística no México tem esse lado), batia uma solidão muito grande. Driblar isso não é fácil, é dolorido, porém é de um grande crescimento pessoal.

Eu trabalhava, passeava, namorava... O México é um país maravilhoso, rico de história, com seus belos museus, com a sua magnífica civilização asteca! Também tem um povo muito sofrido, miscigenado, de origem indígena, com diferença social muito grande.

E sabe o que eu fazia aos domingos? Passeava pela avenida Paseo de la Reforma, a principal do centro da cidade, com seu grande anjo dourado que marca a elegante avenida, e ia até o zoológico, que é muito bem cuidado. Os animais tornaram-se as minhas maiores companhias dessa incrível jornada latino-americana!

Mas o fato é que eu adorei essa experiência artística! Ter contracenado com artistas do México, da Argentina... Lembro-me também do elenco de atores peruanos, das venezuelanas Anabel Garcia e Victoria Roberts e da colombiana Jenniffer Stephens.

Foi uma vivência única para mim, tanto na vida profissional quanto na pessoal. Esse intercâmbio artístico é muito valoroso, pois amplia a sua visão de mundo. Uma experiência inesquecível! Sou muito grata ao povo mexicano que me recebeu tão bem!

MA — *Concluindo, Susana, você foi pioneira também no processo de globalização da indústria do entretenimento, muito tempo antes dessa denominação existir.*

Verdade! E muito, muito tempo depois tive uma rica experiência em Portugal. Em 2010, fui convidada para trabalhar na televisão SIC, em Lisboa. Foi uma participação especial em *Laços de sangue*, uma novela de Pedro Lopes com supervisão de Aguinaldo Silva. A Globo participou da produção. Ficou no ar de setembro de 2010 a outubro de 2011. Eu voltava com a minha personagem Lara Romero, que Aguinaldo havia criado para mim na minissérie *Lara com Z*, da Globo. A minha chegada nos estúdios era uma festa! Os atores portugueses todos encantados em me conhecer após tantos anos de me verem nas novelas brasileiras que eram vendidas para Portugal desde 1977. Cada ator tinha um personagem inesquecível para comentar comigo! Isso me deixou extremamente emocionada.

As figurinistas se desdobravam para me vestir como uma diva, pois a Lara que eu havia interpretado na minissérie brasileira era uma diva que estava desempregada, mas não perdia a pose. Na novela portuguesa, eu me apaixonava pelo galã principal, o ator Hugo Sequeira, e a cena *must* que ficou em minha memória master de atriz foi um banho de chafariz, numa fonte na Praça do Rossio, de madrugada, em pleno inverno, água geladérrima. Eu, vestindo um longo azul decotado, e Hugo, um terno. E o clássico beijo de novela com água caindo a cântaros sobre nós. Era uma sequência da novela onde a Lara e Bernardo Coutinho, personagem de Hugo Sequeira, fogem dos fotógrafos ao saírem de um restaurante. Na fuga, deparam-se com a fonte. Lara fica tão encantada que resolve entrar para banhar-se, e Bernardo a acompanha naquele clima de liberdade romântica.

O que vivemos naquele momento foi cópia da cena antológica do filme *La dolce vita,* de Federico Fellini, com Marcello Mastroianni e Anita Ekberg. No final da novela, o noivo brasileiro de Lara vai buscá-la e voltam para o Brasil. Assim foi minha passagem pela novela portuguesa *Laços de sangue.* Uma homenagem que Aguinaldo Silva prestou à personagem Lara e a mim, Susana Vieira. Obrigada, mais uma vez, meu querido Aguinaldo.

A SABEDORIA DOS ELEFANTES

FUI AO PROGRAMA DA Xuxa para uma entrevista e ela, ao final, me deu de presente uma caixa grande; ao abri-la, me deparei com sete ou oito elefantes de enfeite, um de cada país e material. Ela deve ter perguntado à minha assessora de que animal eu gostava, e Dany respondeu que era de elefante e tartaruga.

Pelo elefante, tenho respeito, admiração, acho que eu queria ser um elefante para ter aquela calma, aquela direção exata de quem sabe que está indo para a frente. O elefante não se desvia do caminho, sai de uma savana distante e sabe que, naquela direção, naquela reta, vai encontrar água. Outra coisa que gosto no elefante é que eles só andam em grupos familiares, não são grupos de amigos ou terroristas que se unem para fazer uma guerra e atacar. Eles vão no afeto, todos juntos. E, quando o elefante fica irritado, é por uma coisa muito grave. Ele come grama, não é carnívoro! Outro aspecto que acho admirável: quando sabe que vai morrer, o elefante se afasta silenciosamente, não incomoda ninguém. As únicas pessoas que veem elefantes mortos são as que os matam, que praticam essa barbaridade.

NA TARTARUGA, A DUALIDADE DA VIDA

OUTRO ANIMAL QUE ME toca muito é a tartaruga. Foi a dra. Ana Beatriz, minha analista, que me disse com todas as letras: "Susana, você é uma tartaruga, com essa couraça por trás. E as pessoas pensam que você sai lutando sem ver nada na frente, que você se garante. Mas, no fundo, está o seu corpinho frágil e a casca é para você se defender".

Realmente, tenho uma "casca" muito grossa que assusta, porque me acham uma verdadeira guerreira. Mas, na verdade, a tartaruga, por baixo, é muito frágil, tem um corpo maleável. Além disso, ela se dá bem na água e na terra. Também sou assim: onde me colocam, procuro me ajeitar. E há ainda a questão da longevidade e o fato de esses animais não terem pressa. Os animais de que gosto são, de fato, mais lentos, e gosto muito de vê-los para assimilar esse ritmo que é tão diferente do meu — tão feérico, tão rápido.

Meu neto Bruno desde pequenininho já gostava de tartaruga e gosta até hoje, com 23 anos. Deve haver alguma ligação espiritual, física ou metafísica que faz com que você tenha um bicho de estimação, que você o admire. Ou mesmo que você não tenha esse animal, mas que o admire pelas suas características. Voltando ao meu neto, entendo ele ter essa relação forte com os animais talvez porque, nos Estados Unidos, os bichos pertencem a um santuário.

Aqui, na minha casa, aparecem, de vez em quando, dois tucanos, macacos — prego, micos — e jacus! E os meus netos viram tucanos nos Estados Unidos somente quando foram em parque específico para essa vida mais selvagem. Ou seja: no Brasil, meus netos veem um tucano na porta de casa. Nos Estados Unidos, eles precisam ir para um parque. Em todo lugar que a gente vai, meu neto Bruno visita os museus naturais para conhecer os animais da melhor maneira possível.

Nós temos até cobras aqui no condomínio! Jiboias! Já vi a minha cachorrinha latindo na garagem, e quando cheguei lá era uma jiboia filhote. Eu gritava, desesperada: "Scarlett, vem cá!". E ela, destemida, enfrentando a jiboinha. Anos depois, o Jackson, meu caseiro, teve que enfrentar duas grandes; inclusive dentro da piscina.

9. TV EXCELSIOR

A TV EXCELSIOR FOI a primeira emissora a produzir novelas grandiosas, e os trabalhos que fiz nela foram importantíssimos para a minha formação de atriz. Era uma grande emissora, com produções caprichadas e grandiosas, como as da Globo após a década de 1970.

> MA — *Você faz a sua estreia na telenovela diária. E você começou protagonizando uma história contada pela pioneira da radionovela e da telenovela, Dulce Santucci; autora da primeira telenovela diária do Brasil — 2-5499 Ocupado, original argentino de Alberto Migré, com Glória Menezes e Tarcísio Meira.*

Realmente, minha estreia na telenovela diária foi em *A pequena Karen,* na TV Excelsior, num texto da Dulce Santucci e direção de Fernando Baleroni. Nessa novela, ambientada num colégio interno em Londres, eu fazia o papel-título, a Karen, que sofria os maus-tratos da diretora interpretada pela Tereza Rachel e, de tanto sofrer nas mãos da perversa diretora, morria por volta do capítulo vinte. Eu nunca podia imaginar que uma protagonista pudesse morrer, ainda mais no início da história, e fiquei muito indignada com isso. Mas aí eu voltava, gravava com um lençol branco, como se eu fosse um fantasma!

MA — *Susana, em diversos cafés na residência da novelista mineira, Dulce Santucci, que vivia em São Paulo, tive o privilégio de escutar elogios ao seu trabalho já nesse início de carreira. Dulce dizia que, ao mesmo tempo em que você passava o medo causado pela personagem da diretora, também a enfrentava com o olhar.*

Mas só de olhar para a Tereza Rachel eu já sentia medo! Isso na vida real também! É interessante essa mistura entre a ficção e a realidade, porque alguns atores e atrizes fazendo o papel de personagens prepotentes geram um medo na vida real. Por exemplo, eu tinha medo da personagem de Nathalia Timberg, a governanta Juliana de *A sucessora*, dentro da novela, e isso fazia com que eu sentisse certo medo dela também na vida real. Apesar de ser uma das minhas atrizes preferidas, muito educada e discreta, com quem aprendi bastante — trabalhar com ela foi uma grande escola.

Toda vez que faço um papel em que o outro provoca o medo em mim, deixo de ser atriz e volto a ser a Soninha. Eu tinha medo do Marco Ricca no papel de delegado Amaral em *Os dias eram assim*. Aí fiz de tudo para me aproximar dele como colega de trabalho, com brincadeiras, abraços... Mas, enquanto ele esteve em cena comigo, me enfrentando, eu sentia medo dele.

Outro exemplo: quando fui inaugurar o Teatro dos 4 com a Tereza Rachel na peça *Os órfãos de Jânio*, de Millôr Fernandes, em 1980, ficamos no mesmo camarim. Não contracenávamos, eram monólogos, mas o fato de estarmos no mesmo camarim já me provocava medo, até porque estava diante de uma grande atriz.

É curioso que essa história com a Tereza Rachel tenha começado em 1966, com a novela *A pequena Karen*, e demorei a me corrigir, virava a Sônia Maria. Até que um dia, no Teatro dos 4, eu estava com dores abdominais e a Tereza resolveu fazer uma massagem em mim. Melhorei e, a partir desse dia, vi que não precisava ter medo dela. Muito pelo contrário, ela era uma grande companheira de trabalho.

MA — *É interessante isso, Susana! Poderíamos fazer aí um contraponto com o seu medo de criança, quando você comentou no início de sua longa história que tinha medo de dormir sozinha na sala de sua casa em Buenos*

Aires... Creio que estamos diante da chamada "memória afetiva" tão propagada pelo método de Constantin Stanislavski, o famoso diretor russo e teórico da arte dramática. Você não acha?

Você fez uma ligação perfeita do medo da pequena Karen com a minha vida. Certamente o medo vem daí. Desse meu momento da infância com o início de carreira, com uma personagem marcada pelo medo.

Uma pioneira superprodução

DEPOIS DA MINHA ESTREIA com *A pequena Karen*, veio *Almas de pedra*, de Ivani Ribeiro, com direção do Walter Avancini. A novela era inspirada em *As mulheres de bronze*, romance popular do autor francês Xavier de Montépin, mas a história era transportada para o Brasil de 1870. Eu fazia a personagem Natália Ramalho, a Naná, irmã de Cristina (Glória Menezes) e Ruth (Íris Bruzzi). O elenco reunia Tarcísio Meira, Francisco Cuoco e Armando Bógus.

Depois, no mesmo ano, participei da primeira novela de Lauro César Muniz, *Ninguém crê em mim*, dirigida por Dionísio Azevedo. Meu papel era o de uma jovem ambiciosa, Marisa, mas deixei essa novela para viver uma personagem muito interessante num famoso drama histórico chamado *As minas de prata* — mais uma superprodução da Excelsior.

10. UMA QUESTÃO RACIAL

AS MINAS DE PRATA, inspirada no romance de José de Alencar, também foi escrita por Ivani Ribeiro, com direção de Walter Avancini. O cenário era a Bahia, Salvador, no início do século XVII. Foi um grande sucesso! Trabalhei com Fúlvio Stefanini, Regina Duarte, Armando Bógus, entre tantos outros grandes atores. A figurinista Isabel Pancada trazia os livros de História, mostrava ao elenco como eram as roupas do Brasil colonial. Então eu comecei a ficar fascinada com esse trabalho, além de Isabel ter sido uma pessoa encantadora!

Eu fazia o papel de uma mestiça, a Joaninha, a alfeloeira, que vendia bolos e docinhos na praça. O diretor Walter Avancini olhou para mim e disse: "Estou precisando que você faça uma jovem alegre, vestida de empregadinha...".

Minhas leitoras, meus leitores... Peço que olhem esse tipo de frase, de "empregadinha", e o restante deste capítulo como o olhar de uma época. Isso tudo era considerado "normal" e, claro, atualmente jamais seria dessa maneira! Eu, simplesmente, era uma atriz que poderia fazer aquela mestiça, tinha a graça que o Avancini procurava naquele momento. Então, fazia a maquiagem para mudar o meu tom de pele e estava pronta.

MA — *Interrompo as lembranças de Susana para lembrar que, dois anos depois, em 1968, Sérgio Cardoso encarnou o negro Pai Tomás (A cabana* do Pai Tomás, *na Globo*), *gerando uma onda de protestos. Como você observa essa questão tanto na vida real como na recriação da telenovela?*

Eu, sendo uma mulher branca e consciente dos meus privilégios, jamais vou entender a dor que o racismo estrutural pode causar, herança de um Brasil colonial racista. Mas, naquela época, 1968, a gente não tinha tanta mídia, tanta informação e nem tantos canais de repercussão como se tem hoje. Então, não me recordo de a imprensa ter falado mal ou de algum movimento sobre o fato de Sérgio Cardoso ser branco e interpretar o negro Pai Tomás. Quando fiz a mestiça Joaninha, não houve qualquer movimento sobre o tema. Novamente: era "normal", "usual" naquela época. Tanto que nem passava pela minha cabeça que alguma atriz negra fosse ficar ofendida comigo.

Quando dancei *O Guarani,* de Carlos Gomes, baseada no romance de José de Alencar, no Teatro Guaíra, em Curitiba, estávamos todas nós, do corpo de baile, pintadas de vermelho. Representávamos indígenas. Enfim, éramos atores à disposição dos personagens.

Sérgio Cardoso foi um dos maiores atores do Brasil e adorava transformar-se em outra pessoa, compor tipos completamente diferentes dele. E, no meu caso, o diretor Walter Avancini também seguia o mesmo caminho. Representávamos tipos completamente diferentes ao que éramos na vida real. É claro que, atualmente, o mercado, felizmente, ampliou-se com a maior oportunidade para atrizes e atores negros, mostrando a riqueza racial de nosso país. De qualquer maneira, considero que ainda precisamos evoluir muito nesse sentido, mas já é muito diferente do que ocorria nas produções dos anos 1960.

Então é natural que se escalem atores negros e brancos de acordo com as necessidades da produção artística. Sem dúvida alguma, hoje seria inconcebível o que ocorria há mais de cinquenta anos. Mas não podemos olhar o passado com os olhos de hoje, a não ser para compreendermos a evolução social e entender que ainda temos muito a evoluir.

11. A SUCESSORA

O TRABALHO QUE MAIS me deixou impactada foi *A sucessora*. Sinceramente, minha atuação é brilhante! Claro, eu já era boa atriz. Em *Anjo mau*, por exemplo, falo com voz de criança que nunca tive! Mas em *A Sucessora,* o que mais me impactou foram as nuances, o crescimento da personagem, o enfrentamento dela diante da governanta. Ali foi tudo certeiro: o texto do Manoel Carlos, a força do elenco, a direção do Herval Rossano e do Gracindo Júnior — o trabalho do Herval, que organizou toda a novela, foi muito harmonioso. Lembro da visita que eu e Manoel Carlos fizemos à dona Carolina — autora do livro, filha de Joaquim Nabuco, de família tradicional —, e de ter escutado a sua história sobre Marina, a sucessora, na residência dela, em Botafogo, no Rio de Janeiro.

MA — *A sucessora é uma das novelas mais vendidas da história da televisão brasileira. Mescla o medo interno da Sônia Maria com a força de Susana Vieira, concluo sobre a sua primorosa composição da clássica personagem. E credito muito da elegância de sua mãe na composição da personagem.*

Por Manoel Carlos

Minha parceria profissional com Susana se estende por nada menos do que quatro décadas. Esse fato, por si só, já seria capaz de ilustrar o profundo respeito e admiração que sempre tive por ela como atriz.

Desde nosso primeiro trabalho juntos, quando pensei nela para viver a Marina Steen, de *A Sucessora* (1978), até lhe confiar a Lorena, de *Mulheres Apaixonadas* (2003), foi uma jornada de muito sucesso marcada pela enorme competência da Susana.

Ela encarnou com perfeição o que eu imaginei para as personagens que interpretou, fossem mocinhas, antagonistas, mulheres fortes, autoritárias ou matriarcas. Em comum, a brasilidade que Susana transpira na atuação e que contribui para torná-la uma das atrizes mais versáteis da televisão.

O PLÁGIO

EM *A SUCESSORA*, TEVE a questão do plágio. O romance publicado em 1934 por Carolina Nabuco lembra muito *Rebecca*, livro da inglesa Daphne du Maurier, publicado em 1938. Baseado na segunda obra, Hitchcock filmou o clássico *Rebecca, a mulher inesquecível*. A história contada pela brasileira despertou o interesse de Hollywood e o original chegou até os Estados Unidos, mas nunca lhe deram uma resposta, uma satisfação, muito menos direitos autorais.

QUANDO A PERSONAGEM CONDUZ O ATOR...

ACHO QUE MARINA STEEN foi a personagem a qual mais me entreguei. Fui deixando me levar pela Marina... Não era eu ali. É uma personagem que começa com certa timidez e vai crescendo, ganhando o seu espaço na mansão, na vida. Revendo as cenas com Nathalia Timberg, sem modéstia nenhuma, eu estava no mesmo patamar que ela! Quando ela me desafiava ou queria impor sua vontade, eu não podia ser menor, precisava ser igual a ela para enfrentá-la, mesmo tendo medo da governanta. Gosto dessa passagem da insegurança para a segurança que marca a libertação de Marina. E tudo isso sem qualquer exagero dramático.

É interessante, tenho mais medo fora, na vida real, do que dentro de um trabalho. Não me sinto inferior porque tenho a autoestima muito elevada nesse momento de atriz. Então, como Soninha, eu poderia sentir medo do jeito da Nathalia Timberg, do Rubens de Falco; mas, como Susana, enfrento mesmo. Nessa novela me aproximei de Arlete Salles porque ela interpretava uma personagem mais afável, Germana, irmã de Roberto Steen.

Arlete tornou-se uma das minhas melhores amigas até hoje!

Ela entrou na minha vida nesta novela e nunca mais saiu. É atenta e generosa com quem está ao seu lado. Se você está doente, é a primeira a indicar um médico e se coloca à sua disposição. Todas as vezes em que estive hospitalizada, a primeira pessoa que eu via ao abrir os olhos era a Arlete Salles. Essa é uma verdadeira amiga, nas horas boas e tristes. Ficamos vinte anos trabalhando em teatro, sempre juntas, com *A partilha*. Uma tornou-se confidente da outra, nos amores, nas decepções, nos pormenores da vida, dos grandes e pequenos acontecimentos. Junto à Arlete, outra grande amiga: Natália do Vale, a quem eu dedico também todo o meu amor e cumplicidade.

Por Arlete Salles

Susana, minha amiga. Minha muito querida amiga. Agora você está imortalizada em um livro. Você é merecedora desta imortalidade. Que vida! Rica, intensa. Arte, amor, luta. Bravura! Você. Você faz parte da minha família formada pelo coração.

Almas se encontram, se reconhecem e nunca mais se afastam. A vida vai passando e os laços de amizade vão se fortalecendo. Tem sido assim nas nossas vidas! Porque nada é imposto. Tudo é etéreo. E eterno. Sua, Arlete.

A FICÇÃO INVADE A REALIDADE

GERALMENTE VOCÊ ACABA FICANDO mais íntimo de quem faz par com você. Com quem você está em cena, dentro do mesmo cenário, é natural a aproximação. Por exemplo, fiquei amicíssima do José Lewgoy, que foi o meu pai em *Anjo mau*. Já conheci vários casais que começaram a namorar numa novela e cada um estava num núcleo. Mas o convívio de onze horas dentro do mesmo corredor, da mesma sala de maquiagem, pode fazer com que o lado de fora, a pessoa em si, se apaixone, e não o personagem.

É o convívio que une e traz a paixão: você passa o texto junto, você se agarra muito, se beija muito, então, acho bastante natural que surja uma paixão. É irresistível. A gente é humano, lida com o corpo, com os nossos sentidos, lida com o beijo na boca, que é o primeiro contato de tesão. Então, quando começa a beijar na boca, a paixão é o caminho natural e isso pode acontecer até mesmo com o homem, que não gosta muito de beijar — mesmo no ato sexual, é muito difícil o homem "beijoqueiro".

MA — Rubens de Falco me contou que, durante uma gravação da novela A sucessora, *ele sentiu algo a mais no beijo entre vocês... Ou seja, o beijo ultrapassou o limite técnico entre dois atores? Foi da ficção para a vida real?*

Acho que fui uma das poucas pessoas, ou a única pessoa, que se apaixonou pelo personagem e depois pela pessoa, que foi o Rubens de Falco em *A sucessora*. Lembrando que, nessa época, eu já havia me separado de Régis.

Eu nunca havia trabalhado com ele — um homem muito sério, sisudo e bonito —, e, em uma cena na qual dançamos juntos, aconteceu uma química muito profunda entre nós. Um beijo que começou no estúdio, seguiu numa externa, de madrugada, quando nos deitamos no mesmo lugar e sentimos o corpo um do outro. Ali nasceu um romance intenso, mas com muita suavidade, delicadeza. Foram dois anos de uma história muito especial.

Fizemos um cruzeiro para Alexandria e Istambul, em um navio que carregava a aristocracia italiana! Levei todas as roupas que usava na novela. Parecia filme de Oscar, éramos o casal mais lindo do navio: Rubens de Falco e Susana Vieira ou Roberto Steen e Marina Steen.

Nunca dei beijos tão significativos na minha vida... Tive momentos muito românticos em Paris, com dois ou três beijos que foram históricos. O Rubens me puxou pela cintura e me deu um beijo que eu nunca havia recebido de ninguém... Com Rubens de Falco, eu tive o amor mais romântico da minha vida, de um romantismo tão forte... um romantismo que a minha vida teve pouco e que nunca mais esqueci!

MA — E deixou registrada a sua admiração por você em entrevista para a revista Sétimo Céu à época da novela:
"Sinto que meu encontro com uma atriz como Susana é muito mais importante do que o encontro de Roberto Steen com Marina. Descobri coisas em Susana que nunca poderia imaginar, justificando assim o porquê de uma carreira tão brilhante como é a desta moça".

Teatro no Peru

O sucesso da novela na América Latina chegou ao Peru. Lá destacavam muito a direção de arte de Ana Maria Magalhães. Em 1983, Horacio Paredes, um produtor de Lima, me convidou para estrelar, no teatro, *Rebecca, una mujer inolvidable* — ele estava com os direitos do romance de Daphne du Maurier. Ao chegar a Lima, encontrei atores muito modernos, bem preparados. Um elenco espanhol contracenava comigo e eu era a única brasileira a falar espanhol, *por supuesto!*

Foi uma vivência muito rica. Fiquei hospedada no bairro Miraflores, na cidade de Lima, e no meu contrato tinha até uma cláusula prevendo seguro de vida em caso de terremoto. Pensei: "Mas em caso de morte, avisar a quem?". A Arlete Salles, porque eu tinha feito a novela com ela e tornou-se minha melhor amiga! Veja como a amizade é fundamental na vida. Então, eu disse ao meu filho: "Qualquer coisa que me aconteça, procure a Arlete Salles".

Enfim, em uma cena a minha personagem ficava de costas para a plateia, escutando o marido relatar a sua história com a primeira esposa. E um crítico escreveu: *"Susana trabaja con sus espaldas; los sentimientos de Susana se sienten con sus espaldas".* *

---

* "Susana trabalha com suas costas; percebemos os sentimentos de Susana em suas costas."

Foi um trabalho tão intenso, de uma comunhão tão grande com a produção, com o público, que recebi uma homenagem muito especial. Uma placa no foyer do Teatro Camiño Real, em Miraflores, com os dizeres: "Este teatro fue inaugurado por la primera actriz brasileña, señora Susana Vieira".*

Mas no meio da temporada tive uma crise de depressão por causa da altitude, da solidão. Foi a primeira vez que deixei a minha casa, meu filho e meus cachorros, e depois de dois meses voltei para o Brasil.

MA — Susana, preciso concluir ou sintetizar a sua construção de atriz com tudo isso: música dramática, balé, ópera, Theatro Municipal... Pensando na Susana Vieira nacional e internacional, observo que o que você nos conta é a base do melodrama, esse gênero nascido com a ópera italiana, no século XVII, e que é a origem da telenovela. E isso eu observo muito em suas criações de personagem; sobretudo a partir da Veridiana Gurgel de Os gigantes, em 1979. Esse seu estilo interpretativo, essa sua verve dramática, alternando-se entre o cômico e o dramático, tragicômico, muitas vezes faz parte do ideário artístico da América Latina. Creio que vem daí também a sua popularidade como pessoa e como atriz. E, em especial, atriz de telenovela, ou de teleficção em geral.

Minha carreira com as telenovelas tem início em 1966, um começo de carreira, por sinal, bem diversificado, com o clima de drama inglês de *A pequena Karen* e com literatura e História do Brasil de *As minas de prata*, que é um maravilhoso romance histórico de José de Alencar. O que acho fantástico em nossas novelas é que os nossos autores mexem em todas as feridas, acho impressionante como todas as nossas "sujeiras" aparecem na telenovela. Mesmo sendo ficção, os autores estão preocupados em mostrar uma problemática social, política. Nossos novelistas colocam todas as questões sobre a mesa.

---

* "Esse teatro foi inaugurado pela consagrada atriz brasileira, senhora Susana Vieira."

12. Um doce referencial perdido

MA — *Susana, quando você sente que começou a ficar dura com a vida? Isso certamente foi importante dentro da composição de suas personagens, de seu relacionamento com o mundo...*

Minha mãe morreu muito cedo, aos 57 anos. Após a morte dela, no dia 29 de agosto de 1973, mudei completamente. Foi o momento mais traumático, o pior momento da minha vida. Eu estava no hospital porque a minha mãe ia ser operada. Não me recordo exatamente o motivo, mas eu estava no quarto da cantora paulista Miriam Batucada, que estava internada. Foi quando me avisaram que minha mãe estava indo para a sala de cirurgia. Ela ia operar o cérebro, estava com câncer. Fui com ela de mãos dadas e ela me pediu: "Toma conta da Sandrinha para mim". E ela foi embora para a cirurgia e não voltou mais. Minha irmã ficou no corredor a aguardando voltar. Eu permaneci no quarto da Miriam Batucada; ela tocava violão e me distraía. De repente eu ouço um grito fortíssimo. Um barulho como eu nunca mais ouvi! Era Sandrinha. Um grito de animal ferido que eu nunca mais esqueci. Como ela sofreu, tadinha, e eu não pude fazer nada... Eu sinto que ela está triste até hoje. E isso para mim é definitivo em termos de acontecimentos na minha história de vida.

Dentro daquele sistema rígido de criação, sem grandes floreios, sem maiores brincadeiras — a coisa dura, seca, de disciplina, de não ter historinha, não ter bala, não poder ler jornal, isso era do meu pai —, minha mãe representava o belo, o lúdico. Com sua ausência, perdi esse referencial.

Minha mãe era uma princesa! Muito linda, vaidosa, se cuidava muito, tratava extremamente da pele. Ela se arrumava muito bem para ir trabalhar no Consulado ou para as recepções na Embaixada com governador, presidente da República. Eu via batons, luvas, vestidos rodados, um vestido preto com flores vermelhas. É bem provável que a minha vaidade venha do tanto que eu observava e admirava a minha mãe.

Meus pais foram padrinhos do meu filho, Rodrigo. E, quando me casei e me mudei, minha mãe ficou muito próxima de mim — frequentava a minha casa, sempre linda e preocupada comigo. Aí ela se vai... Assim, quando ela morreu, mudei de personalidade, não tive mais colo. Com a morte dela foi embora também o lado da ternura, educação, voz baixa, palavras suaves, lindeza... Tudo o que era gostoso, cheiroso e bonito foi embora e não havia ninguém para colocar no lugar.

Eu estava separada, tinha um filho homem e um pai severo, casado com uma mulher com quem eu não me dava. Foi aí que começou uma nova etapa da minha vida, a de ter que fazer tudo sozinha! Com dois irmãos menores de idade, um com dezesseis e outro com dezessete anos, virei mãe deles. E o que me fez muita falta foi não ter o conselho de uma mulher de confiança. Porque uma mãe que ama o seu filho, a sua filha, é uma mulher de confiança. Fiquei sem uma mulher na qual eu tinha plena confiança, e isso tira o chão de qualquer pessoa.

Atravessar quarenta anos sem mãe, com o sentimento de que um dia ela poderia ter visto o meu sucesso — logo ela que mais havia me incentivado, só conseguiu me ver na Tupi e na Excelsior — é a maior tristeza da minha vida. E essa ausência também mudou a minha personalidade, meu modo de agir e reagir.

AS UNIÕES DO MEU PAI

MEU PAI SE CASOU duas vezes depois da minha mãe, com mulheres um pouco mais novas do que ele. Com a primeira, nós não tivemos contato algum.

Com a segunda, começou o conflito familiar. Se elas fossem mais jovens, talvez pudessem ter se aproximado mais de nós, os filhos — normalmente, quando um homem se casa com uma mulher mais jovem e já tem filhas adultas, a tendência é que todos se aproximem. Ainda mais sendo eu jovem e alegre! Acho que teríamos sido todos mais felizes.

Quando minha mãe morreu, o meu pai já estava com a segunda mulher. Nós todos estávamos muito emocionados com a ausência de nossa mãe e o meu pai estava muito irritado nesse momento. Tive um ódio muito grande desses outros casamentos dele. Para nós, com a morte de minha mãe, a festa havia acabado. A gente chora muito a morte de uma mãe... E lembro que meu pai perguntou quantos dias a gente ia levar chorando a morte de minha mãe porque nós tínhamos várias coisas práticas para resolver. Mas eu não tinha cabeça para resolver nada, para pensar em nada. Só lembro que peguei um casaco de *vison* da minha mãe, antes que a mulher dele pegasse, e disse: "Esse casaco é da tia Nair, que mora em São Paulo". Tinha também um conjunto de pequenos cinzeiros coloridos de cristal da Tchecoslováquia que eu quis para mim porque sou fascinada por cristais. E isso era uma das menores coisas de uma casa recheada de coisas caras e bonitas. No mais, eu disse que não queria ficar com nada e fui para o quarto e chorei. Chorei, chorei muito...

Recado para os retardatários...

Na minha opinião ou percepção, depois da separação, meu pai começou a forçar uma relação que precisa ser construída com o tempo, queria que nós chamássemos a nova esposa dele de "mãezinha" e nem eu, nem minha irmã Sandrinha aceitamos isso. Tenho a impressão de que, de todos os filhos, quem mais sentiu falta de minha mãe fomos eu, a Sandrinha e o Sérvulo.

Acho que foi essa cobrança de meu pai em aceitarmos a nova família que nos afastou desse novo casamento. Essa rapidez de relacionamento que o meu pai teve com essa outra mulher e a família dela que fez com que eu recuasse.

Virar a página...

Resumindo: a separação entre os pais sempre causa um trauma em uma criança e também no casal. Só o tempo ajuda, não podemos forçar nada. Quem entra como segundo marido ou mulher, ou como namorado ou namorada, tem de saber que não entrou para tomar o lugar do pai ou da mãe. Isso precisa ficar bem claro nos relacionamentos. Esse tipo de educação familiar não se dá nas escolas nem nas religiões.

Quando você trata o seu ex-marido — no meu caso, o Régis, pai do meu filho — apenas como "pai do seu filho", é sinal de que a inteligência emocional chegou... sem ranço, sem ódio. Com o tempo, quando você passa a nem lembrar que um dia beijou aquele homem, aí fica tudo natural. Porque, se a mulher ficar apegada a isso, ao homem que a abandonou, ela vai ser infeliz o resto da vida... Mesmo depois da separação, o Régis era importante para o Rodrigo como pai. No meu caso, graças a Deus, não houve briga, não houve jogo por causa de filho. Fiquei com ele o tempo todo e fazia questão que saísse com o pai, tanto é que nunca falei mal do Régis para o Rodrigo. Também acho que você pensar num casal com um filho como se fosse um bloco só é uma doideira, porque filho não une um casal quando não tem mais amor ou identificação de um com o outro.

Depois desse relacionamento, nunca me casei com homem algum que chegasse aqui e viesse impor alguma coisa. Quando o Carson, que foi meu segundo marido, chega aqui e me dá um beijo, é como se eu estivesse beijando um amigo, por exemplo. Porque não trago saudade, nem lembro como era a vida amorosa com esses homens. Se alguém me perguntar quem era melhor de cama, nem vou saber o que responder porque realmente não me recordo da vida íntima com nenhum deles.

13. Tupi e Record

Voltando às minhas origens na televisão...

MA — As minas de prata *terminou em 1967 e no mesmo ano você se transferiu para a TV Tupi para fazer mais uma novela do Lauro César Muniz: Estrelas no chão, muito ousada para a época, sobre a ascensão inescrupulosa de uma atriz, Telma, papel de Geórgia Gomide.*

Sim, Silvia era o nome da minha personagem. Eu contracenava com Juca de Oliveira, Luis Gustavo e Wanda Kosmo, que também dirigia a novela.

Depois, em 1968, fiz *Amor sem Deus*, uma história de Alba Garcia, com Wilson Fragoso e Lisa Negri, ambientada na década de 1940.

Nesse mesmo ano, de volta à Excelsior, protagonizei, com Fúlvio Stefanini e Gonzaga Blota (o importante diretor de novelas) uma curiosa produção: *Os tigres*, de Marcos Rey. Éramos três detetives amadores liderados pelo chefão, interpretado pelo Felipe Carone. A novela tinha um estilo cinematográfico, muitas externas e ação em sua trama. A direção foi do Carlos Zara.

Com o fim dessa inovadora experiência, que não foi bem no Ibope, ainda em 1968, fui para a TV Record, de Paulo Machado de Carvalho, fazer uma novela do Benedito Ruy Barbosa, *A última testemunha*, dirigida por Walter Avancini.

O ACIDENTE

NESSA NOVELA ACONTECEU UM fato sério em minha vida. O Régis já estava na Globo desde 1966 e, como não vinha a São Paulo para me ver, eu não me incomodava de ir várias vezes até ele no Rio de Janeiro. Eu tinha um Fusca branco, em boas condições, e peguei meu filho e uma amiga do elenco, Teresa Campos, para passarmos o fim de semana no Rio de Janeiro. Eu era muito destemida!

Enfim, voltando para São Paulo, na Via Dutra, um caminhãozinho de verduras atravessou a pista na minha frente, numa pequena passagem de terra já aberta para fazer essa manobra proibida. Eu saí pelo vidro da frente e fui parar do outro lado da estrada. Fui puxada por uns rapazes que me levaram para um hospital. Eu pedia para ligar para o Avancini porque tinha gravação no dia seguinte — esse é o meu profissionalismo — e minha última cena tinha sido com Agnaldo Rayol, que fazia meu par na história. E vejam a coincidência. O capítulo de sexta-feira terminava comigo chegando na casa de Agnaldo Rayol, no papel de Otávio, meu namorado. Ele abria a porta e dizia: "Você?". Mas o telespectador não sabia quem era a pessoa que tocara a campainha. E Avancini não tinha pronto o capítulo de segunda.

Enfim, nesse acidente eu tive achatamento de uma vértebra e fratura de outras duas, perfuração de pulmão e dois coágulos na cabeça, um na frente, que se desfez naturalmente, e um atrás, que precisou de cirurgia. Fiquei três meses no hospital. Eu ainda estava na ambulância quando vi minha mãe ao meu lado e então tive a certeza de que iria sobreviver, que minha mãe iria me salvar. Felizmente nem meu filho, nem minha amiga sofreram com o acidente. A Polícia Rodoviária levou o Rodrigo ao encontro dos meus pais e minha amiga Teresa, que tinha caído dentro do matagal, recebeu os primeiros socorros em um outro hospital.

No dia seguinte ao acidente, eu já estava internada quando chegou uma câmera da TV Record. O diretor Walter Avancini queria gravar comigo naquele estado para incluir a cena na novela. Maria Tereza, minha personagem, havia sofrido um acidente, tipo "a arte imita a vida". Régis se opôs veementemente e começou a discutir com Avancini, proibindo a gravação da cena. Pela primeira vez na vida, eu vi o Régis sendo meu marido! Eu vi o Régis se

92 *Susana Vieira*

colocando à frente da profissão. E eu me senti defendida por ele como esposa e atriz. Confesso que eu fiquei orgulhosa dele naquele momento!

Hebe, minha madrinha de casamento, e Lolita Rodrigues, do elenco da novela, também estavam no quarto.

Dias depois, quando eu estava assistindo à novela no quarto do hospital, vi a personagem Mina, interpretada por Helena Ignez, dizer ao Otávio (Agnaldo Rayol): "Maria Tereza morreu". Ou seja, criaram uma cena em que a minha personagem também se acidentava e morria. E eu só soube disso assistindo à novela!

Bem, só sei que fui engessada da axila até a virilha para consertar a coluna e assim fiquei por três meses... Para comemorar o final de 1968, Agnaldo Rayol promoveu uma festa em sua residência, no Brooklin, em São Paulo. Eu estava tão acalorada com aquele gesso que, ao ver as pessoas caírem na piscina, eu fui junto com gesso e tudo. Quando aquele gesso começou a se desfazer, eu mais parecia uma múmia descascada. Conclusão: voltei para o hospital para refazer o gesso.

O fato é que esse acidente me deixou com o corpo traumatizado, com sequelas, e não tem sido fácil carregar a minha coluna. É uma região do corpo à qual preciso sempre estar atenta e cuidar muito com fisioterapia.

CUIDADOS

À ÉPOCA DO ACIDENTE, fui muito ajudada por uma prima, Maria Alice Dobbin. Recentemente, quem me ajudou muito durante a minha quimioterapia foi minha nora, Ketryn. Pessoas de uma imensa generosidade. Na verdade, fui muito pouco cuidada, ou paparicada, inclusive por meus pais, então, valorizo muito as poucas pessoas que me cuidaram. Mas tenho que admitir que também não deixei muito as pessoas me ajudarem porque sempre fui muito independente... Mas sinto falta quando o meu filho não me liga e a primeira coisa que digo é: "Vocês não querem saber se eu vou bem ou mal?". Porque quem ama cuida. Esse ditado parece um clichê, mas é verdade.

MA — *Susana, a Record estava no auge com a sua programação musical e investiu alto nessa produção em que você sofreu o acidente. A novela colocava no ar três questões por meio de seus protagonistas. Você, no papel de Maria Tereza, era um deles. Poderia uma professora do interior — Maria Tereza — se salvar dos ataques da grande cidade? Um juiz (Rogério, papel de Ivan Mesquita) poderia aplicar cegamente a lei, sem considerar as circunstâncias? Poderia uma pessoa cega e surda, Biba (Reny de Oliveira), testemunhar a verdade? Essa novela terminou em fevereiro de 1969 e você foi escalada para* Algemas de ouro. *Foi um sucesso que ficou um ano no ar, de março de 1969 a março de 1970.*

Exato! Mais uma novela do Benedito. *Algemas de ouro* falava sobre filhos que não aceitam a separação dos pais, interpretados por Lolita Rodrigues e Ivan Mesquita. Os filhos eram Fúlvio Stefanini, Roberto Bolant, Márcia Maria e Reny de Oliveira. Eu fazia o papel de Mathilde, a Tide. Mas o Benedito não foi até o fim porque terminou seu contrato com a Record e quem passou a escrever a novela, em seus três últimos meses, foi a Dulce Santucci. O Régis também dirigiu essa novela, junto com Dionísio Azevedo, Walter Avancini e Waldomiro Baroni.

Saí bem antes do final dessa produção para estrelar mais uma novela de Dulce Santucci: *Seu único pecado*, na Record, com direção de Dionísio Azevedo. Eu fazia par com Ademir Rocha, que interpretava o sobrinho de um importante industrial (Rolando Boldrin). Meu papel era o de uma operária da fábrica que passou a rivalizar a atenção do mocinho da novela com a filha do industrial, a Íris Bruzzi. No elenco também estavam Lia de Aguiar, Sônia Ribeiro, Walter Stuart e Adoniran Barbosa.

14. Minha origem teatral

Como fiz muita televisão, quase nada se fala sobre minha trajetória no teatro. Há muita gente que pensa que estreei no teatro só quando fiz o monólogo *Shirley Valentine*. No entanto, subi aos palcos muito cedo, em São Paulo, no Teatro de Alumínio, de Nicette Bruno e Paulo Goulart, e no decorrer da minha carreira trabalhei com os maiores nomes do teatro nacional. O que valoriza uma carreira não é a quantidade de novelas que você fez e, sim, a qualidade dos atores, diretores e autores com os quais você trabalhou. E no teatro é a mesma coisa.

No Teatro Ruth Escobar, em São Paulo, a Regina Duarte era protagonista da peça *Romeu e Julieta*, com direção de Jô Soares. Aconteceu que Regina foi convidada para trabalhar na novela *Véu de noiva*, da TV Globo, no Rio de Janeiro. Ou seja, ficaram sem uma atriz para interpretar a Julieta. Renato Machado, jornalista, também ator, traduziu a peça e fazia o Mercúcio. Jô Soares me chamou para substituir a Regina. E assim fui eu virar a Julieta de Shakespeare. A esposa do Jô Soares na época, a atriz Teresa Austregésilo, fazia a minha mãe. Foi uma experiência fantástica. Aprendi a falar muito bem porque era um texto "de época", e foi Renato quem me ensinou muito sobre Shakespeare.

Nessa época, 1969, o Teatro Ruth Escobar apresentava em outra sala *O balcão*, de Jean Genet, uma peça muito audaciosa. A peça era ambientada em um bordel frequentado por políticos, juízes, policiais e até padres, e a

Ruth me convidou para fazer um papel em que eu tinha que entrar debaixo da saia de um bispo. Meu pai, claro, não permitiu.

A Ruth foi uma mulher extraordinária — trouxe uma modernidade, uma audácia ao nosso teatro.

15. Shirley Valentine, um ícone mundial

Miguel Falabella passa para o público uma verdade, um grande amor pelo mundo, pela vida, pelo ser humano. Ele é muito profundo. Eventualmente, tem alguma coisa triste, claro, mas ele passa não exatamente uma tristeza, mas um espanto perante a vida de tão realista que são as suas histórias.

Foi ao me ver abalada, triste, que Miguel dirigiu, especialmente para mim, a peça *Shirley Valentine,* texto do inglês Willy Russell, adaptado inclusive para o cinema. A Renata Sorrah tinha feito havia muitos anos, em 1991, a protagonista dessa peça com enorme sucesso; a Betty Faria também, em 2009. Grandes atrizes do mundo inteiro fizeram.

O Miguel compreendeu que, naquele momento, eu precisava fazer uma coisa muito boa e, como entende o outro com uma enorme rapidez, por ser um grande observador da alma humana, adaptou e dirigiu para mim essa história muito atual porque fala da Shirley, que é uma dona de casa que chuta o balde e rompe com tudo, vai embora para a Grécia, arruma um grego lindo e se vê livre de todos os problemas do Brasil.

A peça foi produzida muito rapidamente por Edgard Jordão, e Miguel veio com um estilo de teatro que não é a chanchada que nós conhecíamos dos tempos do cinema da Atlântida, mas uma comédia de costumes com tudo o que acontece com a família brasileira, apesar de o texto original ser inglês.

Durante a temporada que fizemos em todo o país, entrou para substituir o Miguel na direção o Tadeu Aguiar, que quis mudar várias cenas da peça. Eu reagi porque o espetáculo era do Falabella, e eu não queria mexer na estrutura da peça. O Tadeu também me achava muito alegrinha no personagem; uma criação do Miguel junto comigo!

Agora gente, vem cá! Quando entro em cena, você acha que alguém vai pensar que eu sou a Shirley? Claro que não. Eles esperam a Susana Vieira! E o fato de eu fazer risonha foi a maneira que encontrei de levar um pouco de alegria para a plateia. E todos me adoram em cena!

Já no segundo ensaio, o Tadeu Aguiar começou a entender aquela Shirley que eu e o Miguel criamos, e acrescentou detalhes e sentimentos que só me ajudaram.

A Shirley foi uma unanimidade por onde passou, em todas as cidades! A estreia foi em Vitória, no Espírito Santo, em 2016. E não paramos mais: São Paulo, Rio de Janeiro, Florianópolis, Porto Alegre, Belo Horizonte, Brasília, Campinas, Santos, São José do Rio Preto, Goiânia, Curitiba. No Guairão, em Curitiba, fiz uma apresentação para duas mil pessoas! No Rio, no Teatro Casa Grande, tivemos novecentas pessoas por sessão! E, meus amores, vejam bem: quando essa magnífica história com a Shirley Valentine começou, eu tinha 74 anos! E, em 2024, eu, a caminho dos 82, ainda defendo a personagem num monólogo que é exemplo de bem viver...

Mas faltou registrar Portugal! Tivemos uma jornada vitoriosa que começou no Teatro Tivoli em maio de 2022. E a Shirley viajou para Leiria, Lisboa, Porto, Sintra, Braga e Oeiras. Enfim, viajava de uma cidade para outra deitada no banco de trás de um carro excelente nas ótimas estradas que há no país todo.

Em cada apresentação, eu recebia flores, bonecos, bilhetes, beijos, abraços, lágrimas e seguia viagem, encantada com a paisagem portuguesa. Houve um reconhecimento imenso do público português pelo meu espetáculo e pela minha performance. Voltei para casa consagrada, modéstia à parte. Obrigada, Portugal e obrigada, Edgard Jordão, que, após a pandemia, de onde saímos vivos e loucos para trabalhar, você teve a ótima ideia de a gente se aventurar, levando a Shirley para além-mar. Enfim, quando penso no meu percurso profissional com as duas peças que me marcaram muito — *A parti-*

lha e *Shirley Valentine* — posso dizer que tudo isso me fez uma pessoa, uma profissional melhor. E eu me senti cumprindo a minha missão de levar arte e alegria para todos os cantos.

Eu sei que esse monólogo foi uma grande vitória minha como atriz! E no teatro! Até com o pé quebrado e bota ortopédica. E assim seguimos a arte de viver...

Por Miguel Falabella

Antes de conhecer Susana, eu já era admirador de Susana Vieira.

Eu morava na Ilha do Governador e, rapazinho, juntava um dinheiro e ia para a zona sul para ver teatro. Depois, já rapaz, no Tablado, conheci o trabalho de Susana no teatro ao assistir *Os filhos de Kennedy*, em 1976. Um impacto! Mas ela já era uma estrela da televisão desde a Candinha de *Pigmalião 70*, quando eu a vi pela primeira vez, um tremendo êxito!

Então, antes de ser amigo, eu já era um admirador da atriz que ela era. Sempre muito bonita, um rosto único com ângulos muito bem definidos, o maxilar, a ossatura muito especial, muito bem desenhada, um rosto perfeitamente harmônico, que lembra as suecas; uma boca muito bonita. Não há um ângulo que a câmera pegue que a Susana não fique bem. E, com a idade que ela tem, continua muito viçosa. Isso sem falar na absoluta empatia.

Anos depois, na Globo, eu ficava muito encantado com a alegria de Susana. Eu brincava com ela e dizia que ela era a "rainha do Banco Econômico" porque nós recebíamos pelo Banco Econômico e eu dizia que ela era aplaudida pelas caixas do Banco. Depois começamos a ficar mais próximos porque naquela época a gravação de todas as novelas e os estúdios ficavam em um só corredor. Portanto, passou a ser um corredor lendário na velha emissora da rua Von Martius, no Jardim Botânico. Então você imagina o que era aquele corredor de elenco da tv Globo! Novelas das seis, sete e oito e os elencos se cruzando ali! E no café. Ela gravava *Cambalacho*, com a Natália do Vale, e eu gravava *Selva de pedra*, em 1986. E eu as via juntas e notava uma sintonia entre elas. Depois, como eu era fã e amigo de Arlete Salles, foi fácil de reunir as três para a montagem de *A partilha*, em 1989. Ou seja, tudo isso aconteceu junto com a gênese desse texto de teatro que mudou a vida de todos nós! E isso nos aproximou de maneira muito intensa. Depois também fomos vizinhos de sítio, em Mendes. Abrimos até um portão entre as nossas cercas! E fomos nos aproximando cada vez mais até por nossas afinidades. Somos do samba, do carnaval. Fui muitas vezes à Grande Rio com ela! E, por fim, eu adaptei Shirley Valentine especialmente para a Susana Vieira, para a brasilidade dela.

Susana é uma pessoa sempre surpreendente. Ela não tem freio. É capaz de dizer a maior barbaridade, criar polêmicas absurdas e depois ultrapassar tudo isto. Ela é sempre muito humana, exagerada, uma atriz de muitos recursos, que te pega na emoção, no humor. Talvez por isso tudo a plateia estabeleça uma imensa aliança com ela. E isso traz uma relação única com o público; ela quebra a quarta parede sempre. E a Shirley é o maior exemplo disso. Susana tem uma marreta na mão, põe a quarta parede abaixo em dois minutos de cena.

Susana é uma mulher e atriz de extremos. Extremamente generosa, louca, engraçada, dramática; mas sempre o extremo da representação humana. E muito autêntica em tudo o que ela faz. Aí reside o grande sucesso de Susana Vieira. Quando eu penso em Susana Vieira, eu ouço aplauso, eu ouço a comoção do público.

Por Edgard Jordão

Susana é a melhor parceira. Está a serviço da arte. Sua vaidade está ligada diretamente a realizar o seu trabalho da melhor forma possível. Quando a conheci, já tinha feito muitos trabalhos e estava achando tudo um pouco parecido, sem grandes novidades. Depois de Susana, tudo mudou. Até o meu olhar sobre a vida mudou. Tudo ficou melhor, mais divertido e mais interessante. Susana tira de mim o que eu tenho de melhor, como profissional e ser humano. *Shirley Valentine* é o único espetáculo que produzi e que assisto todas as sessões. Quando vejo o público entrar no teatro, penso: é uma pena que só possam assistir à peça, pois conviver com Susana é uma experiência única. Já passamos por inúmeras situações e sempre com cumplicidade. Quando ela me apresenta como produtor e amigo, meu coração dispara.

Quando fomos estrear em São Paulo, a deixei no quarto do hotel para descansar e fui almoçar. Pois bem, vinte minutos depois, ela me ligou aos prantos, dizendo que tinha visto São Paulo do alto e lembrou que tudo começou lá e, portanto, queria ir para o teatro naquele minuto ensaiar a peça. Larguei tudo e saí correndo para o hotel. Quando cheguei, ela já estava pronta, na porta do quarto, me esperando. Fomos para o teatro e ela ensaiou duas vezes seguidas naquela tarde e estreou lindamente à noite.

Certa vez, me falou: "Essa marcação não está funcionando, vou mudar". Naquela noite, Susana mudou a marcação e o público aplaudiu em cena aberta. E ela, enquanto aplaudiam, me olhou discretamente na coxia, como quem diz, "viu?". E esse foi um dos códigos que estabelecemos ao longo dos anos: ela precisa me ver na coxia, entender onde estou. Com isso, mesmo sendo um monólogo, ela nunca se sentiu sozinha em cena. Fazemos juntos e temos uma cumplicidade ímpar. Em Portugal, vivemos um sonho: teatros lotados, o público nos recebendo com muito amor e ela retribui esse amor atendendo a todos, seja nas ruas ou ao final de cada espetáculo... E depois de fazer a peça e falar com todos, ela ainda quer sair para jantar, dançar, dar uma volta. Na estreia da peça, foi publicada uma reportagem com o título "Susana diz sim pra vida". Isso é um resumo de Susana, por quem sou completamente apaixonado.

16. A SOLIDÃO DO SUCESSO

HÁ MOMENTOS EM QUE bate uma solidão muito grande, por exemplo, quando estamos sozinhas no quarto de um hotel qualquer durante o nosso trabalho. Não sei quais pessoas vão se identificar comigo nem quantas atrizes concordarão com isso. Mas vou falar da parte mais penosa do trabalho em teatro, que, na minha opinião, é a solidão do quarto de hotel.

Tudo pode correr bem, a peça pode ser um sucesso de crítica e público, mas a solidão é uma dureza e, quando ela bate, bate com força. Não adianta dizer que o teatro está lotado, que estou incrível na peça. Quando a peça termina, você, uma mulher dos tempos de hoje, com energia, cheia de furor, alegria, que gosta de viver, de se relacionar, sente-se infeliz sozinha.

Fui do hotel mais vagabundo e pobre até o último andar de um hotel maravilhoso em São Paulo, que tinha quase mil metros quadrados, todo de vidro. De lá eu podia ver toda a cidade.

O PREÇO DA FAMA

QUANDO SE é famoso e se tem muita visibilidade no país, vivemos uma dualidade. Nós somos muito visados e, como tudo, existem os dois lados.

O carinho e a alegria de quem quer te ver bem e a inveja e o ataque de alguns outros. Claro que o carinho é maior.

Postei no meu Instagram uma foto com um cavalo, do tempo em que eu morava num sítio com o Carson. Aí eu disse: "Gente, que saudade do tempo em que eu tinha uma fazendinha. Eu tinha ovos e verduras fresquinhas. E tinha esse belo cavalo campolina. Tenho muita saudade desse tempo. Ficou tudo para trás".

Mas precisa ver as mensagens que eu recebi! O fato de eu postar uma foto beijando um cavalo há mais de quinze anos gerou uma crítica cruel. As pessoas me ofendem, dizendo que sou velha, que sou rica. A gente precisa sobreviver com ofensas. E você acha que quando eu vou dormir eu não fico remoendo isso tudo? Que não me incomoda?

O público tem uma relação caseira, familiar comigo. É gente que gosta da minha família, que me vê cuidando de cachorro e fica ainda mais entusiasmada em ter essas preciosidades em casa, são as senhorinhas que sabem que eu transmito autoestima, que tem que ter o peitinho no lugar, se maquiar, admirar um homem ainda, ter desejo pela vida. Eu tenho ótima relação com os fãs e admiro essas pessoas que me ligam, que entram em contato comigo pelas redes sociais de diversas partes do mundo, gente de diversas religiões. E essa variedade de gente que faz o mundo é o que me encanta, e isso eu respeito muito. Por esse motivo, eu aceito tudo que vem de fora, ainda que eu seja católica. Eu recebo mensagem de evangélicos, umbandistas, do povo do candomblé. Isso é muito rico culturalmente e vem com amor. E é o amor que faz bem para a gente. Essa gente me conhece como talento, e o artista brasileiro é muito talentoso. Então eu sou muito grata aos fãs que me acompanham e de variadas maneiras foram registrando a minha história ao longo de tantas décadas... Por tudo isso, eu me considero a "vovó das divas".

O ator brasileiro não é muito valorizado. Vamos falar a verdade: o ator brasileiro não é valorizado. É uma vida muito incerta. Daí a importância dos fãs, do trabalho de documentação histórica, de resgate de nossa carreira. Isso atesta o valor de nossa trajetória artística. É a oportunidade de os jovens saberem de nosso esforço para contribuir com a profissionalização e respeito da arte no Brasil.

Em comunhão com o público: meu fã-clube

Ter um fã-clube é algo muito especial. Não existem artistas sem fãs. E isso não tem a ver com fama. Eles são o reconhecimento do meu trabalho. A extensão da minha arte. Eu os acompanho muito e é um acompanhar de mão dupla. Ou seja, eu também estou atenta a eles. Em todas as cidades, ou melhor, em qualquer lugar do mundo que eu pise, sempre tem alguém que me reconhece, que me pede uma foto, que tem uma palavra de carinho para me dar. E não tem uma vez que isso aconteça que eu não agradeça. Isso me faz genuinamente feliz. Muito mais do que as pessoas imaginam. Faço questão do abraço, do toque, do corpo e da alma. A energia é recíproca. No eixo Rio-São Paulo, eu tenho um fã-clube próximo. Eu os reconheço na plateia de longe. Sei o nome de cada um. Eles frequentam o meu camarim, eventos, programas... Alguns conheci adolescentes. Hoje são adultos formados, com seus empregos e amores. A turma vai crescendo e sempre tem um integrante novo. Eles também são amigos entre eles. Acompanho tudo pelo grupo do WhatsApp.

Eu acho que nenhuma palavra que eu diga aqui será capaz de traduzir o tamanho da minha gratidão ao meu público e ao meu fã-clube. Recebo muito amor nas ruas também. Nos restaurantes e aeroportos é sempre um tumulto. Tem sempre uma fila esperando a foto. É uma mão na tapioca e outra na selfie. Serei para sempre a Susana Vieira e esse é o meu maior legado de vida!

Velhice através do tempo

Quando eu era jovem e se falava da velhice, sempre era uma palavra muito assustadora. Eu nunca escutei uma geração falar que a velhice é encantadora. Esse negócio de dizer que a terceira idade é maravilhosa: não é, não. Como diz a minha personagem Shirley Valentine: "O melhor da vida ficou lá atrás". E eu falo essa frase com muito gosto na peça. Eu fiz uma matéria sobre a velhice para o *Fantástico* em 1978, na qual eu representava, com o corpo todo curvado, uma velha caquética com setenta anos! Já naquela época eu achei um exagero a maquiagem, ainda que muito bem-feita pelo Eric Rzepecki, o famoso maquiador polonês radicado no Brasil.

Sobre a questão do corpo, graças à televisão e à divulgação de vida saudável com exercícios corporais que corrigem a postura por meio de alongamento específico, você consegue envelhecer melhor. Mas o preconceito com a velhice não mudou. E cada vez mais cedo as jovens correm para esticar a pele. Eu só fui pensar nessa questão após os sessenta anos. Até porque, com a perda de hormônios na menopausa, você começa a engordar. Então eu comprei uma esteira, até por uma questão de saúde, visando o trabalho aeróbico. Mas longe de pensar naquela velhinha do programa da TV.

De qualquer maneira, todo o trabalho para "maquiar a velhice" não adianta. Você pode colocar botox em todo o seu corpo. Mas você vai ter sempre aquela idade! É o número escrito que assusta. Quando eu vejo a minha idade escrita, isso me incomoda. Porque ninguém fala a idade. Praticamente todas as minhas colegas atrizes mentem a idade. Todas pararam nos 58, nos 62 anos... É curioso que, quando você junta a idade com a aparência física, parece que a pessoa que está convidando você para um trabalho entra em choque. "Setenta e oito não pode!" Mesmo que você esteja esplendorosa, se tem uma idade avançada... vira um problema. Isso também é cultural, claro!

É maior o preconceito com o número do que com o físico. Por exemplo, eu posto uma foto lindíssima no Instagram no dia de hoje, e tem sempre alguém que me xinga: "Sua velha!"; "Velha ridícula!". Então "velhice" virou um xingamento. Você vê tudo isso e vai ficando suave? Claro que não! Você vê que o negócio não é bom, que está entrando num túnel sem saída. E você precisa conviver com essa realidade. Só que não é por isso que eu vou me enfiar em uma sala cirúrgica para cortar ou esticar a pele. Até porque eu sempre vou ter a idade que eu tenho! O bom é que eu estou perfeita no palco, uma hora e meia sozinha, trocando de roupa três vezes na peça e bonita. Mas eu continuo sendo uma velha de oitenta, 81 anos. É que eu sei que a parte física, o visual para os latinos, e em especial para os brasileiros, é a coisa mais importante. Mais do que o intelecto, a postura, a elegância, a educação, a cultura. Tudo o que era natural no avô e na avó, hoje é sinal de senilidade ou Alzheimer. E quando dizem: "Aquela atriz está com um pescoço horrível". Gente, a mulher tem mais de setenta anos!

Por outro lado, com o avanço da medicina, das academias que movimentam o nosso corpo, a velhinha do *Fantástico*, se fosse hoje, teria cem anos! Por exemplo, o RPG, a reeducação postural global, me salvou. E eu comecei a fazer esse tipo de exercício aos cinquenta anos! Foi uma indicação da Andréa Beltrão por intermédio de sua fisioterapeuta nas aulas de RPG.

Quando eu vejo pessoas completamente curvadas pela idade, fico apavorada. Eu digo: "Assim eu não vou ficar!". Não adianta plástica, cara bonita... O corpo precisa estar em ordem, a coluna ereta para sustentar o corpo. E me dá uma vontade de sugerir a essas pessoas que façam um exercício físico apropriado, que conversem sobre isso com alguém da família. Eu sei que, em décadas passadas, quando não sabíamos sobre RPG, coluna, os benefícios da atividade física, ver alguém de mais idade com a coluna curvada era até normal! Pessoas mais velhas ficavam curvadas. Mas preciso dizer que isso não era uma característica da minha família. Minha mãe, vocês já sabem, não chegou a envelhecer. E as duas avós que eu tive eram duas velhas altas de coluna ereta. A vovó Sara, 97 anos, ereta com 1,72 metro, e a minha avó Jandira, mãe de meu pai, foi Miss Rio de Janeiro no início do século XX. O corpo era de senhoras, condizente com a idade, mas eretas! Meu pai se foi com 93 anos sem qualquer curvatura na coluna. A postura define tudo. Uma má postura levará a uma série de problemas físicos e consequentemente emocionais. E aí ela tira você do jogo. O juiz de futebol vai tirar você do jogo. De longe, você não percebe se o jogador tem ruga; isso nem interessa. Mas a postura e a vitalidade física contam tudo. E, com isso, até a sua pele, o seu rosto, ficam melhores.

O importante é não deixar cair a coluna vertebral. Ela é o cerne da questão.

E, por fim, saber que um ar de alegria no rosto, alto-astral, também contribuem para a saúde. Tenho predisposição para gostar do momento. Retomando a velhinha do *Fantástico*, há que se fazer uma ressalva: Eric Rzepecki, ainda que muito talentoso em seu ofício de maquiador, utilizava o material que havia à época para o envelhecimento. E também compreendo que a maneira de enxergar o envelhecimento devia estar na cabeça dele.

Quando a matéria foi produzida, ele estava com 65 anos, mas devia achar que a pessoa com mais de setenta ficava caquética como a velhinha que ele "criou". Coisas da época. Sabemos cada vez mais que a juventude é uma qualidade de entusiasmo pela vida!

> MA — *Exato, Susana. Lembro que o general Douglas MacArthur dizia que a juventude não é um período da vida, é um estado de espírito, um efeito de vontade, uma qualidade de imaginação, uma intensidade emotiva, uma vitória da coragem sobre a timidez, um gosto da aventura sobre o amor ao conforto.*

Perfeito! Daí eu ter ultrapassado os oitenta com tanta vitalidade!

O avanço tecnológico aprimorou muito a naturalidade do envelhecimento dos personagens na TV e no cinema. Um marco dessa novidade veio na minissérie *Chiquinha Gonzaga*, de 1999, na qual a compositora e maestrina vivida por Regina Duarte chegou até os 87 anos. Veio até um maquiador de Hollywood.

Eu acho mesmo que esse assunto de preconceito com velhice não deveria nem existir, assim como a discriminação racial. Deveríamos pensar sempre na qualidade de vida, porque não tem ninguém preparado para a velhice. Pensando no dia de hoje, continuo a mesma Sônia, a mesma Susana... Eu continuo igual por dentro, com os meus sentimentos, com os ganhos e a perdas. Eu mesma não sei exatamente o que é ter chegado aos oitenta anos. Sei porque os outros dizem a minha idade. É um peso muito grande para essa questão natural que é a idade. Então é difícil encontrar um dermatologista que trate só de um problema de pele. Agora envolve harmonização facial, botox, laser, aparelho de tirar barriga... Tudo só visa à juventude. Eu fui a uma clínica onde acabei fazendo três ou quatro tratamentos que eram quase impostos. Você entra nessas clínicas e tudo é alegria, felicidade, as atendentes são lindas, jovens... Parecem personagens das novelas do Wolf Maya, com muita gente jovem e bonita. Não há uma falha!

Aos cinquenta anos, passei pelas mãos do dr. Ivo Pitanguy e fiquei uma bonequinha. Mas, depois, não fiz quase nada. Eu conheci o dr. Pitanguy por intermédio de Tônia Carrero, que vivia em festas da alta sociedade. Ele me disse que o segredo não era esticar a cara toda e sim fazer pequenos retoques. Ele fez um pequeno lifting porque eu tenho a pele muito boa, meu colágeno é muito bom, herança dos meus pais. Ele não queria mexer nos meus seios. Dizia que eram lindos, que meu peito era perfeito, porque era grande e combinava de maneira harmoniosa com o meu corpo. Anos depois virou moda ter os peitos grandes. Eu me lembro que queria diminuir o tamanho dos meus, até por eu ser de estatura baixa. Depois a moda virou ter peitos grandes. Mas, quando isso aconteceu, a dra. Bárbara Machado, primeira assistente do Pitanguy, já havia tirado um pouco dos meus seios e os levantado, já que ele se recusara a fazer isso. Depois, aos sessenta anos, eu retoquei os olhos. E aí nunca mais. Tanto que a minha cara não é a de uma mulher operada. As pessoas acham que a minha boca tem preenchimento. Mas a minha boca é assim desde sempre.

MA — *Minha intervenção nessa parte é para lembrar que o mestre Artur da Távola, pioneiro na análise do ator, já mencionava a sensualidade dos lábios da atriz dentro da composição das personagens.*

Exato! A boca denuncia a idade. Fica ostensivo quem mexe na boca. E a minha é original. Esses cirurgiões estetas, negociantes que mexem com a vaidade da mulher para que ela nunca se sinta velha, foram direto na boca. Só que a mulher põe preenchimento na boca, mas o efeito termina e é preciso injetar novamente... Isso é muito cruel.

É interessante porque com trinta, quarenta anos eu nunca pensei que fosse envelhecer. Então, eu nunca me cuidei propriamente para não envelhecer. Esse cuidar do corpo foi chegando aos poucos, com o passar do tempo.

Não há milagre para segurar a idade. Ou se morre cedo ou se envelhece, não tem outro jeito. É da natureza do mundo. Então não adianta uma clínica oferecer tratamento de rejuvenescimento dizendo que, se você ficar trinta minutos dentro da água, vai sair vinte anos mais jovem porque milagre não existe. Uso qualquer creme porque também aprendi que muito da beleza vem de dentro para fora, que é bom beber muita água e tomar sol na medida certa. A pessoa não pode imaginar que vai ficar sempre com a mesma aparência física. Do mesmo modo, eu acho absurdo quando a atriz entra no camarim e diz que entrou num vestido de quando tinha vinte anos! Diz isso como se tivesse ganhado na loteria! E isso faz mal para quem não está igual. É uma coisa louca e perigosa. Essa é a tal da filosofia ocidental, com esses valores banais, inúteis, em que reina a aparência física. Tanto que eu, linda do jeito que estava, em 1978, com 36 anos, fiz a matéria para o *Fantástico* sobre velhice e foi muito importante.

Em 2013, quando eu fui chamada para o *Domingão do Faustão* para a Dança no Gelo, eu nunca pensei que eu pudesse ser ridicularizada. Com setenta anos, estava com duas atrizes jovens, Deborah Secco e Juliana Paes! E eu fui julgada pela minha idade. Ninguém falou da minha disposição, do despudor de me atirar na vida e fazer algo que eu não sabia, patinar — ainda mais no gelo.

Para mim, o Faustão, que eu adoro, havia me convidado para uma grande brincadeira no gelo! Só isso. Mas, primeiro, eu não sabia patinar, depois, o meu parceiro era Diego Dores, um rapaz que tinha sido campeão de patins. Ou seja, eu não tinha condição. Eu não sabia nem sair da barra. O erro foi geral. Mas o erro maior foi meu. Eu não devia ter aceitado o convite. Mas eu aceitei e ensaiei, ensaiei e fiz o melhor que pude, ainda mais dentro da minha idade! Só que, no terceiro programa, uma das julgadoras meu deu nota sete e, com isso, eu fui eliminada da competição.

Ela me deu nota sete e eu disse apenas que não era mulher de sete, eu era mulher de nota dez! E que eu estava ali acima de tudo para mostrar que uma pessoa de setenta anos podia patinar e se divertir. Eu estava ali para alegrar as pessoas da minha idade e para mostrar que vitalidade não tem idade. Agora, vejam como são as coisas: são as próprias mulheres que julgam as outras mulheres!

E, por fim, a imprensa ainda registrou que eu bati boca com a julgadora da atração e que eu fiquei muito "louca" porque eu fui desclassificada... Isso me incomodou muito. Eu fiquei profundamente ofendida porque eu pensei que eu fosse até o final da competição não para mostrar que eu sou uma patinadora profissional ou uma expert no assunto; mas sim para incentivar as mulheres da terceira idade a serem mais felizes e alegres.

Mas, como tanto a Deborah como a Juliana são minhas amiguinhas, eu fico achando que eu tenho a idade delas. Então eu aceitei esse desafio com duas pessoas muito mais jovens e que sabiam patinar. E deixei claro que a idade está não apenas no corpo, mas na cabeça, na atitude mental. E a minha está sempre em constante renovação! Era essa a mensagem que eu queria passar no programa e que eu deixo registrada aqui. Mais uma vez a imprensa me julgando sem motivos.

Isso prova que a idade, a jovialidade, vem do nosso interior, do nosso jeito de ser, de lidar com o dia a dia. E assim eu fui vivendo, às vezes sobrevivendo, a tudo isso, construindo minha identidade e cuidando do meu corpo sob o ponto de vista da saúde.

Tanto que, quando eu descobri a doença, aos 72 anos, eu levei um susto porque eu não fumava, não bebia, fazia exercícios. Eu achava que não iria ficar doente nunca. Eu me vangloriava muito da minha saúde. Fui quebrando todos os preconceitos à minha volta. Também não tenho o menor problema, nem inveja de quem põe *botox*. Cada um que cuide da sua vida. Mas esse relato todo é sobre a minha relação com esse universo da beleza, o que é importante para mim, existencialmente. Apesar de serem questões que sempre me incomodaram, eu devo ter um erê (palavra que significa "brincar", em iorubá, ou, na religião africana, seres encantados que se manifestam como crianças) que vai na minha frente.

Chamar de velho é ofensivo. Eu não fico magoada porque eu sou chamada de velha ou porque eu não seja uma velha. É que jamais eu poderia imaginar que "velho" fosse se tornar um xingamento. Isso é o auge da loucura de um povo.

17. As divas

Dulcina, deusa da arte dramática!

Na minha época, tínhamos um respeito inacreditável por atrizes como Dulcina e Bibi Ferreira, Tônia Carrero e Maria Della Costa, nossas divas. Com Dulcina de Moraes, a grande dama do teatro nas décadas de 1950 e 1960, tive o privilégio de contracenar na comédia *Vamos brincar de amor em Cabo Frio*, de Sérgio Viotti, em 1966, no Teatro de Alumínio, de Nicette Bruno, na Praça da Bandeira, em São Paulo. O elenco era simpático — Carlos Augusto Strazzer, Íris Bruzzi, Leina Krespi — e a gente ensaiava muito, mas sem a Dulcina de Moraes estar presente. Eu ainda não sabia reconhecer a força ou a magia de uma estrela naquela época, então, não sabia que, no dia da estreia, havia um comportamento para a pessoa demonstrar que era admiradora, fã daquela estrela que, normalmente, entrava em cena descendo de uma escada... Com o tempo comecei a reparar nisso. Mesmo fora do Brasil, quando se é uma grande estrela e se entra em cena, o público aplaude muito, antes até de saber se ela vai fazer um bom trabalho — a plateia já parte da premissa de que aquela atriz é uma deusa.

Antes da Dulcina entrar em cena, eu e a Íris Bruzzi cantávamos uma música. Quando entrava a Dulcina, ela parava no palco e era ovacionada como se fosse o final de uma peça. Fiquei fascinada vendo aquela deusa do palco se controlar, queria ver como ela reagiria na pele do personagem. Eu pensava: "Vai fingir que não está acontecendo nada?!". Aí a Dulcina passou por nós e na hora da primeira fala, que era a minha, fiquei muda. Ela, então, chegou bem perto de mim e, com a mão na minha cara, usando requintada luva, disse: "É a sua fala, minha querida". Saiu do texto, mas coube o comentário, porque ela dominava tudo. No final da peça, quando todos nós nos damos as mãos e vamos para a frente do palco — pela primeira vez fui aplaudida por uma plateia de seiscentas pessoas —, comecei a chorar sem parar. E ela, de mão dada comigo, falou: "Não é para chorar! Você está sendo aplaudida! Usufrua desses aplausos!".

TÔNIA, NOSSA DIVA MAIOR!

Tônia Carrero era a verdadeira encarnação de uma diva, um luxo só, e tive o privilégio de conhecer, conviver e contracenar com essa mulher fantástica, no teatro e na televisão. Tônia era uma pessoa simplesmente incrível, tinha uma personalidade, um fascínio, uma beleza…. E que talento! Ela foi, talvez, a segunda mulher que me fez parar e admirar a beleza, observar como a mulher se cuida, como a beleza da mulher é importante — a primeira foi minha mãe. Eu sabia o que era elegância e beleza, mas só tinha minha mãe como referencial no cuidado com a pele, com o cabelo. Depois dela, todas as outras mulheres passavam batido por mim. Eu achava lindas as roupas, o chapéu, as luvas, a unha pintada de vermelho, os sapatos… Mas não que eu quisesse ser aquele modelo, aquela mulher.

Até que chegou a Tônia Carrero com seu tipo físico, a delicadeza com a qual mexia no cabelo, os cachos loiros, a pele linda, os traços perfeitos. O ideal de beleza para mim era a Tônia Carrero. Ela era muito vaidosa e me ensinou a ser ainda mais vaidosa do que a minha mãe era, me ensinou como ser mulher, o tipo de maquiagem a usar. Aí é que fui saber o que era ser chique no Rio de Janeiro, porque, aos 27 anos, estava acostumada com a praia, com aquela descontração carioca, me vestia bem simplesinha.

Em 1975, quando fui receber o prêmio Rainha da TV no Programa Silvio Santos — eu e Tarcísio Meira por conta de nossa atuação em *Escalada*, popularíssima novela —, não tinha uma roupa adequada para a festa. Tônia então me levou até o apartamento dela, na Fonte da Saudade, e, quando abriu seu closet, apareceu na minha frente a coisa mais linda e impressionante, um deslumbramento. Suas roupas começavam no branco e terminavam no preto, com direito a todas as cores, aquilo era uma aquarela! Poucas vezes eu quis ter alguma coisa dos outros, mas, nessa ocasião, decidi que um dia teria um quarto igual ao de Tônia Carrero. Para eu usar, ela escolheu um vestido lindo, metade azul-turquesa e a outra metade verde-esmeralda, que me caiu feito uma luva, me senti uma deusa. Depois do evento, devolvi esse vestido a ela — devia ter ficado com ele.

No teatro com Tônia

Foi Tônia quem me convidou para fazer a peça *Tiro e queda*, de Marcel Achard, com direção de Luís de Lima, no Teatro Copacabana, em 1974. Depois disso, ainda nesse mesmo ano, ela foi produzir *Constantina*, de Somerset Maugham, dirigida pelo filho Cecil Thiré, e aí conheci o que é o luxo. A história se passava na década de 1920 e Tônia Carrero, sempre com muito bom gosto, chamou para fazer as roupas dela o Guilherme Guimarães, um grande estilista que competia com o Dener, que era de São Paulo. Então ela me apresentou ao cabeleireiro Renault, do Copacabana Palace, o primeiro cabeleireiro a trazer uma escova redonda, da Europa, chamada *brush* — é por isso que naquela época dizíamos "vamos fazer um *brush*". No salão dele, tinha a Tereza Souza Campos numa cadeira e a Carmen Mayrink Veiga, que ia ao cabeleireiro um dia sim e outro não, em outra — eu queria ir também porque sempre fui louca por cabeleireiro e cabelo. Tônia mandou cortar meu cabelo comprido *à la garçonne* como era a moda na França na década de 1920 e pintar de louro bem mais claro, então fiquei parecendo uma boneca com uma tiara na cabeça. Me vi no espelho, ao lado da Tônia, deslumbrante, e não me senti pequena pela primeira vez, não tive medo porque a Tônia não me assustava. Me conheceu e gostou muito de mim.

Carta de Tônia Carrero

Sucesso tão raro!

Revelou você atriz com potencial de talento incomensurável.

Se hoje termina esta fase, é abertura para coisas melhores que teu talento promete e tua determinação e profissionalismo perfeitos comprovarão.

Quem te agradece é uma antiga artesã que sabe um pouco das coisas e vê já confirmado o destino firme e sólido que você terá.

Nosso encontro não vai parar aqui. Estou certa. Somos gente — marginais atores — e nos entendemos.

O melhor pra você que merece tudo.

Um beijo especial da Tônia.

(Carta de Tônia Carrero para Susana, em abril de 1975.)

Marília, potência artística

Realmente, acredito que Marília Pêra tenha sido uma de nossas primeiras grandes atrizes — talvez a atriz que eu mais amei e mais amo até hoje. Eu não gostava muito de comédia, mas com a Marília conheci um novo tipo de comediante: dramática, grave. Uma comédia verdadeira, que mesclava humor refinado, seriedade e tristeza diante de alguns fatos da vida, ou seja, a comédia que Marília nos trazia era uma maneira de olhar o mundo. Então, tenho a Marília como uma deusa da interpretação.

Numa noite, do nada, me liga o Paulo Autran. Nem acreditei que fosse ele. Me convidou para substituir Marília Pêra em *Pato com laranja*, de 1979, em cartaz no Teatro Villa-Lobos, no Rio. Substituir a Marília nessa peça foi uma batalha para mim, tive de vencer o medo. Passei noites e noites falando com a Marília sobre a personagem, tentando apreender o máximo daquela atriz incrível, com aquele jeito sempre altamente profissional, mas com um ar meio debochado, que todos achavam graça. Senti como se ela tivesse me pegado pela mão e me orientado a interpretar esse papel.

116 Susana Vieira

Entrei na peça e imitei a Marília Pêra o tempo todo! Primeiro, porque ela era a minha deusa. Segundo, porque achava que ela interpretava a personagem "Patty" de maneira fantástica. Lembro como se fosse hoje, quando terminamos os ensaios, o Paulo Autran me chamou e disse: "Cadê a Susana Vieira? Eu estava com a Marília Pêra e agora estou com a Susana Vieira. Eu quero que você faça a personagem". Aprendi muito com Paulo Autran, que cuidava de tudo. E até chamava a atenção da gente em cena sem que ninguém percebesse. Eu adorava a Marília!

Admirava sua postura, a delicadeza, o falar baixo. E pensava: "Ai, meu Deus, tenho que ser fina como a Marília, falar bem baixinho". Ela me contou uma vez que essa técnica era para poupar a voz. Da mesma forma, não bebia água gelada.

Trabalhei com Marília na minissérie *Quem ama não mata*, do Euclydes Marinho, em 1982. Ela era protagonista e eu atuava num papel coadjuvante, ainda que importante. Nessa minissérie, dirigida por Dennis Carvalho e Daniel Filho, eu fazia o papel de Laura, irmã de Alice, papel de Marília, e mãe das personagens Júlia (Denise Dumont) e Ângela (Monique Curi). Um trabalho interessante, uma vez que minha personagem era naturalista, morava em Visconde de Mauá, na Serra da Mantiqueira, e era casada com o empresário Raul (Paulo Villaça).

Muito tempo passou e Marília e eu nos reencontramos. Primeiro em *Duas caras*, novela de 2007. Depois, em 2009, em outra minissérie, *Cinquentinha*, de Aguinaldo Silva, com direção geral do Wolf Maya. Numa cena, eu, no papel de Lara, entrava no meu quarto, pegava uma coisa no armário e ia para o banheiro. Nesse momento uma voz me chamava: "Lara!". Eu me virava e dava de cara com Rejane, uma *ex-hippie*, personagem de Marília Pêra. Aí a gente se olhou pela primeira vez frente a frente, de igual para igual, porque ela não era protagonista e nem eu era uma coadjuvante — nós duas éramos as protagonistas. Quando nos olhamos, sentimos uma emoção muito forte. Naquele minuto, toda a nossa vida passou na nossa frente. O filho dela, o Ricardo, tem a mesma idade que o meu. A história da vida dela, da mãe dela, a também atriz Dinorah Marzullo, de alguma maneira isso tudo me ligava à minha própria história. O tempo todo que a gente deixou de se falar por falta de oportunidade... Como eu gostaria de ter sido mais íntima dela! Mas naquela cena eu vi que ela tinha respeito por mim, por minha pessoa, me admirava como atriz, como colega dela. Lágrimas brotaram nos nossos olhos sem necessidade, a cena não tinha nada disso. Esse minuto foi um dos momentos mais emocionantes da minha carreira. Foi o momento em que eu fiquei dentro de um banheiro olhando para Marília Pêra.

Esse encontro foi bom, necessário, porque Marília deixou a minissérie, e foi substituída por Betty Lago.

Uma atriz disponível para a arte!

Eu tinha uma facilidade muito grande para a marcação de cenas — que é um momento no qual você fica à disposição no palco, testando possibilidades, para que o diretor possa orientar o ator com relação, digamos, à posição ideal para cada cena.

O Cecil Thiré, diretor da peça *Constantina*, me mandava fazer a cena e eu obedecia, no papel de uma mulher muito rica, casada com um homem bem mais velho. No primeiro ensaio, ele me mandou sentar numa cadeira e disse: "Seu marido vai puxar a cadeira para você se sentar e aí você cai estatelada no chão". Nem discuti e caí no chão. E o Cecil se surpreendeu: "Meu Deus! Como você é disponível!".

Gente, pensa na minha situação: você é uma personagem chique e toda bem-vestida e, de repente, se esparrama no chão. Mas não me achei ridícula, nem me senti desconfortável. O Cecil me falou uma vez algo que nunca mais esqueci: que, para fazer comédia, você não precisa exagerar nem criticar a ação.

Então, em 1975, à noite eu fazia uma mulher bem-vestida, toda maquiada, o cabelo bem curtinho, e durante o dia gravava a novela *Escalada* no papel de uma camponesa, uma roceira de cabelo solto e esvoaçante, conduzindo uma charrete.

Hoje observo que durante muito tempo fiz teatro e TV sempre com papéis muito distintos e no mesmo momento de vida. Fazia a pobre num lugar, a rica no outro; quando era vilã no teatro, era boazinha na televisão. Entro no teatro ou na TV e faço a cena que tem de ser feita. Sempre achei tão simples representar! Para mim, é algo internalizado, arraigado em mim. Então, dizia: "Meu Deus, saí de um cenário onde estou suja, um lugar da terra, e agora preciso me transformar na rica, na chique".

BIBI, SUPREMA!

NUMA NOITE DO ANO de 1973, vejo na plateia do espetáculo *Ipanemississima*, no Teatro Santa Rosa, em Ipanema, a deusa Bibi Ferreira! Era um musical dirigido pelo comediante Amândio, com as vedetes do teatro de revista, lideradas por Regina Célia e com o próprio Amândio no elenco. Fui convidada para uma participação especial (era assim também que eu era creditada no programa da peça) e, como havia sido bailarina, aceitei. Entrei em cena e fiquei muito feliz por estar no mesmo nível delas, apesar da minha pouca altura, porque elas usavam saltos muito altos.

Para a minha surpresa, um dia está sentada na cadeira da plateia a gloriosa, fantástica, divina e inigualável Bibi Ferreira. Eu jamais poderia imaginar que ela estivesse prestigiando aquele estilo de espetáculo, um teatro de revista.

De qualquer maneira, ver a Bibi foi uma chancela para o valor que tem toda a expressão artística, todos os gêneros de teatro. E aí eu me senti mais à vontade.

Até porque era um espetáculo muito bom, um gênero teatral muito importante, pois criticava os acontecimentos da política, da economia, da nossa sociedade. Enfim, no meio de toda aquela encenação artística se falava as maiores verdades!

Foi na TV Tupi que eu conheci e comecei a trabalhar com as grandes vedetes brasileiras do teatro de revista no programa de domingo *Grandes Atrações Pirani*, logo no início da década de 1960. Aprendi muito com Virgínia Lane, Anilza Leoni, Íris Bruzzi, Carmem Verônica e Rose Rondelli. Essas mulheres me ensinaram a descer uma escada com elegância, a fazer crítica no palco, a ser cínica, a ser mais debochada quando o momento pede isso.

A Íris Bruzzi, por exemplo, quando me conheceu, disse: "Por favor, você que está malvestida, poderia pegar a minha frasqueira que está no chão?". E eu respondi: "Adorei você, que teve a coragem de dizer que eu estou malvestida! E o pior é que eu estou malvestida mesmo, quase não gasto dinheiro com roupa". E eu me tornei a melhor amiga de Íris Bruzzi, como a Arlete Salles. Nossa amizade começou a partir de nosso encontro na novela *Almas de pedra*, na TV Excelsior. Uma novela de 1966, dirigida por Walter Avancini. Eu fazia a Natália Ramalho, a Naná, irmã da personagem de Íris Bruzzi, Ruth Ramalho. A novela era de Ivani Ribeiro, baseada no romance *Mulheres de bronze*, de Xavier de Montépin. Glória Menezes (a protagonista, ao lado de Tarcísio Meira), interpretava o papel de Cristina Ramalho, nossa irmã mais velha, e ao mesmo tempo o de um homem, Cristiano. No elenco da novela também estava meu querido Francisco Cuoco.

Então, devo grande parte de minha formação artística e de minha verve de atriz tanto a essas mulheres maravilhosas que conheci na TV Tupi quanto às vedetes que conheci no palco do Teatro Santa Rosa, em Ipanema.

Antes disso, em 1971, eu havia trabalhado com a Íris Bruzzi na comédia policial *O jogo da verdade*, de Aurimar Rocha, ator, produtor, diretor e autor. Sua elogiada peça estava em cartaz no Teatro de Bolso, em Ipanema, e trazia no elenco, além do próprio Aurimar Rocha, Neuza Amaral, Nelson Caruso e os pais de Giovanna Antonelli, Hilton Prado e Suely Antonelli.

Mas, voltando ao impacto de ver Bibi na plateia do teatro, ela era suprema! Daquelas artistas que eram aplaudidas quando entravam em cena. Uma diva! Uma grande personalidade do mundo artístico. E aí, quando terminou o musical *Ipanemissíssima*, a Bibi foi ao meu camarim e falou: "Garota! Meus parabéns! Que belo par de pernas você tem! E outra coisa, você tem uma bela carreira pela frente!" Bibi Ferreira predestinou o meu futuro! Nunca vou me esquecer disso!

Quando fui ver Bibi na sua magnífica interpretação de Edith Piaf, cheguei até o camarim para cumprimentá-la e ela me perguntou: "Você ainda tem aquelas pernas de *Ipanemissíssima*? As pernas mais lindas que eu vi no teatro brasileiro foram as da Susana Vieira!". Respondi ao elogio emocionada, levantei a saia e mostrei a ela: "Sim, continuo com as belas pernas!". Essa minha história, o meu envolvimento com as grandes divas desse nosso Brasil, tão rico em produção artística, me comove muito! E isso marcou a minha carreira em definitivo.

No entanto, confesso que uma das grandes tristezas da minha vida é nunca ter sido dirigida por Bibi Ferreira, a suprema!

18. A ARTE DE VESTIR UMA PERSONAGEM

A ROUPA É A grande inspiração para a minha criação artística. Esse ato de vestir uma roupa que não é sua, mas, na verdade, de outra "persona", é algo mágico para mim e revelador para o meu trabalho.

O personagem vem com a roupa, isso é fundamental para o trabalho do ator, da atriz. Sou uma das poucas atrizes que acha que a roupa, o figurino, vem antes que o texto, que o diretor. Porque, quando me visto com a roupa da personagem, começa uma transformação e é a partir disso que passo a entender o autor, o texto e o diretor.

A primeira grande figurinista que conheci e me chamou a atenção pelo valor desse ofício foi a Isabel Pancada, na TV Excelsior, em São Paulo, na produção da novela *As minas de prata*, em 1966. Ela era formada em artes, muito estudada, sabia tudo sobre ópera. Depois, o Walter Avancini trouxe a Isabel para a TV Globo e ela fez muito sucesso em novelas como *Selva de pedra*. Todo esse estudo é importante porque não se pode achar que uma figurinista é apenas uma profissional que vai às lojas comprar roupas para vestir uma personagem, uma atriz. É uma profissão muito importante na dramaturgia. É preciso ter bastante estudo, conhecer história, saber as tendências da moda.

CORA E *A BELA DA TARDE*

IR A UMA LOJA procurar uma roupa é fácil! Até eu poderia fazer isso. Faria tudo errado, mas faria. Pegaria tudo para mim! Menos aquele *tailleur* da Cora da série *Os dias eram assim*.

Construir essa personagem foi muito difícil. A Marília Carneiro bolou a Cora em cima das roupas da Catherine Deneuve em *Belle de Jour* (*A bela da tarde*, filme de 1967) porque a produção era da década de 1970. Só que eu era jovem nos anos 1970 e a Cora, na história, já era uma mulher mais velha. Então, quando vi aqueles ternos, *tailleurs*, mangas, ombreiras, quase tive um infarto! Confesso que me sentia muito desconfortável dentro da roupa da Cora até o final! Marília me compreendeu, concordava, mas eu também respeitei o trabalho dela.

A Marília Carneiro começou a fazer as novelas modernas na TV Globo como *Os ossos do barão*, e lançou moda com *Dancin' Days*. Ela inventa um laço, uma meia diferente, e isso vira moda. É muito cuidadosa. Marília foi casada com o cineasta Mário Carneiro e tem uma cultura muito vasta sobre a profissão. Andou por vários lugares e certamente isso contribuiu para o enriquecimento de seu trabalho.

Ela e Beth Filipecki, que foram figurinistas da TV Globo por tanto tempo, contribuíram enormemente para criar personagens, 50% do resultado é delas. Mas eu citaria com muito prazer todas as figurinistas que trabalharam comigo.

Teve muita gente boa, como a Lúcia Daddario, maravilhosa... A Labibe Simão, a Rosangela Sabino. Sempre precisei de todas elas e sei que elas me amam! E eu mais ainda — como não amar essas superprofissionais e mulheres incríveis? A profissional é que me mostra como vai se vestir a personagem. Só consigo saber como é a "pessoa" que irei interpretar quando aparece a figurinista e me mostra a roupa, o modelo que irei usar para compor a personagem. Pode parecer estranho, mas é assim que crio minhas personagens.

Se durante alguma novela houve algum aborrecimento de minha parte, talvez fosse por alguma imposição que a profissional não soubesse me explicar. Precisa haver uma sintonia muito fina entre o figurinista e o ator, e a base disso tudo é o conhecimento, o estudo. A figurinista costuma impor uma ideia: "Susana, essa personagem é louca e eu trouxe esse chapéu para você usar". Veja a diferença: "Susana, essa personagem é uma mulher da sociedade, mora no Leblon, e um dia começa a enlouquecer e passa a usar um chapéu…". Por tudo isso que comentei, crio a personagem de fora para dentro — ao contrário de muitos atores que criam de dentro para fora.

ADISABEBA E O MORRO

AGORA, É IMPORTANTE FALAR da diferença da Susana (ou Sônia) pessoa para a Susana atriz. Jamais me visto como as personagens. Quando fiz a Adisabeba, de *A regra do jogo*, do João Emanuel Carneiro, me encantei com aquela personagem, com o seu figurino. Era uma mulher da terceira idade absolutamente juvenil, querendo ser sensual em suas roupas justas e curtas, sapato alto, cabelo comprido até a cintura, unhas grandes… Eu me vestiria com o figurino dela para ir a um baile funk. Enfim, o figurino escolhido pela Marie Salles era a perfeita identificação da personagem Adisabeba.

Mudando um pouco de assunto, muitas vezes, nas festas de lançamento de uma novela, ou num evento artístico, você precisa procurar alguém que empreste uma roupa para você usar especialmente para a ocasião. Como não conheço essas pessoas, não conheço quem tenha vestido da Prada para emprestar ou que forneça de graça a atrizes, não peço emprestado para ninguém. Para mim, grife não quer dizer muita coisa, posso passar a vida inteira sem usar nada de grife. Aliás, compro roupa em loja popular e acho que a única roupa que cai bem, muito bem, é uma camiseta e um jeans.

O GUARDA-ROUPA DE RUBRA ROSA, UM SHOW!

EU TINHA CADA ROUPA no papel de Rubra Rosa!

Nunca estive tão bonita como com aquelas roupas escolhidas pela Beth Filipecki para a Rubra Rosa — levaria todas para casa. Eu era uma Betty Boop, usava roupas absurdas, enquanto o figurino da Cássia Kis seguia o estilo da Jacqueline Kennedy. *Fera ferida* é o tipo de novela na qual o talento da figurinista é fundamental, e eu não faria nada se não fosse a sensibilidade da Beth, que amo, ao criar o figurino para a Rubra Rosa.

A Beth Filipecki é genial, desenhava a roupa e a emissora fazia. É uma pessoa especialíssima, estudiosa, dedicada, delicada de alma. Quando você tem uma dúvida, como mulher, sobre determinada roupa, ela sabe o que está incomodando a atriz, a mulher — é uma terapeuta da moda. Não impõe a moda ao personagem apenas porque em certa época era de um determinado jeito. Em uma época se usava muito colar, mas e se a minha personagem não quisesse usar um colar? Por exemplo, teve a fase de usar brinco em orelha furada e eu nunca tive orelha furada, só fui fazer isso aos trinta anos! A Beth Filipecki sabe exatamente qual o momento em que deve sugerir determinado figurino. Ela não manda, ela sugere. Só que ela vem com tudo muito perfeito e sabe exatamente o que se passa na alma de cada uma de nós, atrizes e mulheres.

Marina Steen, a sofisticação

TUDO ERA MUITO DELICADO com Marina Steen, minha personagem. Havia uma sensualidade em toda aquela roupa, aquele estilo da década de 1920. Na hora de você se movimentar, as roupas e os tons deixavam as mulheres muito femininas. Zenilda Barbosa fez os desenhos de *A sucessora*. Essa época eu amo, pois estávamos saindo dos paletós, das calças e entrando numa época de brilho. Os tecidos caíam sobre o corpo e deslizavam. Cada corpo tinha o seu desenho, não havia essa ditadura do linho, do algodão que não te dá forma ou do jeans que toma a forma que ele quer. Mas eu amo calça jeans, amor e ódio, principalmente no dia a dia.

Além disso, veio a vontade do cabelo curto, havia uma ousadia no corte de cabelo. Era tudo muito audacioso! Eu, que era louca por cabelo, achava genial, pois a mulher pode ficar bonita e sexy com esse corte de cabelo curto! Comecei a perguntar para os homens o que eles achavam daquele corte e eles me confessaram que adoravam a nuca de uma mulher. Várias pessoas também me disseram isso — que a nuca é muito importante, que homem gosta de nuca! Estou inclusive estudando a possibilidade de fazer um corte de cabelo antes ou durante o lançamento deste livro porque fico muito bem de cabelo curto. O meu público irá conferir…

MA — *Sente que essa preocupação com o figurino sempre esteve em seus trabalhos chamados "de época"? Marina (A sucessora), Marta (Bambolê) ou Suzette (da minissérie* Chiquinha Gonzaga). *E a mais recente, tia Emília de* Éramos seis?

A TV Globo prima pela qualidade máxima quando faz novela de época, as verdadeiras figurinistas fazem uma reconstituição de época preciosa. Mas confesso que sempre tive problemas com "época" porque acho que a vida não tem data. A gente nasce, cresce, vive e morre. Época de plantar, colher, isso eu compreendo, mas nunca compreendi direito por que numa determinada época a saia sobe e na outra ela desce, por que está na moda isso ou aquilo. Sei que é uma grande indústria têxtil que fatura milhões, que faz com que muita vaidade seja exacerbada. Na verdade, muitos ídolos e mitos se criam porque lançam moda, entram numa passarela e mostram uma tendência ao mercado. Muitas vezes algumas dessas modelos se transformam em estrelas maiores do que os costureiros das roupas que elas vestiram.

HIGH SOCIETY

TÔNIA CARRERO FAZIA UM teatro estilo Copacabana Palace. Alguém precisava preencher essa lacuna, e Tônia preencheu um espaço, encantando a alta sociedade com total brilhantismo. Com seu talento, colocou a alta sociedade dentro do teatro e conquistou o mundo!

Foi com Tônia Carrero e fazendo a peça *Constantina* que comecei a ter uma vida que nunca tinha visto, a da sociedade do Rio de Janeiro, que sempre misturou todas as classes, todas as profissões. A cidade tem essa mescla! Passei também a me relacionar com uma turma muito elegante de atores, como Célia Biar, Ítalo Rossi — ele se tornava um gigante com aquele timbre de voz! —, Rosita Thomaz Lopes e Paulo Autran — que eu achava o melhor ator de toda a sua geração, com aquela naturalidade, fui uma das grandes amigas dele. Adorava a sofisticação desses atores.

Ainda com Tônia, trabalhei em *A próxima atração*, do Walther Negrão, com um elenco de mulheres muito charmosas. Meu papel era o de uma aeromoça, Regina, que namorava o personagem do Marcos Paulo, o Kiko. Fiquei muito amiga da Irene Singery, que não era atriz, mas sim uma jovem muito simpática da alta sociedade que compunha bem aquele time de mulheres protagonistas da novela; Tônia entre elas, que vivia numa mansão no Jardim América, em São Paulo. Mas, verdade seja dita, eu não dava muita importância a essa "hierarquia" dos papéis, quem era a grande estrela e quem não era — isso porque não era assim que vivíamos na TV Tupi, em São Paulo, lá a gente trabalhava e ponto. Quem trouxe, digamos, essa característica hollywoodiana para a televisão foi a Globo. Mas, claro, eu notava que se dava muito valor à protagonista, à primeira estrela. E havia muita discriminação sobre isso, até no camarim.

De qualquer maneira, foi na década de 1970 — uma década muito louca, por sinal —, com um grupo de atores fantásticos, cada um com um temperamento e com um estilo próprio de interpretação, que a telenovela evoluiu e começou a ser exportada, tornando-se a melhor do mundo nas décadas seguintes. Em particular, as produções da Globo.

MA — *Final da década de 1960... E início de 1970... Um novo tempo para Susana e para a indústria do entretenimento no Brasil, com alto investimento da Globo no gênero telenovela.*

De fato, de 1963 até 1969, eu já havia trabalhado nas TVs Tupi, Excelsior, Record e participado das novelas *A pequena Karen, Almas de pedra, As minas de prata, Estrelas no chão, Amor sem Deus, Os tigres, A última testemunha, Seu único pecado* e *Algemas de ouro*, além do *Grande Teatro Tupi*, TV de *Vanguarda* e TV de *Comédia*. Fiz também *As aventuras de Eduardinho*, com meu amigo Vicente Sesso. Enfim, tudo isso foi o encerramento de uma era na minha vida. Aí a TV Globo também me chamou. Então, para nós, jovens atores de São Paulo, era uma vida nova que se iniciava no Rio de Janeiro.

19. TV GLOBO

CHEGUEI À TV GLOBO, no Rio de Janeiro, em 1970, com uma leva de atores vindos de São Paulo, principalmente os das TVs Tupi e Excelsior. Até porque, como o Avancini valorizava muito o trabalho das pessoas, convidava esses profissionais para irem com ele quando saía de uma emissora. No meu grupo, que eu me lembre, tinha Regina Duarte, Tarcísio Meira, Glória Menezes, Francisco Cuoco, Rosamaria Murtinho, Mauro Mendonça, Fúlvio Stefanini, Paulo Goulart, Armando Bógus, Cláudio Marzo, Jacyra Silva e Neuza Amaral.

A TV Globo enquadrou muito bem os atores em protagonistas, segundo e terceiro elencos. Então, assim como a Regina Duarte, já cheguei como protagonista, a Candinha, formando um triângulo com Tônia Carrero e Sérgio Cardoso em *Pigmalião 70*.

MA — Pigmalião 70, *a novela de Vicente Sesso, modernizou o horário das sete da noite na Globo e tratava exatamente de beleza; em particular, pelo corte de cabelo "Pigmalião". E você, no papel de Candinha, rivalizava justamente com a diva Tônia Carrero — Cristina, par romântico do personagem Fernando, o feirante interpretado por Sérgio Cardoso.*

Pigmalião 70 marcou o meu encontro com o grande ator Sérgio Cardoso, de imenso prestígio. Era uma pessoa muito fechada, muito preocupada com a sua carreira. Na novela, eu nem me dava conta que era a antagonista de Tônia Carrero ou que fazia um triângulo amoroso com Sérgio e Tônia, dois ícones do teatro brasileiro. Nunca vi a minha carreira sob esse olhar, digamos, mercadológico, até porque eu me considerava uma boa atriz por conta da escola que havia tido na TV Tupi, mas trabalhei com os dois, que admiro imensamente, tentando usar todo o meu talento.

Por Vicente Sesso

Conheci a Susana no Theatro Municipal, na Escola de Bailado. Foi num espetáculo da prefeitura que terminava numa encenação de escola de samba e à frente estava uma menina de maiô preto, fazendo porta-estandarte. Quando terminou o espetáculo, fui conversar com Marília Franco, que era responsável pelos balés que eu tinha nos meus programas de TV e também dirigia o corpo de baile do Theatro Municipal de São Paulo. Susana chamou a minha atenção, faladeira, espontânea: "Você me viu? Eu estava bem à frente, de maiô preto". Achei ela uma gracinha de pessoa e pedi para a Marília escalar a Susana para o corpo de baile dos meus programas. Então, tanto ela quanto a irmã Suzaninha iam em casa, na rua Santo Antônio, para ensaiar. O pai levava e buscava. Portanto, ela foi educada num sistema bastante rígido. Inclusive, havia algumas revistas como *O Cruzeiro e Manchete* que o pai dela não permitia que entrasse na casa da família e elas liam lá em casa...

Eu sempre notei um brilho na Susana Vieira, uma espontaneidade que é difícil você encontrar. Ela consegue algo muito raro na arte de interpretar: fazer a personagem com naturalidade sem ser falsa; ela simplesmente chega e interpreta, sem maiores invenções, mas se transformando com muita facilidade.

Eu trabalhava na McCann Erickson, a agência de publicidade que era responsável pelo seriado *As aventuras de Eduardinho*, dirigida pelo Walter Avancini para a TV Excelsior. Então, convidei Susana para vir trabalhar comigo e ela ficou durante um ano. Isso foi em 1965. Depois, em 1966, quando a Globo comprou a TV Paulista, pediu à McCann que transferisse o programa para lá a fim de preencher a programação de São Paulo. Escrevi para a TV Excelsior a novela *Sangue do meu sangue*, um grande sucesso, e então fui convidado para escrever novela na Globo e levei a Susana para rivalizar com o principal papel feminino — Cristina (Tônia Carrero). *Pigmalião 70* foi a primeira novela-comédia, o tom exato para o horário das sete da noite.

O interessante é que Susana não interpretava uma noiva ou ex-noiva (ela perde o Nando para Cristina) lacrimosa, pois seu maior objetivo passa a ser a ascensão social na loja de moda de alta-costura de Cristina, onde trabalhava até chegar ao cargo de gerente. Isso de certo modo eu trazia da minha realidade, pois na residência da rua Santo Antônio eu tinha um ateliê de costura e um laboratório de fotografia. Tanto é que na minha próxima novela, *Minha doce namorada*, de 1971, Susana interpretou Nelita Leão, ligada ao universo da fotografia.

A nossa sociedade tinha mulheres muito ágeis mentalmente. Acredito que tudo isso tenha influenciado um pouco a formação da atriz Susana Vieira. Enfim, ela aprendeu muito rapidamente o jogo da televisão, conseguindo ser natural e não ser displicente. Você não sabe se ela está dizendo o texto ou se ela está improvisando.

DIVIDINDO A CENA

FIZ ALGUMAS NOVELAS NAS quais eu não era exatamente a protagonista. Em *A próxima atração*, por exemplo, eu dividia o protagonismo com a Tônia, que era realmente o primeiro nome feminino do elenco, e mais Célia Biar, Betty Faria, Renata Sorrah, Irene Singery, Jacyra Silva e Eloísa Mafalda. Nessa novela, eu sentia que, apesar de integrar o grupo central das sete mulheres que viviam numa mansão do Jardim América (Tônia não morava na mansão), era um protagonismo, digamos, relativo. Mas eu nunca fiz um papel pelo qual depois um diretor não me chamasse de novo, porque na época quem convidava o ator era o diretor.

No início da década de 1970, eu ainda não era exatamente uma estrela na TV Globo. Quando fiz *Minha doce namorada*, do Vicente Sesso, lembro-me que era um papel menor diante do que eu já havia feito em *Pigmalião 70* e *A próxima atração*. Minha personagem era a Nelita, filha de Sarita (Vanda Lacerda) e César Leão (Mário Lago), os vilões da novela.

Depois, em *O bofe*, uma comédia anárquica de Bráulio Pedroso com direção do Lima Duarte, recebi um papel que não me agradou muito, a Marilene, vendedora de livros. Não consegui me incorporar nem à história, nem ao elenco, eu me sentia de fora... Apesar de a novela ser do Bráulio Pedroso, um autor que tinha escrito dois grandes sucessos, *Beto Rockfeller* e *O cafona*, a novela não foi bem — aliás, a TV Globo o contratou após o sucesso de *Beto Rockfeller*, na Tupi. Uma novela farsesca, quase um teatro do absurdo. Eu, sinceramente, não me adaptei...

MA — *Por falar nisso, Susana, você poderia explicar um pouco melhor como é essa relação do ator-personagem? Quando o ator não aceita a personagem? Ocorreu isso com você alguma outra vez? Na televisão ou no teatro?*

As dificuldades dos atores diante de um personagem não é algo incomum. Afinal, somos muito pequenos diante de toda a plêiade de grandes criações que a literatura universal nos brindou. E precisamos fazer a leitura de uma pessoa antes de ser ator/atriz de um personagem. Então, é natural que existam personagens que me despertam maior afinidade, empatia.

A gente sente quando o personagem fica solto ou o autor perde o personagem... Eu não quero me perder do autor. Quando o autor me dá confiança, aí fico louca, vou longe, porque acho que tenho muito talento a ser explorado. Quero que o autor tire tudo de mim, ele precisa sugar todo o meu potencial, até o último instante da história, da novela.

20. O espigão

QUANDO TERMINOU O *BOFE*, fiquei sem contrato e me desesperei porque até então eu tinha contratos pelos trabalhos e fazia uma novela atrás da outra. Já estava separada, morava na Gávea e conseguia me manter, tanto que acreditava que fosse trabalhar o resto da minha vida — antes, na década de 1960, cheguei a trabalhar em três emissoras, ou seja, não sabia o que era não trabalhar. Só sei que, depois de *O bofe*, que terminou em janeiro de 1973, eu não fiz mais nada até 1974, embora, só no horário das dez, duas novelas já tivessem sido produzidas: *O Bem-Amado*, do Dias Gomes e *Os ossos do barão*, do Jorge Andrade.

Decidi, então, pedir ao Dias Gomes um papel em sua próxima novela das dez da noite, *O espigão*. Mas, envergonhada, solicitei a uma amiga que ligasse para ele e, quando ele mesmo atendeu, puxei o telefone para mim e contei a minha história para ele: "Estou numa situação ridícula, humilhante, nunca passei necessidade na minha vida, não tenho a menor ideia do que é ser outra coisa a não ser bailarina e atriz, e sei que a próxima novela das dez será de sua autoria. Você tem um papel para mim?".

Dias fez um breve silêncio e comentou comigo que tinha apenas uma personagem bem mais velha do que eu, a Tina Camará. Ela era totalmente sem glamour, uma jovem reprimida sexualmente, assim como toda a sua família: os irmãos Urânia (Vanda Lacerda), Baltazar (Ary Fontoura) e Marcito (Carlos Eduardo Dolabella). Em 1974, eu estava toda bonitinha, com 31 anos, mas topei dizendo: "Não tem problema! Eu faço! Preciso de emprego!".

Dias, imediatamente, me aprovou para o papel e me indicou para fazer um teste na TV Globo. Eu vestia uma camisa fechada e tinha o cabelo pintado de preto, num coque. Não me maquiei, mas tenho plena consciência de que "incorporei" a Tina com total talento. Eu passava a repressão familiar com o rosto, com o meu olhar. Ou seja, o papel não veio de graça, veio pelo meu talento. Resultado: fui premiada pela Associação Paulista de Críticos de Arte (APCA) como melhor atriz do ano por essa personagem.

MA — E em O espião, Tina, após o casamento com Donatelo (Mauro Mendonça), começa a passar por um processo de liberação sexual. Tem recordação dessa questão social, em período de forte repressão política? Suas personagens sempre propõem um avanço na sociedade.

Os nossos autores já foram tão à frente que criaram novelas como *O espião*. Imagina, em 1974, um casal ter a sua intimidade devassada?! A história mostrava um casal tendo a sua intimidade transmitida em todos os aparelhos de TV dos apartamentos de um prédio! Essa cena aconteceu com a minha personagem Tina, totalmente reprimida sexualmente, mas que descobre os prazeres do sexo com o marido, Donatelo, papel do Mauro Mendonça. Naquela época, nem na vida real, nem na novela tinha TV a cabo, mas a novela exibiu a transa entre Tina e Donatelo. Por conta de um erro tecnológico dentro do circuito interno do edifício, os dois personagens tiveram de lidar com as consequências dessa exposição. Um escândalo! Toda essa intimidade devassada que nós tanto reclamamos hoje já era uma preocupação do Dias Gomes àquela época. Ele já escrevia sobre os tarados há quarenta anos. Baltazar Camará (interpretado por Ary Fontoura), meu irmão na novela, era tarado por cabelos de mulher. Hoje temos tarado que avança em mulher dentro do ônibus!

Agora os autores tiveram que regredir um pouco, porque a sociedade está muito mais careta. Hoje as pessoas ficam muito mais espantadas do que no passado, se surpreendem com temas que já foram mostrados.

Por Ary Fontoura

Por sua coragem sempre manifestada. Pela atriz e excelente profissional que é. Pela mãe maravilhosa que sempre foi. Pela celeuma que seu espírito irrequieto e justiceiro provoca em busca da verdade. Pela educação e pela cultura aprimoradas. Pela saudade de repetir outras novelas de grande sucesso. Por tudo isso e pela amizade que temos, o meu profundo respeito e consideração! Amo Susana.

Na hora do almoço com Regina Duarte

Regina Duarte e eu éramos duas paulistinhas caretinhas, duas donas de casa cuidando de filho, toalha de mesa na hora de comer. Morávamos no Leblon e um dia ela me convidou para almoçar na casa dela e colocou uma travessa na mesa com dois bifes — um para cada uma. Eu, na maior naturalidade disse: "Regina, eu como dois bifes". E caímos na gargalhada! Éramos duas amigas que se admiravam mutuamente e levavam a vida com simplicidade. Mas Regina logo passou a ser, com todo o merecimento, a "namoradinha do Brasil", a partir do grande sucesso que foi a novela do Vicente Sesso, *Minha doce namorada*. E somos amigas até hoje!

Por Regina Duarte

Susana é a pessoa, a atriz, a amiga, a colega, a parceira mais alucinadamente vital e astral, alegre, sem papas na língua, faladeira, sincera e amorável, generosa, responsável, focada no nosso ofício, instruída, estudiosa, carente e tantas outras coisas lindas que não dou conta de relatar agora aqui. Susana Vieira é a VIDA pulsante em forma de gente.

Amo essa pessoa e atriz brasileiríssima, minha irmã de alma.

21. Separação e superação

No Rio de Janeiro, fomos morar num apartamento grande, no Leblon, esquina com a Ataulfo de Paiva. E lá também não tinha sofá nem cama — minha cama era um estrado no chão.

É interessante como a vida nos leva para outros caminhos. Só vim notar que meu casamento não andava bem no Rio, porque aí passei a conviver diariamente com Régis. Quando me mudei, imaginei que a proximidade fosse trazer um novo convívio entre nós, firmar nosso casamento, mas muito pelo contrário: Régis começou a ficar distante, calado, sem gestos de carinho e afeição, saía à noite e só voltava de madrugada. Não lembro exatamente quando tive o *start* para toda essa mudança, mas não demorou muito tempo... Chamei meu pai, contei a ele o que acontecia, e foi meu pai quem ajudou a colocar um limite no Régis. A separação do Régis foi assim... traições...

Me separei no meio da novela *Pigmali*ão 70 — meu filho Rodrigo tinha seis anos — e, no dia em que Régis saiu de casa, exultei: fiz uma festa de aniversário de tanta felicidade. O Régis, como marido, foi um homem ausente na minha vida, absolutamente seco. Eu nem sabia que tinha direito à pensão quando me separei. Então, fiquei tão feliz quando ele foi embora que resolvi me virar sozinha. Fui morar com o Rodrigo num apartamentinho no Leblon, na rua Carlos Góis, com dois quartos. O dinheiro era suficiente para mim porque sempre fui uma mulher sem luxos. Nos anos 1970, a gente fazia uns móveis brancos de caixote, o tapete era de sisal, comprávamos tudo hippie. Nada custava muito, ninguém jantava fora, os biquínis eram sempre os mesmos, um ou dois. Só tínhamos que ter plantas dentro de casa!

Me separei há mais de quarenta anos do Régis e tenho uma amiga que se separou recentemente. É sempre a mesma sensação, nada agradável. Você sente que está se libertando, mas é um sentimento dúbio, tem um que fica com mais raiva do que o outro. Mas é lógico que com o passar do tempo e dependendo das pessoas com as quais você convive, isso vai mudando. Por exemplo, sou amiga da Sandra, mulher do Régis, até hoje. Ela adora o meu filho, fazia questão que o pai visse o Rodrigo.

Então, acho que é você que tem que se esquecer da pessoa, é você que tem de sair do drama! Primeiro fica com ódio, xinga... ele me traiu... Mas com o tempo você vai procurar a sua vida e, se a pessoa não tiver caráter, ela não merece ser sua amiga.

Relações afetivas

Eu acho que o desgosto sentimental, a infelicidade amorosa faz muito mais mal à saúde, ao corpo e à alma do que nós imaginamos. Se isso não é bem resolvido, o sentimento não termina, volta. Podem passar trinta, quarenta anos... E você, muitas vezes, fica pensando por que viveu tanto tempo dentro dessa situação. Quem consegue dizer que foi feliz desde sempre num relacionamento amoroso? Deve ter, mas são pouquíssimos os que encontraram isso desde cedo.

Nos meus relacionamentos, eu procurei compreender o sofrimento, não fiquei presa nele.

MA — *Sim, eu complemento. E como dizia Joaquim Nabuco: "Quem não sofreu não viveu".*

22. Liberdade para viver

Nunca me assustei com homem nenhum, porque me aproximo de qualquer homem sem escudo, desarmada para o amor e para o sexo. Se fosse pensar na atitude de cada homem que passou pela minha vida, eu deveria estar armada até os dentes. Acho que vem daí a minha saúde. Estar sempre livre e de coração aberto.

Há várias coisas na vida que a gente questiona sempre. Será que fui uma boa mãe porque dei liberdade demais? Ou será que fui uma boa mãe porque não dei liberdade nenhuma e só cerceei o meu filho? Acho que nunca teremos uma certeza sobre essas questões. De qualquer maneira, para mim, a palavra mais importante na vida é *liberdade*. Mas liberdade com responsabilidade. Liberdade para abrir a porta que você quiser, liberdade para escolher a sua profissão.

Então, nós dois

Criei meu filho sozinha porque quando eu me separei ele tinha seis anos. Então eu pagava colégio, comida, viagens... Coloquei Rodrigo numa escola caríssima, a Escola Parque, a primeira baseada no lema "liberdade sem medo" — sem castigo, sem uniforme —, a liberdade bem de acordo com o comportamento da década de 1970. Era um colégio moderno! Houve uma reunião de pais e os professores em que falaram maravilhas do Rodrigo, fiquei muito aliviada e muito feliz, sinal de que estava educando meu filho de uma maneira certa, apesar de ele não ter tido um pai presente. Pai faz muita falta, sim. Mas me senti orgulhosa de estar lidando com uma situação completamente impensável: criar um filho sozinha.

Rodrigo viajou com a escola para a Disney quando tinha uns oito anos. Comprei a passagem.

Acontece que eu nunca tinha me separado do meu filho; ele nunca tinha ficado longe de mim mais do que um dia. Eu senti falta dele no segundo dia em que ele embarcou para os Estados Unidos. No terceiro dia eu não aguentei mais! Comprei uma passagem e fui atrás dele na Disney. Mas eu fui sem avisar. Eu sabia o hotel onde eles estavam. Ao chegar em Miami, peguei um ônibus e fui para Orlando. Cheguei à noite e fui direto para o hotel para ver o meu filho. Me apresentei, e a atendente disse que eu não poderia entrar no quarto dele porque eles estavam dormindo. E eu respondi: "Querida, você vai me desculpar, mas eu estou com muitas saudades do meu filho". Aí a preceptora veio ao meu encontro dizer que eu não poderia entrar no quarto, pois isso iria prejudicar o processo de organização do cotidiano dos alunos na viagem. E eu, de imediato, respondi: "Não me interessa o que isso vai prejudicar, porque não vai prejudicar a mim, que amo o meu filho, e ele vai ficar feliz ao me ver". Entrei no quarto, que estava completamente escuro, acendi a luz e fui direto ao meu filho que estava dormindo na parte de baixo de um beliche. Quando o beijei, ele despertou e, espantado, me perguntou: "Mãe! O que é que você está fazendo aqui?". Eu logo respondi: "Filho, eu vim aqui para ver você!". E ele, ainda meio atônito: "Mãe, apaga essa luz que os meus amigos estão dormindo!". Eu justifiquei meu amor incondicional: "Filho, eu vim ver você para saber se está tudo bem, se você está bem". Rodrigo, com veemência, respondeu: "Claro que eu estou bem". E prosseguiu: "Mãe, vai embora, vai embora e apaga a luz".

Vocês não queiram saber... Eu fui para o meu hotel tão desenxabida. Mas eu tinha visto o meu filho. No dia seguinte, eu voltei ao hotel dele. Eles estavam todos na piscina e eu fiquei atrás de um muro cheio de plantas que eu conseguia ver, pela fresta da cerca, os meninos brincarem. Fiquei assim

140 Susana Vieira

das sete às dez da manhã e vi que Rodrigo estava realmente bem. Aí eu tranquila fui à Disney, aproveitei aquele mundo mágico, vi o meu filho e retornei em paz para o Brasil. Ou seja, concluí que eu era uma mãe obsessiva... Ou melhor, cuidadosa, porque Rodrigo é a minha maior riqueza.

Quando voltaram da excursão, ouvi coisas maravilhosas sobre o garoto, que ele era independente, sabia fazer contas, um líder, enfim, uma criança fácil de se lidar.

23. O PRECONCEITO DA SEPARAÇÃO

NUNCA ME PASSOU PELA cabeça que, ao me separar, pela primeira vez eu sofreria preconceito, seria julgada porque sou livre, atriz, mulher, mãe. Não podia imaginar que a separação teria toda essa importância social. Aí que comecei a ver o peso do casamento e da separação naquela época.

Eu diria que foi durante a novela *Os gigantes* que comecei a sentir o peso de ser uma mulher separada, desquitada, dentro da televisão. As atrizes casadas eram tratadas com uma certa mesura por parte de todos os diretores e, quando virei uma mulher desquitada, o tratamento comigo mudou. Isso me deu um complexo enorme e comecei a sentir a pressão, o preconceito. Havia dois camarins e um dia baixaram uma ordem entre as atrizes: o primeiro camarim, que era das primeiras estrelas, eu não poderia usar por ser separada. Direcionada para o segundo camarim, havia sido transferida para onde ficava a maioria das atrizes e das bailarinas dos programas musicais — passei da classe executiva para a classe econômica. É claro que compreendi o preconceito por ser separada e sei até quem foi a atriz que começou esse movimento.

24. ESCALADA

MA — *Você se separou em 1970 e cinco anos depois encarnava uma das mais importantes personagens da televisão, a Cândida, de Escalada. E a sua personagem vivia o drama da separação com Antônio Dias, interpretado por Tarcísio Meira. Ou seja, o casal protagonista desse enorme sucesso das oito da noite na Globo, em novela de Lauro César Muniz dirigida por seu ex-marido Régis Cardoso, levou ao Brasil da Ditadura Militar o debate sobre o divórcio. Para sermos mais exatos, o divórcio, por intervenção da Igreja Católica, era proibido no Brasil. Ou seja, o casal poderia se separar, mas não era permitido um novo casamento. Portanto, as pessoas desquitadas ficavam marcadas pela sociedade, não eram bem-vistas. Fato é que, ao discutir — por meio do casal Antônio e Cândida — a necessidade do divórcio, de estabelecer uma relação mais estável para as pessoas divorciadas, a novela impulsionou a lei que foi aprovada em 1977. O próprio deputado Nelson Carneiro, que levou a proposta ao Congresso Nacional, comentou à época a importância da novela para a aprovação da Lei do Divórcio. Até então, falava-se em divórcio como algo pecaminoso. Isso em função da Igreja, que tratava do assunto como pecado, segundo atesta o próprio autor da novela.*

Escalada era uma novela muito aguardada, muito comentada, antes mesmo da estreia. Em plena Ditadura Militar, falava da construção de

Brasília, de Juscelino Kubitschek e de João Goulart. O Lauro conseguiu mostrar tudo isso sem falar de Brasília, porque era proibido pela Censura Federal. Também tratava da cultura do algodão e mostrava o trabalho dos empreiteiros, dos madeireiros. Além disso, era a primeira vez que uma novela falava de divórcio no Brasil. Enfim, uma grande novela, que provocou uma revolução por tratar de temas políticos e sociais, tanto é que foi censurada em diversas partes.

MA — *Uma grande atriz de teatro, por sinal, já havia gravado doze capítulos da principal personagem feminina da novela* Escalada — *Cândida era uma mulher da roça, fazendeira, cheia de fogo... Mas essa atriz não funcionou.*

Lembro do dia em que o Régis, diretor da novela, entrou no meu camarim da peça *Constantina* e disse: "Você tem três dias para decorar doze capítulos da principal personagem da novela *Escalada*, a próxima novela das oito, com Tarcísio Meira. Boni e Daniel Filho já aprovaram tudo".

Por Daniel Filho

Susana Vieira é o que a gente chama de Alfa da TV.

Como todos já sabem, ela foi do princípio de tudo e, como todos nós que começamos na TV ao vivo, canta, dança e representa comédia, drama, chanchada... o que for. Sempre com competência, alegria e coleguismo. Tive o prazer de tê-la junto em algumas produções. Lembro quando a chamei para entrar em *Escalada*, a criação maravilhosa n'*O espigão*.

Cinema, fizemos umas duas vezes. A primeira foi em *O casal*: uma participação carinhosa e competente. A segunda foi em um filme chamado *Sorria, você está sendo filmado*. A comediante apareceu toda e foi uma alegria para aqueles que estavam nesse filme. Ela faz parte dessa turma, na qual me incluo, que não pode parar de trabalhar... *Só quando for embora daqui desse planeta.* E tenho certeza de que até lá ela estará sempre brilhando.

A ARTE EXPLICA A VIDA

EM ESCALADA, A CENA mais difícil, mais pesada que fiz, foi a cena em que Antônio diz que vai se separar de Cândida. Eu tinha acabado de me separar do Régis e tinha sido uma separação muito mal resolvida. Primeiro, foi um casamento que foi ficando morno, depois distante, ou seja, nunca houve uma conversa, eu só sentia as coisas, as mudanças. Ele chegando tarde, passando todo o tempo na rua... Eu sentia que podia haver traição, mas nada era falado. Depois, acho que naquela época nenhum de nós, de nossa geração, tinha palavras para explicar o inexplicável, que é o fim de um amor. Você me ama e depois deixa de amar? Essa pergunta, esse questionamento, é difícil de responder, principalmente há mais de quarenta anos...

Mas, na verdade, nunca passei pela cena da separação mostrada em *Escalada*. Ou seja, do meu marido chegar e dizer que está gostando de outra pessoa. Lembro que, ao estar na cena durante a gravação, me comovi e chorei muito. O autor, Lauro César Muniz, foi brilhante na construção da cena, dos personagens, tudo muito forte e dramático. É muito duro, muito cruel quando uma mulher escuta que é deixada por causa de outra. Certamente é uma das sensações mais desagradáveis do mundo. Eu chorava muito porque, de qualquer maneira, eu tinha um filho da mesma idade que o personagem da novela e tinha acabado de me separar. Apenas não tinha passado pela experiência do texto e teria ficado muito traumatizada se tivesse que discutir a relação — DR —, como fizeram os personagens Antônio e Cândida: fiquei muito chocada e chorei demais na cena. O Régis também não conseguia dirigir a cena, pois ele também havia vivenciado tudo aquilo e, de certa forma, me abandonado. Havia um constrangimento, claro, por parte do Régis em dirigir essa cena, sim. O garoto que fazia o meu filho, o ator Júlio César, também sentiu o impacto. Demos um abraço muito forte após a cena. Então, tudo o que não expressei na vida real, no momento da minha separação, eu expressei nessa cena. Eu me recordo que fiquei com ódio do Tarcísio, do Antônio Dias.

MA — *Lembro Susana de que a Cândida chega a avançar fisicamente contra Antônio Dias e que o casal simbolizou a dificuldade de uma relação entre um homem e uma mulher.*

Exatamente! Nós estávamos em 1975, mas acho que a dor de uma separação ainda é a mesma. Especialmente se a mulher ainda ama o homem, ou vice-versa. É interessante observar hoje, de longe, como em alguns momentos eu tinha ciúme do Tarcísio Meira, do ator misturado com o personagem. Claro, era toda a projeção do Régis no Tarcísio. Sei que eu fazia aquele papel com a maior leveza — nunca carreguei a minha vida pessoal para os papéis, mas nesse caso houve um sentimento diferente. Até porque naquele momento eu não estava com o Antônio Dias na minha frente, mas com o Tarcísio Meira.

Depois, Cândida começa outro relacionamento, com Alberto, vivido pelo Leonardo Villar, mas aí já era uma relação mais tranquila. Ela se aproximou dele porque tinha um filho para criar e por causa do preconceito muito grande com mulher separada, ainda mais naqueles tempos... Não havia uma paixão entre eles, a Cândida continuou apaixonada por Antônio Dias, como eu acho que acontece em muitos casos com as mulheres. Antigamente, a relação do casamento era equivalente a ter tranquilidade, para a mulher não se ver sozinha. Mas a relação tinha um gosto de chá de camomila...

Por Lauro César Muniz

Eu queria discutir, esclarecer o que era o divórcio e o que era o desquite, e sei que a novela conseguiu esclarecer isso. O Antônio sempre fora apaixonado por Marina (Renée de Vielmond), mas envolveu-se com Cândida, uma paixão muito forte e repentina. Entretanto, a sinopse não previa um futuro muito forte para a Cândida, e foi a Susana, a intensidade de sua interpretação, que me fez fortalecer a personagem. E o curioso é que houve uma mistura muito grande entre a ficção e a realidade porque todos os que eram contrários ao divórcio espalharam na imprensa que eu iria matar uma personagem para fortalecer a outra ou para aliviar o conflito de Antônio entre as duas mulheres.

Na verdade, todos nós que estávamos participando do processo de *Escalada* tínhamos vivido intensamente o casamento e a Susana tinha se separado do Régis... Eu também já estava separado. Então todos nós vivíamos a dor da separação de um casamento, especialmente na relação com os filhos.

Quem iria interpretar a Cândida era uma excelente atriz, mas que tinha um espírito urbano. Quando vi, pensei: "Ela está fazendo uma carioca no início da década de 1930 no interior de São Paulo...". Não é isso, a Cândida não era isso. A Susana eu conhecia melhor, tinha intimidade com o trabalho dela, sabia que ela era terra, pé no chão, de temperamento forte, capaz até de ser grosseira com o homem que ama, isso tudo dava a imagem para mim da Cândida. Então, quando o Daniel Filho, supervisor das novelas, comentou comigo que estava pensando em substituir a protagonista e teria que regravar doze capítulos, perguntei: "Mas em quem você está pensando para o papel?". E ele imediatamente respondeu: "Susana Vieira!". A solução, claro, já veio pronta por parte do Boni e do Daniel, mas eu tinha exatamente a mesma ideia. E o mais curioso é que, apesar de separados, Régis Cardoso, o diretor da novela, e Susana rendiam muito bem no trabalho. Quando eu assisti à primeira cena não tive mais dúvidas: Cândida era a Susana Vieira. E ela dominou a novela ao lado do Tarcísio Meira. Tanto é que a questão central do divórcio parte de Cândida e Antônio Dias.

A novela retratava ainda todo o drama e preconceito enfrentados por Cândida como "desquitada", para criar o filho, Ricardo (Júlio César). E até para recomeçar um novo relacionamento amoroso, com Alberto (Leonardo Villar), lembrando que um novo casamento só poderia ser concretizado no Uruguai. Mas Cândida segue apaixonada sempre por Antônio Dias.

MA — *"E, voltando a você, Susana, com todo o sucesso de* Escalada, *seu pai começou a aceitar melhor a sua profissão?" Eu quis saber de nossa estrela, uma vez mais consciente da presença fundamental de seu pai em sua construção de vida.*

Meu pai não era exatamente meu fã, mas sim do Lauro César e da novela *Escalada*. No entanto, ele se sentia profundamente orgulhoso de a filha dele estar fazendo esse trabalho e, com isso, passou a compreender melhor a minha profissão. Era envolvido em política, Brasília, Itaipu, via o Brasil crescer e já era de esquerda, assim como meu irmão, Sérgio Ricardo. Era um militar reformado, mas com ideais socialistas. Acho importante também desassociar o militar da ditadura. O meu irmão também compartilhava dos ideais de meu pai. Não deve ter sido fácil para eles o equilíbrio entre o militarismo e o socialismo.

Nessa época, conheci muitos perseguidos políticos, que até chegaram a frequentar nossa casa.

25. Uma cena de amor

Beijo técnico... Qual é o limite? Não tem aula de beijo. O diretor fala: "Agora eles se beijam". Só isso. E então os atores se beijam. O autor escreve: "Aí eles vão para a cama e transam". Então fica na mão do diretor e do ator. Ou então o autor escreve: "Se amam loucamente". Mas o que é "loucamente"? O autor escreve o que ele quer, mas ninguém fala exatamente o que pretende a cena... Como descrever exatamente a cena no papel?

Eu nunca havia feito um par romântico tão forte e central quanto com Tarcísio Meira em *Escalada*. E como ia beijar o Tarcísio Meira? Fiquei apavorada, afinal, eu seria a primeira mulher, que não a Glória Menezes, a beijar o homem mais desejado e bonito do Brasil e ela, que era uma estrela, podia não gostar. E, se ficasse inibida, não faria com verdade meu papel. Eu também não sabia se o público aceitaria — desde essa época, isso já era uma preocupação minha. Mas se o Boni mandasse eu beijar, ia beijar e muito...

Acontece que o Tarcísio era muito alto e eu, muito baixinha. Para que nosso beijo ficasse mais fotogênico, para que ele não ficasse com olheiras e me fizesse sombra, Tarcísio sugeriu que eu subisse em uma lista telefônica. Foi a primeira aula que recebi logo de cara e, depois disso, correu tudo bem. A cena ficou linda! Tarcísio sabia como preparar da melhor maneira o beijo técnico, ou seja, utilizando o melhor ângulo, a melhor luz, sem um amassar ou cobrir o rosto do outro. E disse: "A boca permanece fechada". Ele sempre foi muito preocupado tanto com a parte técnica quanto com a estética — em equilibrar, por exemplo, as nossas alturas, o que favorecia, o que não favorecia. Era assim o beijo na década de 1970.

A EVOLUÇÃO DO BEIJO

A PRÓXIMA ETAPA DO beijo na TV foi lábio com lábio se esfregando, coisa que não existe e que soava muito falso, porque você não fica friccionando um lábio no outro. Muitos anos depois, chegou o beijo com a boca semiaberta e, finalmente, o beijo de língua. Hoje em dia, o autor, não raro, escreve que gostaria muito do beijo de língua, especialmente no *grand finale* da história, então, trata-se de um tipo de beijo muito valorizado e explorado nos últimos dez anos.

É importante registrar todo o bloqueio sexual que existia na época e como ficávamos constrangidos com a cena. Na vida real, se o homem fizesse alguma coisa errada, o pai já mandava casar... E, se um homem beijasse uma mulher, dentro da novela, isso significava namoro ou casamento. Essa era a nossa sociedade nos anos 1970. Havia uma conduta muito rígida de comportamento.

Na década de 1960, não existia a pílula anticoncepcional e a virgindade era uma exigência. Era o que a religião mandava. Mas, quando você passa uma cena amorosa para a televisão, apesar de ser um ator e uma atriz, ali estão um homem e uma mulher, então a arte trazia um avanço para a vida real. No entanto, na ficção isso ainda não existia.

Nos anos 1970, os autores foram driblando essa censura e a televisão ficou nesse jogo: avançar e ao mesmo tempo não ir totalmente contra a moral vigente. Por fim, acho que a televisão conseguiu avançar. Havia um certo comedimento, não vou dizer respeito, entre não avançar tanto na questão política e abrir para a questão moral, do sexo. O autor ficava nessa gangorra, pois havia uma moral de sexo que não era real. Real era o Gabeira estar na praia com sunga de crochê. Era a Leila Diniz, também na praia, com a barriga de fora, grávida. Para nós era um comportamento natural.

Histórias de amor na fotonovela

Eu adorava as fotonovelas que vinham nas revistas *Capricho* e *Grande Hotel*. As primeiras eram importadas e eram até meio ridicularizadas, muito melodramáticas, mas, assim como eu era seduzida pela estética do cinema, fui seduzida pela fotonovela, que mostrava uma gente belíssima, homens e mulheres, com histórias de desencontros amorosos. Na verdade, aquilo era um cinema em revista e aquele trabalho me fascinava. Eu começava a ler e não conseguia parar. Portanto, quando me chamaram para fazer fotonovela, eu achava que estava fazendo a maior obra-prima do mundo! Aquilo, para mim, entre aspas, era uma obra-prima. A fotonovela, uma expressão tão popular de arte, me ajudou muito, especialmente a encontrar meu espaço na vida, como mulher e atriz. A fotonovela era mais uma janela que se abria.

Apesar de o trabalho em fotonovela não pagar muito bem, eu o aceitei porque nunca fiz serviço algum em função do dinheiro. Sempre fiz os trabalhos pelo valor artístico que trariam para minha vida. Na hora da produção, me recordo que era muito chato, muito parado, e já sou uma pessoa mais ativa. Havia uma continuísta que observava tudo meticulosamente, até porque a continuidade é fundamental. Por exemplo, em uma cena de briga, alguém que vai jogar alguma coisa em você levanta a mão, isso precisava ser muito bem fotografado entre uma cena e outra, daí a importância do trabalho da continuísta.

Ao aceitar esse trabalho, não tinha ideia de como ia me sair, mas, se nunca fizesse, como ia saber? E, no dia seguinte, eu já estava em cena sendo fotografada em ação dramática na fotonovela *Ninguém destruirá o nosso amor*, de abril de 1973, que, aliás, tem meu filho Rodrigo no elenco. Aconteceu da maneira mais casual possível. A história precisava de um menino com a idade do Rodrigo e, como eu não aparentava ser a mãe dele, como até hoje não aparento, ele fez uma foto e outra no papel de irmão do Jerry Adriani.

Mas aí, no final, sempre tinha o beijo na boca do galã e eu já ficava felicíssima! Achava aquelas histórias lindas, eram histórias de amor que eu não tinha vivido. Estava começando a aprender o que era amor, o que era beijar na boca...

MA — *Inevitável perguntar à mulher Susana (antes da atriz): então, pela arte, você foi se libertando?*

Meu pai era muito severo, não me deixava namorar muito, então, pela arte fui me libertando, me autoconhecendo. E cheguei à conclusão de que, infelizmente, as histórias de telenovela e de romance são mais excitantes que a vida real.

O sentimento que um livro, um romance, uma história de amor transmitem a você não consegue ser exatamente igual na vida real. Então, aquela expectativa que se forma, quando se vê uma cena romântica numa novela, num filme, numa série, quando você tenta transpor para a vida real, não é igual, não acontece daquela maneira como você assistiu e imaginou que pudesse acontecer com você. Mas é maravilhoso porque são duas vidas que você vive. A vida da fantasia, que é o filme, a novela, o beijo esperado, e a vida real.

Estou assistindo a algumas novelas turcas e o homem, o herói da história, leva doze capítulos para beijar a mulher na boca porque os hábitos deles são muito mais comedidos do que os nossos. O homem gosta da mulher e os dois não se encostam. Isso também acontece com as novelas israelitas... É cultural.

Novela é história de amor. Na verdade, esse assunto, esse tema tão caro à humanidade, não morreu. Nós temos que continuar batendo nessa tecla. Pode fazer seriado sério, em hospital, mas precisa ter um casal romântico, que se ama. Sintetizando, a experiência de fazer fotonovela foi muito boa. Ler e fazer fotonovela. Um trabalho popular que ajudou muito na vida pessoal e até mesmo profissional.

MA — *Aqui preciso registrar que você, Susana, na prática, concretiza o pensar de dois saudosos mestres da minha vida, que cito agora em minhas palavras: Antonio Candido ("Todo mundo precisa de uma dose diária de ficção para viver") e Ferreira Gullar ("A vida não basta. E a ficção transforma a dor em prazer estético").*

Muito bom! Sem querer eu fiz isso na minha vida.

Talento e versatilidade

Sinto-me muito envaidecida porque os autores variam muito comigo, eles "me fazem de gato e sapato" no bom sentido. Um autor poderia perfeitamente aproveitar que eu fiz uma comédia e me indicar para um papel semelhante. Mas, não. Os autores, de uma certa forma, me dão uma variedade enorme de personagens e eu que os faça! Acho que é porque eles têm a certeza de que vou defender muito bem a personagem, seja drama ou comédia, com todas as variações possíveis.

Por exemplo, sempre tem alguém em algum canto desse País que sabe de cor as falas da personagem Branca, de *Por amor,* novela de Manoel Carlos, em 1997-98. Utilizo a ironia quando estou fazendo pessoas más, fúteis ou frias. Não costumo usar a ironia quando estou representando pessoas boas, simples... Tudo o que Branca Letícia de Barros Mota falou ficou marcado.

Em *A próxima vítima,* novela de 1995, de Silvio de Abreu, com direção geral de Jorge Fernando, o tema da homossexualidade era muito bem tratado. Eu interpretava a mãe de Sandrinho (André Gonçalves), que se apaixona por outro rapaz (Jefferson, interpretado por Lui Mendes). Naquela época, colocar um casal gay, ainda por cima um branco e o outro negro, em uma novela das oito da Globo foi muito corajoso, uma grande e necessária ousadia. E ficou tudo bem natural. Eles foram aceitos e a cena em que Sandrinho revela para sua mãe a sua orientação sexual é considerada importantíssima para a questão no Brasil. Por causa da Ana, eu fui eleita "Mãe Rainha dos Gays do Brasil". Eles ficaram gratos porque consegui dar uma visão para as mães do que eles eram: normais. Enfim, mães e filhos vinham me agradecer.

Por Silvio de Abreu

Conheci Susaninha no estúdio da Globo gravando *A próxima atração,* uma novela das sete, em 1971. Lembro-me perfeitamente da cena, ela era suspeita de um crime e, eu, o delegado que a interrogava; de lá para cá, aquela garota se tornou uma das maiores estrelas da televisão e eu passei a escrever novelas, inclusive tendo o privilégio de contar com seu talento em dois imensos sucessos: *Cambalacho* e *A próxima vítima.* Amanda e Ana eram dois personagens completamente diferentes. Uma, a advogada sofisticada, rica, dona de um grande spa; a outra uma cozinheira, mãe estremada de três filhos, dona de uma cantina popular. Duas mulheres diferenciadas, papéis nos quais essa grande atriz pôde mostrar sua enorme versatilidade. Essa sempre foi uma de suas grandes qualidades como intérprete, vai da mocinha ingênua de *A sucessora* à riquíssima malvada e irônica Branca Letícia de *Por amor*. Em todas imprime seu talento, sua vocação e seu carisma. A intensidade, a emoção e a verdade que consegue imprimir na tela só não são maiores do que o seu impecável profissionalismo. Seja fazendo um personagem de menor participação (que ela odeia) ou uma protagonista (que ela adora) a entrega é a mesma, o brilho no olhar permanece e o carisma salta da tela. O mais incrível é que, depois de tantos anos, a chama do seu enorme talento e indiscutível vocação continue acesa no seu coração, refletindo em todo o seu ser, toda vez que um personagem cai em suas abençoadas mãos. A televisão, particularmente a novela brasileira e todos nós, autores, que tivemos a felicidade de contar com sua presença em alguma trama, sabemos que devemos muito a Susana Vieira e sua enorme legião de fãs para atingirmos a excelência, o envolvimento, o sucesso e a aceitação popular que todos perseguimos.

26. Sensualidade à mostra

Em 1975, estávamos em plena Ditadura, sob o terrível Ato Institucional nº5, quando fui convidada para um ensaio fotográfico na revista *Playboy*. Você não podia posar mostrando os seios ou o sexo, mas podia fazer fotos sensuais. O cabeleireiro Silvinho, que era amigo da Beki Klabin, *socialite* e empresária, pediu autorização a ela e as fotos foram feitas no quarto dela, que era um espetáculo, com uns véus maravilhosos, colares de pérolas, sem mostrar os seios e sem nu frontal! A Marisa Alvarez Lima fez fotos lindíssimas, com um clima muito sensual.

O Silvinho foi um cabeleireiro muito famoso, era lindo com seu cabelo enorme e negro. Parecia um príncipe árabe! Era jurado do Chacrinha. Eu também fui jurada, junto com a Elke Maravilha — eu era convidada não como atriz da TV Globo, mas como personalidade — e adorava estar no Chacrinha com sua irreverência, o colorido de sua roupa de palhaço. Fomos nós que descobrimos a boate gay Sótão, até chegamos a levar o Chacrinha lá. Levávamos uma vida de sonho.

Alguns anos depois, em 1981, o Daniel Más, editor da revista *Status* e autor de teatro, me convidou para uma entrevista e sessão de fotos. Aí sim, nua. Sugeri o fotógrafo Miro, um craque em fotos de moda, para ver como seria o seu trabalho com o nu, e ele sugeriu que eu fizesse um *strip-tease* para entrar no clima. Na capa, estou de terno e com um seio de fora. Nunca pensei que fosse capaz de fazer isso de maneira tão sexy.

As fotos foram feitas no apartamento do Daniel Más, que morava na rua da Consolação, em São Paulo — uma propriedade que tinha sido construída pelo Oscar Niemeyer, muito moderna, com muito cimento. Por essa época, morei na casa do Daniel, e o Miro usou a luz do sol da sala para as fotos, foi o melhor estúdio — era um sofá e eu tirando a roupa. Foi o meu melhor trabalho dentro desse estilo, só que naquela época não existiam esses cachês de um milhão.

Em 1985, a *Playboy* me chamou novamente; dessa segunda vez, para as lentes fotográficas de Luiz Tripolli. Nessa época, eu fazia um espetáculo no Urso Branco, uma casa de shows dirigida pelo Abelardo Figueiredo, tipo Canecão, em São Paulo, destinada especialmente para turistas — quando a casa completou quinze anos e Abelardo, trinta de carreira, ele me convidou para ser a estrela do espetáculo. Fiz um show arrebatador.

Quando posei dessa última vez para a *Playboy*, até me perguntaram se eu tinha filho. Respondi que sim e que não precisava de autorização para fazer esse trabalho porque eu era dona da minha vida. Além disso, eu não era a única a fazer isso. Mas eu e Rodrigo chegamos a conversar sobre o assunto e fui em frente. Não seria isso que traumatizaria meu filho.

Além do mais, a moral daquela época era bem mais livre que a de hoje e, na década de 1980, praticamente todas as atrizes famosas, primeiras atrizes, posaram nuas — as últimas que me lembro que posaram na faixa dos cinquenta anos foram Yoná Magalhães e Ilka Soares. Além disso, essas revistas, nessa época, tinham um alto nível editorial.

A PISCINA AZUL

COMO A REVISTA IRIA me pagar um cachê pequeno e me propôs um presente, aceitei. Não queria joias, mas sim uma piscina azul pré-fabricada.

Eu morava numa cobertura em Botafogo — tinha conseguido um empréstimo, do tipo de cem anos, porque imaginei que fosse ficar cem anos na TV Globo —, mas sentia falta de uma piscina no grande terraço. Para subir aquela piscina azul até meu apartamento foi uma loucura, ela chegou a cair e quebrou a janela do apartamento de baixo, parecia comédia de o *Gordo e o Magro* ou do Groucho Marx, piano subindo e descendo, até a corda arrebentar. No fim deu tudo certo e fui muito feliz, por 21 anos, naquele apartamento na rua Voluntários da Pátria, 138. Essa cobertura me permitiu uma vida muito saudável, integrada à natureza. Eu tinha árvores frutíferas, cachorros, galinha e porquinhos que trazia do sítio — a leitoa havia morrido e quem dava de mamar aos bichinhos era a nossa cachorra. Do lado direito, eu via toda a Baía de Guanabara, a praia de Botafogo com o Pão de Açúcar. E do lado esquerdo, era o Cristo Redentor de frente, olhando para mim! Ao fundo, o morro Dona Marta, onde vi várias vezes a guerra do tráfico...

Eu já havia morado em Botafogo, na casa de minha avó, na rua Dona Mariana, 93, quando vinha passar as férias no Brasil, e gostava muito do bairro que tinha tudo: padaria, livraria, lojinhas com roupa barata, correios... Sempre gostei de bairros assim. Esse negócio de bairro clean, onde você leva cinco horas para descobrir uma padaria, não é comigo.

Além disso, foi nesse apartamento que começou a nascer o projeto da peça *A partilha*. Ali vivemos uma situação inusitada. Começou a chover e os ralos do terraço encheram, inundando a sala. Estávamos ensaiando, paramos tudo, tiramos as nossas roupas e ficamos apenas com as peças íntimas, pegamos vassoura e rodo e com muita risada tiramos toda a água da casa: eu, Arlete Salles, Natália do Vale e Thereza Piffer. O Miguel Falabella dizendo: "Meu Deus do céu! Olha só o que são as atrizes, as estrelas brasileiras! Isso é o retrato das estrelas brasileiras, puxando água dentro de casa!". Enfim, *A partilha* foi uma das melhores coisas que já aconteceram na minha vida!

27. A PARTILHA

Em 23 de agosto de 1999, dei uma festa de aniversário na boate Hippopo-tamus, e juntamos Arlete Salles, Natália do Vale, minhas melhores amigas, além de tantas outras pessoas queridas, como o Miguel Falabella. E aí, entre uma dança e outra, o Miguel falou: "Gente! Vocês já imaginaram que mara-vilha seria eu escrever uma peça pra vocês? Vou bolar uma história e quero vocês como irmãs".

No dia seguinte, o Miguel apareceu com duas páginas do texto, ba-seado em uma história de um amigo, que nós conhecemos, com mãe e tias que moravam em um apartamento em Copacabana. Eram quatro irmãs que, após o falecimento da mãe, se viram frente à divisão dos bens deixados por ela, inclusive esse apartamento. Enfim, o Miguel quis contar essa história porque era uma situação muito rica, muito cheia de questões. Imaginem ob-servar quatro judias discutindo a venda do apartamento da mãe e querendo ser herdeiras? O que as une àquele apartamento é a morte da mãe, igual na vida real. Ele então convidou a mim, Arlete, Natália e Thereza Piffer para interpretar essas personagens.

Arlete fazia a filha que voltava da França para o enterro da mãe. Natália seria uma jovem da Tijuca, bem recatada e casada com um militar. Eu fazia uma *hippie* muito bem-humorada e Thereza Piffer interpretava uma lésbica jornalista — não se falava nisso, mas nós, as irmãs, desconfiávamos. Foi um drama tratado com muita delicadeza, um tema complexo, doloroso, e senti muito isso porque tenho irmãs. Uma delas, a Sandrinha, tenho como se fosse minha filha, pois minha mãe, quando morreu, me pediu: "Tome conta da Sandrinha para mim", já falei sobre isso.

Nós cinco investimos dinheiro na produção da peça e fomos para Friburgo com o Miguel, incertos se daria certo ou não. O cenário foi criado pelo neto do Carlos Drummond de Andrade, o Pedro, e meu marido na época, Carson, fez a sonoplastia. Tudo era meio improvisado, mas a peça foi um sucesso estrondoso, até porque era feita de situações domésticas, briga entre irmãs, questões muito humanas. Tratamos alguns desses temas com leveza, quase como comédia.

Estreamos com a ideia de fazer sessões apenas aos sábados à noite e mais duas sessões no domingo. Mas, quando terminamos a temporada, colocamos o dinheiro na cama e esse dinheiro pagou a produção. Nunca tínhamos visto tanto dinheiro junto.

Estreia estrelada

Para não corrermos riscos, no Rio de Janeiro fomos para o Teatro Candido Mendes, um teatro pequeno de arena, que abriga uma média de 120 pessoas, com um cenário muito simples. Na plateia de estreia, estavam Milton Nascimento, Caetano Veloso, Daniel Filho, uma coisa que a gente não acreditava! Daí para a frente, eu não soube mais o que era fracasso na minha vida, ao menos durante os sete anos em que fizemos a peça. Ficamos três meses no Teatro Candido Mendes, mais um ano no Teatro Vannucci e foram quatro anos entre Rio de Janeiro e São Paulo. A gente viajou muito com essa peça: era um fim de semana em Manaus, outro em Porto Alegre, mais um no Mato Grosso, mais outro no Piauí, uma loucura! Atravessamos o país com dor de barriga, menstruada, com filho doente... A sorte é que nós fizemos, inconscientemente, eu acho, um trato silencioso: uma não incomodava a outra. Eu, por exemplo, gosto de me levantar tarde, Arlete também. A Natália gostava de sair comigo porque não se incomodava com o horário. Aí eu descobri o Brasil, porque gravando novela a gente dificilmente iria adentrar o rio Amazonas ou o rio Negro e chegar àquele hotel em que os macacos andam livremente por cima das palafitas. Aquele silêncio no rio Amazonas e, de repente, um garotinho lá na margem nos dava "tchau" com a mãozinha — nós nos perguntávamos o que aquele menino poderia esperar ou imaginar da vida.

Mas, verdade seja dita, o que valeu é que nos divertimos muito e por muitos anos. Que saudades desse tempo! Trabalhávamos muito, mas com imensa alegria. E, claro, ainda ganhamos um bom dinheiro! A peça representou a partilha do nosso talento com o público e, pela primeira e única vez, ganhei mais no teatro do que na TV Globo. Firmou-se então na minha vida a presença de uma pessoa que faz todos que trabalham com ela serem profundamente gratos: o Miguel Falabella.

As joias do Miguel

Com o sucesso da peça, o Miguel foi ao joalheiro Antônio Bernardo, o mais moderno de todos, e comprou quatro anéis, cada um com uma cor, com uma pedra que ele achava representativa para cada atriz. Ele nos entregou com o recado: "Olha aqui, minhas queridas, se isso não der certo, vocês vão me devolver os anéis". O meu era um olho de tigre, o da Arlete era de ônix…

Ninho de dólares

A peça do Miguel fez tanto sucesso que o dinheiro começou a entrar a rodo. Toda semana a gente tinha uma retirada e levava para casa em um saquinho plástico. Depois trocávamos por dólares e, quando eu ia viajar, já não precisava me preocupar. Meus dólares eu escondia em uma bota de cano alto que ficava em um armário da sala do meu apartamento no Jardim Botânico — não gostava de guardar sapatos no guarda-roupas do quarto por uma questão de higiene.

Então, aconteceu uma coisa muito engraçada. Eu estava em Nova York quando a empregada me ligou: "Olha, dona Susana, tem um rato aqui no apartamento. É pequeno, um ratinho, mas não sei o que fazer. Ele sai do armário do seu quarto e vai atrás da máquina de lavar roupa. Eu não consigo fazer com que ele saia de trás da máquina!". Eu disse a ela para chamar o porteiro para ajudá-la a enxotar o rato.

No dia seguinte, a empregada me liga novamente. "Dona Susana, o rato ainda está aqui. E, quando corre pela casa, tem na boca um pedaço de papel verdinho". Foi aí que deduzi que o ratinho entrava no armário da sala, pegava meus dólares de dentro da bota, picava e ia esconder atrás da máquina de lavar. Eu não queria falar onde escondia meus dólares, mas, quando ela me ligou pela terceira vez, sugeri que ela afastasse a máquina. Dito e feito: encontraram ali um ninho de dólares com cinco ratinhos esfomeados, esperando pela mãe. O porteiro chamou a saúde pública e ficou tudo resolvido.

INTENSIDADE

N'A PARTILHA, FORAM SETE ou oito anos muito intensos da minha vida. Claro que houve algumas discussões, mas, quando elas aconteciam, provavelmente eram causadas pelo estresse. Mas continuamos sempre amigas e tivemos perdas também. A Thereza Piffer perdeu o pai. A Natália, o irmão. Além disso, as separações eram inevitáveis porque muitos homens não aguentam ficar em casa com a mulher viajando o Brasil inteiro. Então, essa minha vida de teatro me roubou por um tempo a minha vida pessoal, mais do que a televisão. Mas eu tenho o maior orgulho de minha vida teatral.

Em 1981, participei de uma montagem muito interessante: *As tias*, de Aguinaldo Silva e Doc Comparato. Contracenava com Ítalo Rossi, Edney Giovenazzi, Paulo César Pereio, Nildo Parente e Roberto Lopes. Mais uma vez, fui dirigida por Luís de Lima.

Em 2000, voltei a trabalhar com Miguel Falabella no teatro. Fizemos *A vida passa*, continuação de *A partilha*. Também foi muito intenso meu trabalho em Água *viva*, monólogo baseado no livro de Clarice Lispector, dirigido por Maria Pia Scognamiglio em 2003. Praticamente vinte anos depois, voltei com *A partilha* para comemorar o sucesso da montagem e com o elenco original. Montagens importantes, que me deram muito prazer, prestígio, em textos com variadas linguagens teatrais como *Mão na Luva, Pato com Laranja, A Dama do Cerrado* e *A Namoradinha do Brasil*.

28. A vida para sempre

Fotos e fatos de uma vida dentro e fora da tv

Meu pai sempre teve a mania de tirar fotografia e acho bom porque a foto registra a vida para sempre. Por isso, não entendo essa mania de *selfie*, de foto com celular, e de acabarem com a fotografia impressa. A *selfie* vai para o lixo existencial e a foto em papel mantém viva as suas memórias, sejam elas boas ou não. Uma foto num celular, por exemplo, dura um minuto. Você passa por inúmeras fotos em alguns segundos, enquanto uma foto em papel faz você se deter sobre ela, faz você pensar, relembrar uma determinada emoção. A bem da verdade, a câmera fotográfica dentro do celular aumentou e muito o nosso trabalho diante da imagem, com os fãs... Porque a pessoa tira a foto, quer ver como ficou, se está bonita, se piscou e, normalmente, pede para tirar outra. E você acredita que eu tiro outra e ainda gravo vídeo?

Uma foto contém um momento da vida! Você imprime os seus sentimentos. Eu me recordo, por exemplo, de Marina Steen, minha personagem em *A sucessora*, achando uma caixa e rasgando as fotos de Alice Steen. Marina queria acabar com a lembrança da primeira e falecida esposa de Roberto Steen (Rubens de Falco), que ainda assombrava a mansão.

Voltando à vida real, a avó de meu segundo marido, o Carson, costumava cortar o rosto das ex-namoradas dele registradas em fotos! Bastava a namorada virar "ex" para sumir da foto. Nunca tive coragem de rasgar foto.

Quando meu terceiro marido morreu, a minha ex-nora Luciana, de repente, sumiu com todas as fotos dele que estavam na minha casa. Nem me dei conta. Foto nunca me fez mal, a não ser quando vejo foto de guerra no jornal, gente passando fome... Mas fotos de minha família ou de quem conviveu comigo nunca me fizeram mal, mas sei que nem sempre isso é assim. Compreendo a atitude, porque a foto é um símbolo, e pode ser um símbolo tão forte que registra toda a carreira de uma atriz como eu e toda uma história de vida.

Retratos de uma estrela

Minha carreira está toda registrada numa grande sala que tenho na minha casa coberta de capas de revistas que foram publicadas durante esses mais de cinquenta e três anos que tenho de carreira na tv Globo. De certa forma, ajudam a minha autoestima porque sei que elas foram conquistadas com muito trabalho. É a história de toda a minha vida contada pela imprensa, em fatos e fotos.

Quando começamos a escrever este livro, eu pensava que minha história nunca valeria um livro. Acreditava que ninguém iria se interessar por um livro com as minhas memórias. Não podia atinar que eu despertaria muito mais interesse do que essas frases que viram *memes* na internet, que viram chamadas para vender revistas e jornais. Jamais imaginei que tudo o que falo, faço e fiz poderia entrar num livro sério que me representa. Afinal, eu sou uma atriz séria! Sei que sou uma atriz, uma profissional que instiga "chamada de matéria" por qualquer coisa que eu diga. Isso faz parte da minha carreira e, para ser honesta, do show business em geral. É assim com as grandes estrelas do mundo artístico.

Se esse fato faz parte de minha carreira, não queria que fosse só isso. Por esse motivo também o nosso livro, para mostrar e registrar a minha formação artística com grandes nomes das artes cênicas.

29. O TRATO COM A IMPRENSA

MEU OFTALMOLOGISTA DIZ QUE estou com a visão típica de quem está lendo muito. É verdade. Estranho a falta de mais livrarias ou bancas nos aeroportos e fico chocada ao ver que as pessoas estão lendo livro pela internet ou pelo celular. Eu nunca conseguiria ler o jornal num celular.

Adoro ler jornal! É o meio de comunicação mais completo do universo porque mostra o dia a dia. Ler jornal é um hábito e tem que ter um horário fixo para isso. O sabor do jornal é esse, chegar novo em casa — tenho horror a que peguem o jornal antes de mim e o estraçalhem. Também não gosto quando mudam a diagramação. Começo sempre pelo primeiro caderno, o de política. Gosto das colunas nas quais o jornalista coloca suas opiniões, os seus comentários, em que há um diálogo com o leitor, que pode concordar ou não.

Enfim, gosto muito de ler jornal impresso.

Quando uma ditadura se instala num país, a primeira coisa que ela faz é fechar o jornal. Ou seja, o jornal mostra para todo o país exatamente o que está acontecendo, independentemente de o segmento ser de direita ou de esquerda. Por isso, o jornal é tão necessário. Por isso também que os donos de jornais tiveram a sensibilidade e a inteligência de fazer jornal para uma camada menos favorecida, a preços bem mais populares. Por exemplo, o jornal *O Globo* tem o *Extra*. Assim como *O Dia* tem o *Meia Hora*. Leio tudo porque tenho interesse em saber como estão chegando as notícias para as diversas camadas da sociedade. Como a televisão já informa tudo, gosto muito da opinião de determinados colunistas e me sinto acompanhada por essas pessoas. Se o jornal tivesse só notícias, bastaria ver televisão.

No segundo caderno, a primeira coisa que leio é o horóscopo. Mas, se o jornal A diz que terei um péssimo dia e o jornal B diz que meu dia será excelente, vou acreditar no B. E uma coisa que faz parte do nosso imaginário é querer saber qual é o signo de alguma pessoa próxima... Então, sempre leio junto o horóscopo da pessoa com quem estou namorando, para ver se a gente vai dar certo. Lógico.

Com o desenvolvimento da TV, a partir da década de 1970, os "segundos cadernos" focaram a programação televisiva. Os críticos de televisão são mais recentes e, naquela época, eram intelectuais que escreviam sobre o tema. Quando começaram a surgir os primeiros colunistas, logo fiquei fã do Artur da Távola, que escrevia para *O Globo* e tinha uma coluna em uma revistinha chamada *7 Dias na TV*. Ele foi o primeiro a fazer uma crítica do meu trabalho, com o título "Nasce uma estrela", ao fim de um teleteatro dirigido por Geraldo Vietri na TV Tupi. A revista dos artistas era a *Amiga*, e lá trabalhavam a Lúcia Leme e a Leda Nagle. Hoje em dia todo mundo é crítico de televisão.

Nossa vida sexual não interessava ao público. Os jornalistas mostravam a nossa vida pessoal, mas sem o interesse de devassar a nossa intimidade. Eram matérias com bom conteúdo que apresentavam o que os artistas estavam fazendo na carreira da TV, quais os projetos da vida artística, o que pensavam a respeito de determinado assunto, qual era o comportamento perante tal situação. Com o tempo, os meios de comunicação se ampliaram e há uma necessidade cada vez maior de as revistas quererem saber o que você acha disso e daquilo, mas tudo sem muito peso ou importância. De preferência, que cause polêmica.

O que percebo é que normalmente somos "sugados" pela mídia. Os entrevistadores nos fazem perguntas que são absolutamente desnecessárias tanto para a minha carreira como para o público e, por uma questão de gentileza, você as responde, mesmo que esteja achando aquilo desnecessário e às vezes até abusivo.

Tudo que digo aos jornalistas é criativo, mas, quando o jornalista é decente, ele sabe que algumas coisas que falo não vão acrescentar em nada à matéria. E, se o jornalista quiser me mostrar como uma pessoa boa, como uma atriz que ele admira, não tem por que botar numa matéria uma bobagem que eu tenha falado ou que ele tenha inventado.

Quando vou falando, falando, alguns jornalistas vão avançando e a última pergunta é particular, sexual, amorosa ou provocativa para as pessoas saírem daqui dizendo: "A Susana foi grossa!". Hoje, parece que os jornalistas que querem acabar com a sua imagem questionam sobre todos os assuntos, e a última pergunta é sempre: "Tá namorando? Tá com alguém?". Nessa hora você está desarmada, a intenção de questões assim é causar furor e virar destaque da matéria. Você pode falar por quarenta minutos de uma peça de teatro, mas a última pergunta fica guardada para um tema particular, ferino, provocativo, que tem por objetivo fazer você se irritar e isso, claro, vai virar chamada da matéria — e sempre sou entrevistada com essa intenção. Tenho noção perfeita que a minha entrevista para eles não tem o menor valor. O que tem valor é a frase de efeito que vão tirar da entrevista para colocar na chamada. Seja na internet, na mídia impressa, seja nos programas da tarde... Enfim, é preciso ter muita paciência.

Você fica o tempo todo preocupado em estar na mídia, em mostrar que está atuante na carreira, trabalhando. Mas, hoje em dia, sempre consulto a minha assessora, Dany Tavares, porque preciso transmitir a mensagem exata do que quero. Se você fala A, vão cair em cima de você! Se você fala B, também vão cair em cima de você. Isso tudo gera um estresse muito grande.

Portanto, aconselho ao artista que, se puder, tenha uma assessoria de imprensa. A maioria de seus estresses acaba. Aprendemos que não adianta replicar nada, nem no Instagram, nem no e-mail, nem no Whatsapp. É perda de tempo. Você sempre sairá derrotado por tanta falta de respeito, palavras torpes e inutilidades em um mundo tão complexo.

30. Uma paixão no *MERCHANDISING*

ACONTECE QUE, EM 1986, em *Cambalacho*, de Silvio de Abreu, fiz *merchandising* de uma marca de motocicleta. Foi a partir disso tudo que a ação do *merchandising* começou a se profissionalizar e, na minha opinião, *Cambalacho* marca bem esse período, essa virada de negócio. É curioso: não sabíamos que estava sendo lançada a moto Yamaha e, numa determinada cena, aparecia um grupo de atores com um pessoal que praticava *motocross*. Para a gente, aquilo fazia parte da novela, sem qualquer objetivo de venda.

Nessa novela, eu era Amanda, dona de uma empresa que vendia motos e que patrocinava uma corrida de *motocross*. E vejam só: o Carson Gardeazabal era campeão carioca de *motocross*. Resumindo, entre novela e *merchandising*, ficção e vida real, começamos a namorar e ficamos casados por dezessete anos! Ele estava com 24 anos e eu com 42. Depois que nos separamos, o Carson se casou novamente e sou madrinha da filha dele, Maria Isabel.

Carson era uma pessoa criada em cidade do interior, Mendes, no Rio de Janeiro, e trabalhava no metrô. O mundo dele era outro, e ele era feliz com a vida que levava. E, assim, me levou para uma casa no campo que era tudo o que eu queria. Criamos patos, galinhas, tivemos cavalos campolina, fazíamos queijos e nos amamos muito nesse sítio. A diferença de idade nunca foi empecilho para nada. Eu andava de moto com ele e viajávamos muito com toda a minha família. Para ser sincera, foi o único homem que eu amei na minha vida. Fui feliz e ele me fez rir. Em 2003, nos separamos por um desgaste natural, mas ele está na minha vida até hoje.

31. Conceitos morais

Acho que os conceitos morais variam de dez em dez anos e não dá para você saber como se comportar durante os setenta anos da sua vida. Tem o período da repressão sexual, o tempo da liberdade sexual, depois tem a década da maior aceitação da homossexualidade, aí vem a década de pessoas que se colocam contra a homossexualidade.

Em fins da década de 1960 e durante os anos 1970, tudo era paz e amor! Não havia censura física, o corpo era belo e era de todo mundo. Depois veio um certo recolhimento e hoje vivemos um tempo de caretice, a "new caretice". Não entendo bem isso, e, se você escolhe um caminho para ser de um jeito, vai tendo que se moldar ao longo dele. Eu queria saber quem é que manda ou comanda essa moral, essa maneira de ser.

Acho que mudança de comportamento está muito ligada à religião, seja ela qual for. O que interessa nesse momento é ser careta; em outro, é ser livre; no outro, é não ter preconceito com o homossexual... e assim por diante. Acho que os Estados Unidos são uma grande balança de comportamento.

Com isso, a própria televisão deve observar para onde vai a moral, porque ela não pode ser amoral! Lá atrás, a gente dava beijo na boca de selinho; depois veio o beijo de língua e atualmente há um meio-termo. Concluindo, acho muito difícil para um autor e um diretor da tv Globo, que produz ficção e precisa estar atento à realidade, acompanhar as mudanças morais, de comportamento social, porque não há uma lógica, não há uma explicação.

32. O que é o casamento?

Existe um ditado que, muitas vezes, digo da boca pra fora, mas do qual, interiormente, discordo um pouquinho: "Antes só do que mal acompanhado". Outro dia me perguntaram se eu era casada e eu respondi isso. Falo essa frase da boca pra fora porque marido tem que morar na minha casa, levantar comigo, tomar café, ir trabalhar, atender quando eu ligar, a menos que esteja muito ocupado... Estive muitas vezes mal acompanhada, mas às vezes você demora a descobrir isso.

Então, o que é o casamento? Começo falando o que destrói um.

Um homem que não procura a sua mulher sexualmente.

Agora, com certeza, os homens têm facilidade de dizer três palavrinhas: *eu te amo*. E é como se isso os redimisse de toda grosseria que fazem. Como é que uma pessoa pode dizer "eu te amo" para a outra se no minuto seguinte a está maltratando e desrespeitando?

E não adianta que não sou boba, as mulheres também não são. Isso não convence ninguém. Essa coisa de adultério que acontece quando um homem primeiro se apaixona por outra e só depois larga a oficial não me convence. Não me conformo com um homem se separar de uma mulher e já ter outra. Casamento, mesmo em tempos de calmaria ou guerrilha, não acaba da noite para o dia. A necessidade de amor, de um homem estar com uma mulher é muito grande. O homem não se garante...

33. A DITADURA DA BELEZA

A MULHER BRASILEIRA É muito vaidosa, prova disso é que o Brasil é o segundo maior país do mundo na venda de produtos de beleza. Como sou vaidosa, não posso sobreviver em um ambiente sem esses "luxos" transformadores: cuidar dos cabelos, das mãos e dos pés, do corpo.

Minha mãe me transmitiu a importância de se usar muito creme no rosto e no pescoço. Ela usava batom vermelho, cabelos lindíssimos de cinema, era muito elegante, andava maravilhosamente bem-vestida — até porque, na década de 1940, havia uma elegância nas pessoas. Os argentinos sempre se vestiram bem por conta da colonização europeia — homens elegantíssimos, mulheres sempre muito arrumadas, com aquelas roupas estruturadas, chiques. Elogio, mas não me imagino com esse tipo de roupa, é um tipo de moda que não me atrai. Meu pai também se vestia muito bem, e poucas vezes o vi com a farda de militar.

Na minha infância, nossas roupas eram muito bonitas, apesar de severas, porque criança se vestia como criança: sapatos de verniz preto com pulseirinha, meias brancas, casacos muito bonitos. Uma ou duas vezes por ano, a gente encomendava algumas roupas daqueles catálogos americanos, eram roupas de estilo inglês, com saias rodadas e compridas.

Em São Paulo, na década de 1960, a gente também se vestia bem, ainda que eu não me esqueça daquele maldito sapato Vulcabras que meu pai me obrigava a usar. Nosso uniforme era a saia pregueada abaixo do joelho e na minha adolescência usávamos *Ban-Lon*, mas eu tinha vergonha do meu peito. Tive um pouco de complexo porque sempre me achei baixa e com peito muito grande. Tudo isso desde o gato da minha infância, que não conseguia superar.

Odeio a década de 1950: aperta-se a cintura e taca-lhe uma saia bem rodada. Você usa roupa de algodão, os estampados, o popeline, tergal para o homem, só tecido duro. Eu também não gostava do estilo de cabelo que se usava naquela época, nem curto, nem comprido. Então, é claro que não apreciava a moda da minha personagem Marta, protagonista da novela *Bambolê*, que fiz com o Cláudio Marzo e a Joana Fomm.

Na verdade, sou muito mais vaidosa com o corpo que com a roupa que estou vestindo. Priorizei sempre ter uma boa pele e um corpo com saúde a uma roupa, e, como trabalho na televisão, trocando de roupa todos os dias, me divirto.

Minha roupa do dia a dia tem que ser prática ao vestir. Tem que ser uma roupa jovial, apesar de eu ser uma senhora. E não pode ser roupa de uma senhora da minha idade porque, na verdade, eu não sei a minha idade.

34. O GRANDE MAESTRO

SÉRGIO BRITTO ME CONVIDOU para fazer *Os filhos de Kennedy*, texto de Robert Patrick, com tradução de Millôr Fernandes, sobre a sociedade norte-americana pós-Kennedy na década de 1960. A morte dele causou um enorme impacto no mundo e revirou os Estados Unidos de cabeça para baixo!

Eu estava ao lado de José Wilker, Vanda Lacerda, Maria Helena Pader e Otávio Augusto, e cada um de nós representava uma classe. O Wilker fazia um ator *off-Broadway*, debochado; o Otávio Augusto, um soldado que retornava da guerra; a Vanda Lacerda fazia uma funcionária pública, absolutamente republicana. Eu era uma garota de programa que queria ser atriz, para ser mais exata, queria ser a Marilyn Monroe — minha personagem se suicidava no fim da peça.

Nessa época, 1976, a gente saía da Cinédia, onde gravávamos *Anjo mau*, de Kombi (não existia *van*) e no trajeto eu ia enrolando o meu cabelo porque fazia a babá Nice com o cabelo lisinho, e a Marilyn com o cabelo todo cacheado. Saía da pele de uma babá para virar uma deusa do sexo!

Enfim, era tudo muito divertido! Até porque minha amizade com o Wilker — de quem falarei mais adiante — vinha da novela *O bofe*, na qual tínhamos feito par, mas mesmo assim eu tinha certo medo dele, que era muito debochado, um intelectual raro, inteligente, rápido, um ator de teatro alternativo. Na minha opinião, eu fazia teatro popular. E que mania temos nós, atores! Não queremos fazer televisão, queremos fazer teatro. No teatro não queremos fazer comédia, só clássicos! Aí queremos fazer *off-Broadway*. Que mania a gente tem! Meu Deus!

Por Sérgio Britto

Descobri a Susana Vieira vendo uma cena de *O Espigão*. A moça revelava capacidade de criar um personagem bem diferente de sua imediata (e até aí única) imagem de eterna namoradinha dos galãs do horário das sete da noite. *Escalada* foi definitiva: Cândida é trabalho raro em TV, daqueles poucos que resistem a um exame mais profundo. E Susana veio para o teatro com toda sua garra e toda sua intuição. *Os filhos de Kennedy*, minha experiência mais íntima com o seu trabalho, me revelou duas qualidades importantes na atriz: humildade enorme em aprender e maleabilidade incrível para perceber as indicações e sugestões de um diretor. Susana está precisando de um grande personagem em teatro. A TV a usa bem menos do que ela merece: ainda assim, cada vez que ela levanta os olhos, fixa alguém e diz o seu texto, ela está sempre viva no vídeo de nossas casas, inteira, essa criatura-atriz que é Susana Vieira.

35. Teatro *versus* tv

MA — *Susana, você consegue fazer um balanço de sua carreira entre teatro e televisão, uma vez que há um eterno antagonismo entre esses dois palcos da arte?*

Vivi muito o teatro e vivi admirando a gente do teatro. Por outro lado, sempre tive muita facilidade em compreender o universo da televisão. Para mim, desde o início da minha carreira, a tv significou um emprego — mesmo eu sendo uma das melhores e dominando tudo: luz, posição de câmera. Já o teatro era com atores e atrizes que eu admirava profundamente, de maneira quase sagrada. Depois de *Escalada* e *Anjo mau*, tive alguns papéis que não me agradaram muito, papéis menores em relação ao protagonismo das novelas anteriores, ainda que fossem personagens importantes. Mas o trabalho no teatro me segurava. Como disse Sérgio Britto, eu entrava em cena e queria brilhar, queria ser a melhor.

Ou seja, na minha carreira, sempre busquei esse ecletismo, essa versatilidade.

José Wilker: meu ídolo

Trabalhei muito com o José Wilker, tanto no teatro quanto na televisão. Achava o Wilker deslumbrante como ator! Uma pessoa muito agradável e interessante para conversar, que falava de literatura, de música, da vida... Meio metido e ao mesmo tempo natural. Trabalhando nas novelas juntos, criamos uma sintonia muito grande! Portanto, foi natural um envolvimento maior...

Tivemos um namoro na década de 1970, e na época era natural as pessoas namorarem muito. Quem era inteligente namorava porque era inteligente; quem era gostosa porque era gostosa... enfim, tinha oportunidade para qualquer um, todos eram muito namoradeiros. Nesse período, você não precisava ser bonita para se relacionar com um galã, com um escritor, até com um astronauta... Acho que eram outros valores e havia um espírito de liberdade muito grande. Namorei bastante, o quanto pude — independentemente de beleza ou juventude.

Naturalmente, estou dizendo isso sobre o meu círculo — o meio artístico. E sempre gostei muito de escritor e jornalista — namorei o Ignácio de Loyola Brandão. Fico emocionada ao lembrar do Wilker... Ele foi o meu melhor marido na televisão! Meu maior parceiro! Meu melhor companheiro de trabalho, no teatro e na TV. Nunca nos desentendemos. Como ele não gostava de passar o texto e nem eu, fomos felizes durante todos os anos em que convivemos juntos.

Ele era de extrema delicadeza; educado, refinado, lindo! Ele era muito debochado, me fazia rir. Até mesmo em cena, quando eu não podia rir no caso de um teatro sério. E sempre me dizia: "Susana, a arte de representar, de atuar, em inglês é *to play*. E *play* é brincar. Então nunca se esqueça que representar não precisa ser uma coisa 'dramática', 'pesada', 'sofrida'. E sim uma relação jovial, uma brincadeira com as emoções; ainda que estejamos numa cena dramática". É muito sutil encontrar esse equilíbrio da representação, mas extremamente prazeroso. Daí o "to play".

Na peça *Os filhos de Kennedy*, ele fez uma brincadeira comigo. Uma muito infantil. Um dia ele me trouxe uma empada. Eu adorava empada! E colocou a empada sobre a mesa de cena. E nós não contracenávamos. Ele estava falando o texto dele. Eu aguardando a minha vez, no escuro, mas resolvi dar uma mordidinha na empada. E eis que de lá pula uma baratinha em cima de mim! Ou seja, ele abriu a empada, colocou uma baratinha lá dentro e fechou a empada. Ou seja, brincadeira de criança de seis aninhos! Ou quatro...

E me deixou uma frase profundamente encantadora que ele me falava quando me via nervosa durante a montagem de *Os filhos de Kennedy*: "Susana, *be brave! Seja corajosa!* Vá em frente. Você consegue". Depois, ele escreveu isso no espelho do camarim. Até hoje nos meus aniversários eu sinto falta de receber as suas flores. Que homem especial! Eu não sei se ele fazia isso com outras pessoas, mas, como era para mim, eu sentia uma exclusividade absoluta! Então, eu não tinha ciúmes dele, porque, como quem recebia as flores era eu, para mim, o Wilker era meu. Foi esse gesto constante de carinho que também marcou a presença de José Wilker na minha vida para sempre. E todo dia 23 de agosto eu sinto o perfume das flores que ele me presenteava... Um beijo, José Wilker!

ENTRE QUATRO PAREDES

FOI COM SÉRGIO BRITTO que fiz *Huis Clos* (*Entre quatro paredes*), de Sartre, sobre três pessoas que chegam ao inferno. Uma delas é uma burguesa fútil da sociedade francesa, representada por mim, a Stelle. O Otávio Augusto fazia um escritor, Garcin, e a Vanda Lacerda era uma funcionária dos correios e lésbica, Inês. Era uma peça difícil e a mensagem de Sartre fica clara naquela famosa frase: "O inferno são os outros". Ganhei prêmio por esse trabalho.

O Sérgio Britto, sempre muito ousado e moderno, fez com que tudo se passasse num ringue de boxe. Quando você está junto de uma pessoa e entra uma terceira, a tendência é que essa terceira se junte a um dos dois lados. Representando como é difícil exercer a individualidade, cada um ser o que é. É isso que precisamos encontrar, mesmo diante dos relacionamentos, pois é fácil existir uma desarmonia quando entra um outro elemento.

Inês, a funcionária dos correios, tenta conquistar a minha personagem — nas cenas de carícias entre nós, nunca houve um comentário, nunca vi ninguém reclamar, não surgiu mulher nenhuma da igreja, nenhuma censura — que, por sua vez, mostra interesse pelo escritor. Só que de vez em quando a gente trocava de posição, então, de alguma forma, Sartre queria provar isso, que o inferno são os outros. Foi uma peça dificílima de fazer porque tudo isso não entrava na minha cabeça. Eu não podia entender o conceito de "inferno" proposto por Sartre na peça. Depois, com a vida prática, com a maturidade, fui compreendendo totalmente a filosofia do Sartre e dei total razão a ele. O inferno que vem de um terceiro elemento... Porque, se você está sozinho em casa, nada vai acontecer. Ou com uma outra pessoa, por exemplo, é bem mais difícil sair briga porque só tem ela para administrar. Se chega uma terceira pessoa, é mais fácil de se instaurar um conflito.

Por exemplo, para muitos casais, a chegada de um filho pode gerar um desequilíbrio no dia a dia e a consequência disso pode ser um desentendimento. Por outro lado, pode trazer nova compreensão da realidade e união. Enfim, começa uma revolução silenciosa dentro de casa.

Eu, por exemplo, tive um casamento péssimo e nunca achei que fosse por causa do meu filho. Acontece que, quando há separação com filhos, não se pode dizer que seja algo fácil. Existem complicações, sim, complexos de culpa — por vezes um (ou ambos) tenta atingir o outro usando os filhos. Existe a dúvida se você deve continuar casada em função do filho, que certamente sentirá falta do pai e da mãe juntos... Então compreendo que, depois da separação, os filhos podem virar armas letais na briga de um casal. Enfim, uma separação é sempre problemática. Com filho no meio, mais ainda. O ideal, o correto é se separar sem que haja o menor trauma para a criança; ou, se houver, porque sempre há um trauma, que ele seja o menor possível. O fato é que o ser humano é ao mesmo tempo muito complicado e simples. Ele tem ciúmes, raivas, amores, paixões... E não é fácil administrar tudo isso.

EM CENA, *OS ÓRFÃOS DE JÂNIO*

SÉRGIO BRITTO RECEBEU UM texto teatral chamado *Os órfãos de Jânio*, do Millôr Fernandes, e convidou Dina Sfat, Tereza Rachel, Stella Freitas,

Cláudio Corrêa e Castro e o Milton Gonçalves. Só que Dina não pôde aceitar o papel e ele me chamou para a montagem.

Para o meu ritmo de vida, a sistemática teatral, do trabalho no teatro, não era muito fácil. Sou filha de Deus! Gosto de domingo, acho que domingo é um dia para todo mundo descansar, inclusive os médicos e os doentes. A gente precisa de uma pausa. Nos dias de hoje não temos pausa, então, é mortal, porque está todo mundo nervoso, estressado. Afinal, as pessoas têm que trabalhar mais, dobrado. Enfim, voltando àquela época, fazíamos teatro de terça a domingo ou, no mínimo, de quinta a domingo; então, quando chegava o domingo, eu ficava numa solidão horrorosa porque eu via as pessoas passeando no Aterro do Flamengo de mãos dadas, os meninos brincando na praia, os almoços em família. Enquanto isso, eu pegava o meu carro e ia fazer teatro em Copacabana ou ia para o Teatro Sesc Ginástico. Tudo muito solitário! Isso me fazia sofrer muito, chorar muito... Porque cuidar de mim, de minha vida particular, no final de semana é essencial.

No entanto, bastante desse meu gosto, dessa minha formação teatral que acabou sendo fundamental na minha vida, na minha carreira, devo ao grande diretor e ator Sérgio Britto.

Então, com tudo isso à minha volta, comecei a participar de uma forma diferente do teatro, sem a impostação da voz. Acho que foi aí que o teatro deu uma grande mexida na plateia. Com todas as peças que fiz, fiquei praticamente anos em cartaz. Com a Tônia Carrero, por exemplo, tínhamos sessões também às quintas à tarde, porque muitas fãs de Tônia eram senhoras ricas.

Com o Sérgio Britto, as sessões começavam às terças, e nos apresentávamos em duas sessões no sábado e duas no domingo. O auditório lotava! Apesar disso, não ganhei muito dinheiro com teatro, mas isso nunca foi um problema para mim. Agora, de uns dez anos para cá, isso começou a me incomodar porque passei a ver que os produtores e os administradores estavam deixando uma parte muito pequena para o ator.

36. As executivas

MA — *Em* Duas vidas, *de Janete Clair, em 1976-77, você interpretou mais um papel de grande impacto: Cláudia, dona de uma gravadora que alçou o jovem Dino César (Mário Gomes) ao estrelato. Quando um triângulo amoroso surge com Leda Maria (Betty Faria), cria-se um conflito muito grande entre Cláudia e Dino — que despontava nas paradas musicais com "Chiclete e Cabochard". Por fim, Cláudia termina atirando nele...*
Independentemente desse conflito, Cláudia segue com sua vocação para lançar jovens cantores ao estrelato. Assim é com Ricardo (cantor da vida real que fazia sua estreia musical com "Eu gosto de você", pela Som Livre). Cláudia não apenas entusiasma-se pela voz do rapaz como se encanta com seu charme e o leva para a família de seu primeiro marido, o falecido Rômulo, da qual ela se manteve integrante. Dona Leonor Oliveira (a grande atriz portuguesa Laura Soveral), sogra de Cláudia, vê na figura de Ricardo a imagem do falecido filho. De uma só vez, a dona da gravadora conquistava o jovem cantor e ainda agradava à sogra, que detinha o poder econômico.

Isso foi uma conquista feminina dentro das novelas, pois nessas décadas, 1970, 1980, era raro mostrarem mulheres trabalhando como executivas. Em vez de um homem entrar no escritório e dar uma ordem para uma secretária, era a mulher que ordenava.

Cláudia era viúva de Rômulo, filho da proprietária da gravadora Danúbio, e o que me agradava muito era o lado empresária dela. Era uma personagem autoritária, que gostava de dar ordens e comandava uma empresa, assinava papéis e cheques, e eu fiquei muito vaidosa com isso. Gosto de personagens assim, ativos, produtivos, que entram em cena resolvendo mil coisas... Em 1976 isso não era comum e já mostrava o interesse de Janete Clair, a autora, em jogar a mulher no mercado de trabalho.

Era assim também com a Amanda de *Cambalacho*, do Silvio de Abreu, dirigida pelo saudoso Jorge Fernando, em 1986. Ela era advogada, dona de academia...

Amo fazer mulheres de negócios. Eu diria que, se não fosse atriz, seria uma executiva. Adoro o escritório que é montado nas novelas, uma mesa que tem tudo o que uma empresária utiliza no dia a dia, fazem até cartão de visita com o seu nome! Acho incrível e excitante aquele universo de tomada de decisões, de negócios, de reuniões, de dinheiro. Tenho essa característica de comandar, de administrar, de reger uma empresa. Gosto de fazer quatro coisas ao mesmo tempo, e acho que um bom executivo tem de ser ágil — me identifico com isso. Exige de você aquela Susana Vieira que já comentei, a Susana-coelho do *Alice no país das maravilhas* — jamais seria o gato que só fica deitado.

MA — *Susana, impossível não fazer um paralelo de sua vida independente e corajosa com um de seus papéis mais icônicos, a Maria do Carmo, senhora do "seu" destino. Poderíamos dizer que aí começa o seu empoderamento? Essa palavra tão em voga, mas que foi criada há muitos anos pelo educador Paulo Freire? Ou seja, isso foi primordial para a construção de sua carreira artística? Os deuses do Olimpo da modernidade impulsionaram a Susana Vieira, senhora do seu destino? É isso? Estaria aí a semente do mito contemporâneo Susana Vieira?*

Eu amava aquela protagonista que o Aguinaldo Silva criou para mim, aquela mulher batalhadora, nordestina, que veio vencer no Rio de Janeiro, em Duque de Caxias. Amava também aquela loja de material de construção comandada pela minha personagem. Em primeiro lugar, porque a Globo é preciosa quando cria cenários — tanta beleza e tanto rigor que até fazem eu esquecer que sou Susana Vieira.

37. As exigências do mercado

Hoje o mercado ficou bem maior e mais complexo. Há críticas sobre a repetição de atores. Antigamente não era assim, mas nos dias atuais exigem que toda novela tenha que apresentar um problema social, que tenha de ter humor... Houve uma fase em que a televisão começou a colocar mais comediantes nas novelas e, por isso, começamos a fazer papéis mais leves, mais engraçados. Atualmente todas as novelas têm o lado da comédia; é praticamente obrigatório ter o núcleo cômico. Isso não é bom para a obra porque perde a naturalidade, a espontaneidade. E, na verdade, não é só por meio da novela que tudo irá se transformar. Essa abertura vai acontecer através de uma sociedade educada, de um governo limpo. Não adianta você achar que a novela vai acabar com todos os preconceitos de um país.

No cinema e no teatro, você não é obrigado a fazer graça, por exemplo. Quando vai a um programa de entrevista, mesmo que seja o ator mais dramático do mundo, no meio da conversa, ao falar sobre a peça em que está atuando, diz assim: "É triste, é dramática, mas é muito engraçada! Vocês vão achar graça!". Ou então algo como: "É Shakespeare, o marido mata a mulher, mas vocês vão achar muito engraçada!". De uns anos para cá, ninguém tem coragem de contar um fato dramático e ponto-final.

O Wilker, por exemplo, sempre foi engraçado com sua verve crítica. Assim como a Regina Duarte no papel da viúva Porcina. Mas sem a obrigação de fazer comédia. É dessa obrigação que eu não gosto. Gosto do drama em novela e do humor em programas como o antigo *Zorra Total*. Quando vejo um texto do Miguel Falabella, já estou preparada para uma mistura inteligente entre o drama e a comédia, porque ele tem um lado dramático que esconde, mas que aparece muito bem na comédia criada por ele.

VAMOS LÁ

PASSEI A DANÇAR CONFORME a música, ou seja, percebi a mudança que estava acontecendo no início da década de 1980 e, em 1981, fiz a Paula de *Baila comigo*, uma mulher que tinha como maior desejo subir na vida e ter status. Para isso, aproximava-se de homens ricos e decididos, já que, ao lado do marido, Mauro (Otávio Augusto), piloto de táxi-aéreo, levava uma vida modesta.

Também aproveitei para criar uma personagem como a Gilda de *Partido alto,* de Aguinaldo Silva e Glória Perez, em 1984, uma mulher fresca e rica, sustentada pelo marido, Zé Luiz, papel do Jonas Mello — Gilda, na verdade, Gildete, era meio burrinha e totalmente obcecada por um guru, Políbio, vivido pelo Guilherme Karan, que era o maior 171, uma verdadeira salada das mais variadas correntes místicas. Se a Gilda falava que o cabelo estava ruim, fazia uma massagem no meu cabelo e na sequência eu aparecia com uma toalha. Quando tirava, estava com o meu cabelo verde!

De repente me via diante de cenas que desmontavam a minha vaidade. Eu dizia: "Está demais isso! Mas eu vou fazer". Porque o diretor dessa novela, o Roberto Talma — todas as mulheres eram apaixonadas por ele, mas só a Maria Zilda se casou com o Talma —, tinha um grande senso de proteção, no sentido de refletir se aquilo seria bom ou não para uma atriz. Numa época em que as mulheres usavam um cabelão, o Talma me convenceu que aquele cabelo curtinho, batido, fazia parte da história. Então, se eu não pintasse o meu cabelo de verde, não teria sentido aquela personagem.

Era tudo tratado com uma certa leviandade, porque a Gilda era uma nova-rica. O país estava começando a viver isso e, intuitivamente, eu misturava essa situação social do Brasil à minha personagem. Não estou aqui me gabando, querendo dizer que percebia isso e aquilo no país e que levava isso para minha atuação. Na verdade, estava preocupada com o meu filho, que eu tinha que sustentar, e em fazer um bom trabalho nas novelas. Mas, como sou atriz, tenho sensibilidade e de alguma forma intuía essas alterações sociais e fazia disso·matéria para minhas personagens. Observei tudo isso, essa mudança na TV, na sociedade e isso se refletiu nas personagens que interpretei.

A OUSADIA

EM *UM SONHO A mais*, em 1985, o Talma me convenceu a pintar o cabelo de uma cor que era quase branca para interpretar a Renata, casada com um ricaço, Guilherme Menezes, papel de José Lewgoy. Nossos personagens eram muito charmosos, fascinados por colunas sociais, nessa novela muito audaciosa escrita pelo Daniel Más e pelo Lauro César Muniz em que o Ney Latorraca e o Marco Nanini apareciam vestidos de mulher. *Um sonho a mais* foi feita para os atores homens brilharem, fazendo papéis de gays.

Uma vez, durante a gravação, encontrei com a Renata Sorrah no banheiro da Globo e ela, muito surpresa, não se conteve: "Susana, você é a única atriz daqui de dentro que tem a coragem de fazer isso com o seu cabelo, que teria cortado e pintado o cabelo dessa maneira". Para ser sincera, como fiquei bonita, aceitei tudo aquilo, pois o Talma me convenceu a participar daquela ousadia "usando" o meu talento de atriz.

MA — *Cada personagem que você já fez tem uma cara, um tipo, você nunca é igual.*

É por isso que sempre digo que cabelo e roupa, para mim, são fundamentais: eles que me dão o rumo do personagem. Acho que imprimi um tom mais jocoso porque era assim que as coisas, de certo modo, passaram a se expressar. Foi o início das roupas mais coloridas, da moda de academia, do cabelo curtinho e moderninho que eu usava em *Baila comigo* e *Partido alto*. Como já disse, sou absolutamente dependente das figurinistas para criar uma personagem. Elas trabalham em conjunto com o autor e o diretor e são comandadas pela figurinista-chefe. Sei que preciso dessa diretriz imposta por elas.

38. Os gigantes

MA — *Susana, em 1979 você muda a chave dramática de sua interpretação para um trabalho denso: a Veridiana de Os gigantes. E estamos diante de uma outra Susana...*

A história girava em torno da Dina Sfat, uma das maiores atrizes que conheci e a mais linda da televisão brasileira — eu a amava porque ela era livre, forte. Eu fazia a Veridiana, cunhada de Paloma, uma mulher prepotente. Na novela *Os gigantes,* o elenco era só de estrelas: Francisco Cuoco, Tarcísio Meira, Dina Sfat, Vera Fischer e Joana Fomm. Havia, ainda, Jonas Mello, que fizera grande sucesso na Tupi, além de novos talentos como Lauro Corona e Lídia Brondi. Atores de primeira grandeza como Mário Lago e Miriam Pires. Eu não me sentia à altura daquele elenco, mesmo sem saber que também era considerada estrela — era uma casquinha de noz no meio daquele oceano.

A lição de Dina Sfat

Havia uma cena dificílima em que eu tinha que dar um tapa na cara da Dina Sfat. Eu tentava e não conseguia; hoje em dia existem mais recursos.

Repetíamos a cena e a Dina, que já estava ficando nervosa, virou para mim e disse: "Você nunca levou um tapa na cara?". Respondi: "Não, estou tendo dificuldade porque nunca levei". Ela então me deu uma bofetada que pegou meu rosto, a orelha.

Não estávamos gravando a cena ainda e o Régis Cardoso, meu ex--marido, que dirigia a novela, não ficou chocado nem tomou atitude nenhuma, e aí é que a cena não saía mesmo. Eu comecei a chorar, me senti abandonada porque não tinha intimidade com a Dina, que era uma deusa que eu temia. Dei nela um tapa qualquer na gravação e pronto.

A Dina percebeu que sofri muito para fazer essa novela. Eu não encontrava a minha turma. E, quando chegou ao final desse trabalho, ela me convidou para tomar um lanche no Leblon e começou a me contar a vida dela. Fiquei muito feliz com esse encontro porque me senti próxima daquela pessoa que eu amava e admirava, que me fazia maquiar o olho igual ao dela — achava que era a maquiagem que a deixava com aquele olhar, mas não, o olhar de Dina Sfat é que era muito forte. De qualquer maneira, ela ali, dividindo um lanche comigo, ficamos de igual para igual, eu é que me desvalorizava diante dela, sem necessidade, a considerava muito como atriz e a colocava no lugar de deusa. Foi um momento de muita felicidade esse encontro de atrizes.

Dina era perfeita como atriz. Séria, disciplinada, preocupada com questões sociais e ainda tinha três filhas! Conseguia dar atenção à vida pessoal e profissional com o mesmo valor, o mesmo peso. Eu ficava encantada com tudo isso porque ela era um exemplo de que a mulher pode ser tudo. Nesse dia ela se mostrou como mulher, mãe e atriz. Minha musa, minha deusa. Uma beleza artística!

MA — *Susana, você já tinha protagonizado uma novela inspirada no romance de Carolina Nabuco* — A sucessora — *e volta a trabalhar em uma história dela,* Chama e cinzas. *A novela* Bambolê *se passava no final da década de 1950, sob o governo de Juscelino Kubitschek, durante a construção da nova capital do país, Brasília. A efervescência de variados movimentos culturais, como bossa nova, o surgimento de Pelé como um grande ídolo, o rei do futebol, animaram a trama da novela.*

Sim, era uma história de base romântica e eu fazia uma desquitada, vendedora de produtos de beleza, que se apaixonava por um viúvo, Álvaro Galhardo (Cláudio Marzo). Estavam no elenco Joana Fomm, Rubens de Falco e Sandra Bréa.

Minha questão com essa novela foi em relação ao vestuário, que eu não gosto, implico — tenho horror à moda do pós-guerra, nem da moda da década de 1940 gosto, e segue pela década de 1950, quando se passava a novela. Eu que sou vaidosíssima, pode ser que não fique feia para os outros, mas sei muito bem quando estou feia para mim. O batom vermelho, por exemplo, não me valoriza. Conheci a minha mãe vestida com a década de 1940-1950. Ela era muito bonita, mas hoje, quando vejo as fotos, acho que essas décadas não ajudaram muito a moda. Tudo bem que na década de 1950 a indústria têxtil começou a se desenvolver no Brasil e trazer muito dinheiro. Mas essas roupas me apertavam. E, de um modo geral, eu não gostava nem da novela, nem da personagem Marta, apesar de meu papel ser bom — o interesse maior recaía sobre as filhas (interpretadas por Myrian Rios, Carla Marins e Thaís de Campos) do viúvo (Cláudio Marzo). Na minha opinião, Marta era uma mulher bobinha, sem personalidade, que se vestia de maneira simples, vivendo uma relação desgastada com um homem mais velho, o Antenor (Herval Rossano), que ainda implicava com Murilo (Maurício Mattar), filho de meu primeiro casamento na novela. Hoje, revendo a novela, eu compreendi o que me incomodava na Marta. Ela era uma mulher separada, na década de 1950, com um adolescente para criar e com vontade de refazer sua vida amorosa e sexual. Mas havia um grande preconceito em relação a essas mulheres. A mesma situação pela qual eu passei na década de 1970.

Mesmo assim teve uma coisa interessante nessa novela: mostrou a mulher começando a trabalhar, uma vez que a minha personagem vendia produtos cosméticos. Além disso, fui escolhida para ser a capa da trilha sonora nacional.

39. Conflitos com a caracterização

Tive um problema na minissérie *Chiquinha Gonzaga*, produção de 1999, que se passava em fins do século xix. Eu fazia a Suzette, antagonista da Chiquinha (Regina Duarte), que na primeira fase havia sido interpretada pela sua filha, Gabriela Duarte. Nessa fase, minha personagem era interpretada pela Danielle Winits. Acontece que o figurino já veio completamente pronto e tudo havia sido criado em cima da Danielle. Eu queria ter participado do processo criativo, queria ter dado palpites, concordado ou discordado do figurino. Como a Dani tem uma pinta preta sobre o lábio, eu não queria esse detalhe no meu rosto. Não tive como negociar isso com o diretor, o Jayme Monjardim, porque, quando o produto chegou até mim, já haviam gravado dez capítulos. Então, a minha Suzette já veio com o cabelo todo vermelho, que eu até gostei — gostei de me ver ruiva. E, por fim, eu consegui abolir a pinta preta.

Fiquei encantada com a direção do Jayme, achei chiquérrimo ele ter me chamado para fazer uma minissérie sofisticada com a assinatura do Lauro César Muniz, com quem eu já havia feito inúmeros trabalhos importantes. Era raro eu fazer minisséries porque eu estava — como normalmente estou — sempre ligada às novelas, às produções mais longas, mas fiquei muito satisfeita. Tive belas cenas com o Carlos Alberto Riccelli, com a Regina... Um trabalho precioso!

Ao final das gravações, tirei aquela tinta ruiva do cabelo. É sempre assim, ao final de cada trabalho, mudo completamente o meu cabelo, me desfaço do corte anterior. Hoje em dia, não. Você põe o *mega hair* e fica sessenta anos com ele. Tenho saudades da época em que acabava uma novela e eu cortava o cabelo e mudava de cor.

Minha cabeleireira durante esses anos todos foi a Rudy, amiga criativa e arrojada.

MA — *Exato, Susana! Há personagem adequado para cada tipo físico, o* physique du rôle.

Considero essa expressão, *physique du rôle*, um tanto quanto subjetiva porque, na verdade, quem cria uma personagem é o autor e ele já entrega de cara o que ele quer, já descreve a personagem. Quando, num exemplo, você tem um romance adaptado para uma novela, já recebe descrições daquela personagem. Além disso, muitas vezes, o autor já escreve pensando em determinado ator para o papel.

Porém, mais do que isso tudo, observo que, hoje em dia, essa expressão tão usada na arte de interpretar está um tanto quanto desgastada porque as pessoas estão todas muito iguais. A ditadura da moda, da beleza, da magreza fez com que tudo se nivelasse dentro de um mesmo padrão e isso é muito complicado. Então, é a menina magrinha, novinha, de cabelo liso e mega hair e o homem sarado, com horas de musculação acumuladas para depois poder posar de cueca. O tal *physique du rôle* saiu de moda.

40. Um fraterno amor

Faço questão de render aqui uma homenagem à minha irmã Suzana Gonçalves porque estou usando o nome dela! Aconteceu que minha irmã Suzaninha ficou aborrecida sobre a troca de meu nome original pelo nome dela. Mas, pensando bem, ela tinha razão. Ela queria usar o seu próprio nome! Não estava utilizando o meu nome de batismo, Sônia. Eu também nunca havia perguntado a ela sua opinião sobre eu ter assumido artisticamente e, por extensão, na vida, o nome que lhe pertencia.

MA — *Nesse momento, lembro à Susana que a personagem Babi, de Suzana Gonçalves, em* O primeiro amor, *de Walther Negrão, com direção de Régis Cardoso, foi coqueluche nacional em 1972. Minha prima Patrícia, criança, queria ser a Babi! E Suzana esteve presente em novelas como* Tilim, Cavalo de aço, O semideus, Supermanoela, O amor está no ar, Páginas da vida, *e também no especial* O emigrante, *escrito e dirigido por Domingos Oliveira, com o comediante português Raul Solnado. Na TV Tupi fez um dos principais papéis em* Ídolo de pano, *1974, ao lado de Tony Ramos, Dennis Carvalho e Elaine Cristina. Um grande sucesso! Também vale registrar sua marcante presença na minissérie* Hilda Furacão.

Sim! Suzaninha Gonçalves havia estourado em *O primeiro amor*, fazendo par romântico com Marcos Paulo (Babi e Rafa). Além desses trabalhos que você falou, trabalhou com cineastas importantes como Joaquim Pedro de Andrade e Luís Sérgio Person. Foi uma atriz reconhecida no cinema brasileiro com uma lista de filmes importantes: *Geração em fuga, Os Inconfidentes, Cassy Jones, o magnífico sedutor, Roleta russa, Cada um dá o que tem, O predileto, Fronteira das almas, Eu não conhecia Tururú...*

Visitando a floresta

Na volta de uma viagem que fiz ao Peru — eu estava fazendo *Rebecca, a mulher inesquecível* no teatro, em Lima —, parei em Brasília e fui para Porto Velho. Quando cheguei lá, vi uma vida linda. Minha irmã estava feliz, radiante! Suzaninha com quatro filhos, vivendo à beira do rio Jamari, a fazenda toda arrumada, a Floresta Amazônica em volta, árvores lindas como a samaúma, um bando de borboletas amarelinhas que chegam perto do rio ao cair da tarde. Pensei que a vida da minha irmã daria um filme. Um filme com a minha ou sobre a minha irmã. Porque não é um conto de fadas, mas também não é uma história tão normal.

Mas o fato é que ela está muito bem e tem filhos maravilhosos — adoro os meus sobrinhos! Quando fui visitá-los e me sentei à beira do rio, esperando as borboletas chegarem, também não queria vir embora. A floresta tem uma coisa estranha, um mistério. Ela te puxa. É densa, mágica, condensada... Minha irmã ama aquela Amazônia, Porto Velho, a vida que fez por lá. Foi tudo isso que despertou em mim o desejo de fazer o filme, um romance sobre a história de minha irmã.

Enfim, a verdade é que sempre achei minha irmã muito corajosa de largar tudo e se aventurar em Rondônia. Ela dirigia jipe, se embrenhava no meio da mata, resolvia problema de peões, acabava com as brigas deles, contava histórias de onças que rondavam a fazenda à noite... Tudo o que ela me dizia me parecia um livro ou filme. Ela era aquela coisa bonitinha de bota, salto alto. Nunca deixou de ser Suzana Gonçalves. Nunca deixou de ser a minha irmã. Nunca deixou de ser aquele bebezinho que eu segurava no colo quando estávamos em Buenos Aires. Nunca deixou de ser a minha melhor amiga e, quando o bicho pega, é para ela que eu ligo. Ela que sabe de mim e eu que sei dela. Amo as filhas dela e que graças a Deus moram no Rio e por isso, vira e mexe, Suzaninha está por aqui.

UM POUCO DE GONÇALVES NA HISTÓRIA DE VIEIRA, E A CORAGEM DE SUZANINHA

UMA NOITE, POR EXEMPLO, ela grávida, voltando para casa, no escuro, uma onça acompanhou seu jipe o tempo todo. Acho que a onça não fez nada porque ela estava esperando um bebê.

Ela é muito especial. Ela é uma Suzana. Uma Suzana com Z.

Por Suzana (com Z!)

Só fui pensar nessa questão do nome hoje em dia. Porque, quando a minha irmã foi ser Susana Vieira, eu era estudante. E não tinha a menor ideia de ser atriz, nem almejava isso. Me recordo que, em 1967, fui visitar minha irmã durante as gravações de *As minas de prata*, na TV Excelsior, em São Paulo, e o Walter Avancini se encantou comigo, propondo que eu fizesse um teste de vídeo. Assim foi feito e passei no teste de atriz. Avancini queria que eu fizesse a novela seguinte, *Os fantoches*, também de Ivani Ribeiro.

Acontece que eu tinha um namorado muito ciumento e ele falou: *"Ou eu ou a televisão"*. Isso em 1967. Preferi o namorado. Escrevi então um bilhete ao Avancini agradecendo o convite e apenas disse que não faria novela.

O namoro terminou e, com isso, a minha estreia só foi acontecer em 1970, na Record, com a novela *Tilim*, de Dulce Santucci, com direção da Wanda Kosmo. Ainda na Record, fiz uma novela que marcou época: *O príncipe e o mendigo*.

Eu voltaria a me encontrar com o Avancini em 1970, na TV Tupi, quando ele dirigiu *As bruxas*, de Ivani Ribeiro, lançando jovens atores como eu e o Juan de Bourbon.

Logo depois, em 1971, fui para a TV Globo e na novela *Minha doce namorada* fiz o papel de Lúcia. Uma novela dirigida pelo Régis Cardoso e que tinha a Regina Duarte como protagonista. A minha irmã também estava no elenco. Até que veio um papel que se tornou "mania nacional": a Babi de O *primeiro amor*, em que fiz par de muito sucesso com o Marcos Paulo (Rafa). Nessa época, eu estava casada com o Fernando Peixoto e viemos morar no Rio de Janeiro.

Mas nunca parei para pensar sobre essa questão do nome porque já me apresentava como Suzana Gonçalves, que é o meu nome de batismo. Como não pretendia ser atriz e minha irmã chegou primeiro e se estabeleceu, tive que me adaptar. E a maneira de eu me adaptar foi dizer o meu nome e o último sobrenome: Suzana Gonçalves, porque a minha irmã já era "Vieira". Entretanto, como Susana mesma explica, ela achava linda a pronúncia em espanhol com a qual os argentinos me chamavam: Susana (com ênfase no segundo S). Lembrando que eu nasci na Argentina... E que somos pessoas muito diferentes, tanto na arte quanto na vida.

Na vida real, eu sou a Suzaninha e ela é a Soninha.

Crescemos e vencemos! Cada uma de nós pegou uma estrada diferente e se jogou com força e coragem na vida. Sempre com fortes e marcantes valores, herança de nossos lindos pais. Nos esforçamos, as duas, para fazer da vida um grande capítulo da História.

Eu tenho orgulho do meu nome ter amparado o brilho da estrondosa linda carreira de minha irmã. É como um amuleto de sorte para ela.

Nós viemos de uma família onde a veia artística é muito forte. Meu avô Braulino era músico, violonista. Minha avó Sara era pianista, tocava no "cinema mudo". Minha mãe era exímia pianista e nós três, eu, a Sônia e o Sérvulo Augusto, meu irmão, conseguimos nos profissionalizar na arte com destaque! Sérvulo Augusto, nosso irmão, é músico, compositor, escritor de teatro, ator e publicitário. Tem música dele e disco com a Elza Soares e a Alaíde Costa. Tá bom pra você? Ele fez parte por anos do Grupo Ornitorrinco, grupo teatral de vanguarda dirigido pelo brilhante Cacá Rosset. Ou seja, a arte sempre nos rondou. Que maravilha!

Soninha Potência! Vence TUDO!

Tem fibra de aço inoxidável e ao mesmo tempo é uma menina que ama carinho e colinho. Inteligente no último! Escreve muito bem! Está pronta para celebrar todo um projeto de vida bem-sucedido e inesquecível, com pérolas que nunca passarão: como a amada vilã Branca Letícia; a nossa Maria do Carmo e a grande e preciosa Marina Steen de *A sucessora*.

Viva Susana Vieira
INFINITO!!!

O IMPACTO DE NELSON RODRIGUES

MA — Como condutor da história, na linha tênue entre o consciente e o inconsciente, ainda mais se tratando de uma atriz que recria a sua própria realidade para oferecer-nos a vida em forma de arte, pergunto: essa história de Susana e Suzana, entre você e sua irmã, não parece coisa de Nelson Rodrigues? Você fez Vestido de noiva...

Sim! Aliás, tive o privilégio de ser convidada pessoalmente por Nelson Rodrigues, em minha casa, para fazer o papel de Alaíde na montagem que iria inaugurar o Centro Cultural Banco do Brasil. Quando abri a porta e o vi, quase caí dura para trás. Para mim, como atriz, era uma grande reverência Nelson Rodrigues estar em minha casa para fazer o convite! Mas não pude aceitar pois já estava comprometida com a novela Escalada. Mas a Alaíde seria minha personagem de qualquer jeito! Fui interpretá-la na montagem da série Aplauso, da TV Globo, em 1979. E sabe qual a cena que lembro e que parece com essa história? Eu, como Alaíde, e minha irmã, Lúcia (interpretada por Joana Fomm), brigando. E, deitada sensualmente num sofá, Madame Clessi, interpretada pela Tônia Carrero, apenas observando e dizendo: "Duas irmãs se amando e se odiando tanto...". Gravando aquela cena com a Joana Fomm e a Tônia Carrero, eu me lembrava imediatamente de minha irmã da vida real, a Suzana. E jamais iria imaginar que Nelson Rodrigues fosse me revelar e fazer compreender esse sentimento...

41. Fera ferida

A Rubra Rosa, de *Fera ferida*, com direção geral do Dennis Carvalho e do Marcos Paulo, era uma personagem excepcional. Aliás, todos os personagens eram surrealistas e o Aguinaldo Silva, o autor, conseguiu fazer com que todos eles virassem humanos "normais". Ou seja, você acreditava que de fato o Flamel (Edson Celulari) transformava tudo em ouro. E que a Rubra Rosa, na hora de transar, pegava fogo porque o público compreendia que aquele casal — a Rubra com o Demóstenes (José Wilker) — transava muito bem. Você acreditava também que uma mulher pudesse dormir o tempo todo, como a Camila, papel da Cláudia Ohana. Eu, por exemplo, tive uma prima que, por causa de uma paixão não correspondida, dormia o dia inteiro quando ia me visitar. Ela gostava de um homem que nunca se separou da mulher, então a maneira de escapar dessa situação era dormindo porque no fim de semana ela não tinha esse homem — apenas durante o trabalho. Você acredita que depois ele se separou da mulher, se casou com a minha prima e o casamento durou pouquíssimo?!

Já a personagem da Arlete Salles, a Margarida Weber, era normalíssima, casada e com duas filhas. Mas, no geral, todos os personagens viviam dentro de um quadro surreal, mesmo que de uma humanidade muito grande. Este é o segredo do Aguinaldo: ele pode fazer uma coisa "absurda", mas o personagem continua a ser muito humano.

MA — *E a Rubra Rosa foi a personagem-símbolo, a personagem-show da sua carreira. Podemos chamar assim essa sua criação maravilhosa junto com o Aguinaldo e o Paulo Ubiratan, não é mesmo? O ápice de um comportamento livre, sensual, sexual.*

Sim, foi um dos ápices da minha carreira. Essa personagem representou o ponto alto de um comportamento libertário do universo feminino. Eu era capa de revista dia sim, dia não. Amei fazer a Rubra Rosa! Em primeiro lugar porque amava o Wilker. Em segundo, eu nunca tinha trabalhado com o Hugo Carvana, um ator muito interessante, com um ritmo de fala diferente, talvez de cinema. Para mim, foi difícil no começo, mas depois passei a acompanhar aquilo com muita naturalidade. A maneira como ele falava não era exatamente engraçada, mas ele dava um tom às falas que ficava de um jeito engraçado. Ele, como grande ator, sabia onde tinha a vírgula, onde podia fazer a graça sem ser comédia rasgada. Aprendi a contracenar com ele e isso foi muito bom para mim; você aprender a contracenar com alguém que é incrível é sempre uma experiência muito gratificante. Posso até contracenar com um ator ruim, mas vou continuar ótima. Ele que venha até mim, eu é que não vou até ele, pode ter certeza! Depois, tinha as roupas de Beth Filipecki, sensacionais!

Além disso, outra atriz que amo é a Cássia Kis. Quando li a sinopse, fiquei na dúvida se eu queria fazer a Rubra Rosa ou a Ilka Tibiriçá, porque achava o papel dela, com roupa estilo Jacqueline Kennedy, inspirada na década de 1960, muito interessante. A Cássia dava um baile, arrasou no papel, que era muito difícil.

MA — *Lembro Susana que a novela foi inspirada em tramas e personagens de Lima Barreto, um crítico extremamente agudo da hipocrisia e da falsidade dos homens, das mulheres e de seus relacionamentos dentro da sociedade, repleto de sátira, ironia, humor e sarcasmo.*

Amei fazer a novela *Fera ferida*, entre 1993 e 1994. Estava começando uma nova fase da nossa vida artística e uma nova era na TV Globo e na televisão brasileira. Passamos a viver um esquema de trabalho hollywoodiano!

Tinha um lado precário, porque pela primeira vez utilizamos um contêiner, mas fomos muito felizes nessa cidade cenográfica — um terreno enorme! — que praticamente inaugurou o Projac, hoje Estúdios Globo. Havia um rio que cortava o terreno com as montanhas em volta e uma ponte. Aquilo tudo tinha um ar de novidade, com mosquito, comida que chegava de marmita, porém isso uniu muito a nós atores! E ali nascia a maior fábrica de entretenimento do Brasil e uma das maiores do mundo. O elenco era dirigido por Dennis Carvalho e Marcos Paulo; um texto escrito com a inteligência de Aguinaldo Silva, que captou toda a estética e a visão crítica e irônica da sociedade contida na obra de Lima Barreto, que inspirou a novela.

Não era comédia, mas o texto de Aguinaldo conduzia com graça e fina ironia o desenvolvimento e a ação das personagens. Após alguns capítulos, eu e Cássia Kis contivemos um pouco o exagero de nossas personagens. Ficamos mais alinhadas com o todo, mas ninguém mais nos segurou. Até porque meu par, o amante, era o José Wilker (Hugo Carvana interpretava meu marido), e aí que ninguém nos segurava mesmo. E alguém segurava o Wilker? Ninguém! Nem a mim e à Cassia...

42. Os diretores

Antigamente, os diretores tinham muito mais tempo para o ator. O diretor ensinava mais. Agora vejo uma mudança, talvez com diretores que estão vindo do cinema e buscando imagens mais artísticas. Mas não é a imagem artística, eu acho, que fascina o espectador. O que fascina o espectador é o close da Giovanna Antonelli falando o texto, por exemplo. As cenas que mais mexem comigo são cenas de texto e close nos atores.

O primeiro grande diretor que tive na minha carreira como atriz na TV foi Geraldo Vietri, da Tupi, profissional muito sério, excelente diretor e escritor. Dirigia tanto originais como adaptações de clássicos da literatura e escrevia comédias. Foi ele quem me despertou para a vontade de ser atriz, me trouxe o conhecimento da literatura universal. A TV Tupi foi verdadeiramente a minha escola.

Naqueles tempos do passado, com o *Grande Teatro Tupi*, a *TV de Comédia* e a *TV de Vanguarda*, não havia "obrigação" de fazer o público rir em casa. Havia sim a obrigação de mostrar a literatura brasileira e os grandes atores representando, que éramos nós: Glória Menezes, Tarcísio Meira, Francisco Cuoco, Laura Cardoso, Armando Bógus, Fúlvio Stefanini, Luis Gustavo, Tony Ramos, Regina Duarte, Susana Vieira... E essa foi a nossa escola. O Geraldo Vietri preparou todos nós, formou uma geração de atores. Com ele, a gente atingia o melhor, porque era tudo muito rigoroso, tanto o texto quanto a direção. Lembro de *Noites brancas*, de Dostoiévski, que eu fiz com o Cláudio Marzo. A gente ensaiava durante a semana e, durante um desses ensaios, o Cláudio Marzo perdeu o pai. Só avisaram quando terminou, porque a vida artística é cheia de mistérios, tem as suas maneiras de lidar com o artista. Cláudio foi até a casa dele, voltou para trabalhar no dia seguinte e só me contou o que tinha acontecido quando desabou, no final do ensaio. Tudo era encarado com muita seriedade, e ao vivo! Fiz também *A casa de Bernarda Alba*, de García Lorca, muito impactante. Então, fui criada assim, e essa forma de representação dava audiência.

RÉGIS DIRETOR

O RÉGIS DIRIGIU MUITAS novelas nas quais eu trabalhei, mas falar dele como diretor tem um peso para mim, é tudo muito ambíguo porque ele foi meu marido, ex-marido, tivemos um fim de casamento muito desagradável. Muitas vezes eu entrava no estúdio e não me lembrava que ele era meu ex-marido, mas, se ele falasse alguma coisa mais forte comigo ou alguma particularidade nossa, eu lembrava na hora.

O grande desafio do Régis Cardoso foi lidar com a televisão colorida — as primeiras novelas produzidas em cores foram dele — *O bem-amado*, *Os ossos do barão*, *O espigão*. Ou seja, ele pegou uma década de muita inovação tecnológica.

O Régis dirigiu grandes obras, trabalhava com muito afinco, sempre foi muito educado, não gritava e conhecia muito os autores, como o Dias Gomes. O Boni gostava muito dele, dava muita força. Ele me dirigiu em dois dos meus maiores papéis, em *Escalada* e *Anjo mau*, e foi tudo muito bem.

AVANCINI, O IMPLACÁVEL

AGORA, O MAIS SEVERO e implacável de todos os diretores foi o Walter Avancini. Era muito caprichoso, temido e endeusado ao mesmo tempo, mas era muito chique ser dirigido por ele. Avancini seduzia as atrizes novas pelo silêncio, pelo olhar e pelo seu talento. Era muito fechado, nada de rodinhas de conversa ou saídas para o cinema ou gandaia com os atores. Enfim, Walter Avancini criou um mito de si mesmo.

O TRABALHO DO DIRETOR

GOSTO DE TRABALHAR COM diretores exaltados e entusiasmados, que gostam de fazer televisão e dirigir. Trabalho muito com intuição e confiança no diretor, como acontecia com o Paulo Ubiratan, que foi da mesma época do Talma, Marcos Paulo, Dennis Carvalho, Jorge Fernando, Wolf Maya. Eles tinham a sabedoria de levar uma novela tendo junto o elenco. O importante a dizer é que esses diretores que eu citei davam a linha do personagem com liberdade. Porque nós viemos juntos para a Globo — atores e diretores — e todos aprendiam com todos. Hoje em dia há menos criatividade da gente.

Acho muito difícil o trabalho de diretor hoje em dia. Ele não tem tempo de ensinar cada um, cada ator. Ele faz a marcação, chama a atenção de uma coisa ou outra e precisa contar com três ou quatro atores experientes em cena e tentar orientar dois que estão começando.

43. O salvador da pátria

Foi mais uma novela muito polêmica do Lauro César Muniz, em 1989, ano de eleição presidencial, e tenho a impressão de que fazia uma espécie de paralelo com a ascensão do Lula. Tanto que ele coloca o Sassá (Lima Duarte) como uma pessoa simples, que trabalhava com a terra e que alcança um cargo político muito importante — o de prefeito da cidade de Tangará. Havia um triângulo amoroso muito interessante entre mim, o Cuoco (que interpretava o meu marido, o mandachuva Severo Toledo Blanco) e a Lúcia Veríssimo (Bárbara). Eu fazia a Gilda, uma mulher autoritária, que comandava a fazenda mandando nos homens, nos capangas à sua volta — foi meu primeiro papel no qual eu realmente "mandava no pedaço". O Severo era amante da Bárbara e a Gilda acaba se separando dele e se casa com o Sassá Mutema, que era apaixonado pela professora Clotilde (Maitê Proença), e, como estava de olho no poder, sabia que com a Gilda chegaria até à presidência da República. Adorei fazer essa personagem, porque amava ter aqueles capangas à minha volta, adorava o casamento com o Sassá Mutema, uma estratégia muito inteligente do autor!

Lauro César sempre me brindou com grandes personagens, politizados, com uma função social muito importante.

Além disso, eu e o Cuoco somos amigos desde os tempos da tv Excelsior e éramos muito cúmplices, tanto nos elogios quanto nas reclamações: todos nós atores somos assim, tem uma hora que isso acontece, ou quando percebemos que o nosso personagem não está rendendo como a gente gostaria, ou quando o personagem não entra em determinado momento da história. São fatos recorrentes nos bastidores das novelas, das produções. Hoje, os autores já chegaram num esquema mais equilibrado de participação dos atores e o elenco todo tem a sua vez, até os personagens mais secundários, assim como mais histórias são contadas. Não é como antigamente, em que os autores ficavam presos às tramas centrais, até porque a duração do capítulo era menor... E isso é o máximo.

Só sei que fiquei tão amiga do Cuoco que a Lúcia Veríssimo, que fazia a amante dele, começou a ficar com ciúmes de mim, da nossa amizade, porque éramos muito chegados e, ainda que não houvesse amor entre os nossos personagens, eles eram cúmplices nas questões políticas. Agora, vejam que curioso: quando a Lúcia Veríssimo entrou na novela, eu a achava tão linda que quem tinha ciúmes dela como amante do Severo era eu... Eu ficava louca...

MA — *Eu interrompo: louca? Você ou a personagem? Que belíssimo exercício de atriz que ao mesmo tempo se utiliza da escola de representar de Stanislavski e Bertolt Brecht! A interiorização total, a entrega às emoções e, ao mesmo tempo, o distanciamento. Nessa hora, você embaralhou as duas teorias maiores da arte dramática, da arte de representar. Ao mesmo tempo, o distanciamento crítico que notávamos em sua interpretação e a mistura da ficção com a realidade... Os sentimentos exacerbados. A sua memória afetiva, emotiva na questão do ciúme com o Cuoco.*

Exato! Eu fiquei louca como Susana porque pensava: "Essa mulher vai conquistar o Cuoco, vai me roubar o Cuoco, o meu amigo!". Somos muito amigos, eu e o Cuoco, amizade de verdade, para o que der e vier, jamais pensei em ter um caso de amor com ele. Mas, quando a Lúcia Veríssimo entrou, linda, alta, um cabelo maravilhoso, logo vi que eu ia perder o meu marido na novela para essa mulher, a Bárbara, e o Francisco Cuoco, o meu amigo!

De fato, as duas mulheres mais lindas de corpo e de cabelo que conheci foram a Sandra Bréa (na década de 1970) e a Lúcia Veríssimo (na década de 1980-90). E de rosto, de expressividade, a mais bonita da televisão, em close, Dina Sfat, com quem aprendi a fazer a maquiagem dos olhos.

Quando eu me separei do Cuoco, quer dizer, a Gilda do Severo, e quando minha personagem passou a se relacionar com o Sassá, eu, Susana, fiquei amiga da Lúcia, e somos amigas até hoje! Quando perdi o meu cachorro Rajá, ela e a Arlete Salles, a quem liguei chorando, estavam prontas para me consolar. Amiga é pouco. Somos amicíssimas!

Por Lúcia Veríssimo

Atores são seres diferenciados.

Existe uma linha muito tênue entre o personagem e a pessoa.

Muitas vezes confundimos tudo e nossas emoções se embaralham.

Não é à toa que, quando fazemos personagens rivais, muitas vezes, quando as cenas são de agressões mútuas e bem fortes, a gente procura manter um certo distanciamento daqueles com quem iremos "brigar". Claro que é naquele momento da cena. Só que tem atores que extrapolam esse distanciamento e tudo fica misturado demais.

Eu e Sussu já fomos amigas íntimas e cúmplices, rivais ferrenhas disputando o mesmo homem a ponto de nos estapearmos; assim como companheiras de jornada combatendo crimes e, em todos os momentos, jamais deixamos de terminar qualquer cena às gargalhadas e felizes por estarmos daquele mesmo lado da calçada.

Sussu é minha amiga de dentro de casa. Na minha e na dela. Conhecemos bem as nossas famílias, irmãos, pais, mães, filhos. E hoje em dia netos e todos os maravilhosos bichos que sempre criamos.

Acompanhei seu casamento mais duradouro cujo marido, Carson, se tornou um grande companheiro meu nas andanças e trabalhos no campo. Ambos apaixonados pela vida rural.

Então, ao falar de Susana, é impossível desassociar a pessoa da atriz.

Na minha vida elas sempre andaram lado a lado. Amo dividir cenários com ela, assim como adoro tê-la por perto andando dentro de casa.

A atriz é essa grandeza, uma indestrutível força, entrega, mergulho...

A mulher é essa inquieta eterna criança de sorriso largo e iluminado que adora pregar peças.

Brincalhona, de bem com a vida, autêntica, fala o que pensa e doa a quem doer.

Completamente sem freio e irreverente. Mas quando é amiga ela é defensora até debaixo d'água. Me deixa louca de inveja porque passa o dia comendo a maior sorte de besteiras do mundo, entre frituras e doces e consegue manter aquelas belas pernas. Pernas de bailarina formada em Buenos Aires, onde morou com os pais que trabalhavam na embaixada e consulado, o que a fez passar parte da sua vida também em Montevidéu. Por isso, o domínio de outras línguas além do português.

Dividir camarim com ela é ter uma festa permanente, conversar sobre tudo, rir a valer e assistir bandejas de salgadinhos passando direto pela cara da gente.

Durante a pandemia, dia sim, outro não, eu ligava para saber como ela estava e claro que, uma verificação que deveria ser uma rápida conversa, se estendia numa conversa de milhares de assuntos e, muitas vezes, vídeo, para que pudéssemos ver os nossos filhos peludos.

Eu costumo medir a bondade de uma pessoa pelo amor que ela dedica aos animais, assim como desconfio de qualquer um que não suporta tê-los por perto. Isso já caracteriza a nossa imensa ligação desde o princípio e me sinto feliz de saber que por perto, em minha vida, eu tenho uma pessoa dessa categoria ao lado.

Por Francisco Cuoco

Susana querida! Grande atriz! Transforma tudo em arte. Consegue passar pelos personagens com profundidade e muita comunicação. Rainha da empatia! Tem um histórico de inúmeros personagens, tem a liderança de papeis notáveis. É também a rainha do bom humor e da inteligência.

A FORÇA DE ALAÍDE

QUANDO LI O TEXTO de Nelson Rodrigues, *Vestido de noiva*, para o teleteatro da série Aplauso, em 1979, fiquei impactada.

Mas a adaptação de Domingos Oliveira e a direção de Paulo José eram maravilhosas! O impacto veio primeiro em mim como "pessoa física", depois fui compreendendo todo aquele universo. No final, a Alaíde se transformou num de meus melhores trabalhos, ainda mais pela presença lindíssima de Tônia Carrero no elenco.

UMA CENA REAL DA FICÇÃO

DURANTE AS GRAVAÇÕES, FUI atropelada de verdade durante uma externa noturna gravando na Glória, tradicional bairro do Rio de Janeiro. O motorista era um figurante, não sabia dirigir, e, ao invés de ir para frente, deu marcha a ré e me jogou na rua. Bati com o braço no meio-fio, mas continuei gravando. Só quando terminou a gravação e todos foram embora que peguei uma van com as camareiras e fomos ao Hospital Municipal Miguel Couto. Lá, fizeram uma radiografia e, conclusão, eu havia quebrado o braço, então, fui engessada.

No dia seguinte, eu estava com a mão muito inchada, os dedos roxos — tinha alguma coisa errada. Só que, como eu tinha gravação — a cena era do meu casamento com o Pedro (Othon Bastos) —, disse ao diretor, Paulo José, que precisava ir ao hospital para ver o que tinha acontecido. Ele então me pediu que eu fosse primeiro ao local da gravação, pois talvez eu pudesse gravar rapidamente, e foi o que fiz. Combinamos então que eu faria a cena usando o véu de uma determinada forma que não aparecesse o braço.

Fui para a igreja com muita dor e os dedos roxos. Pedi novamente para pararem a gravação, eu precisava ir para o hospital, mas continuaram e foi a primeira vez que me revoltei. Voltei pela nave da igreja muito revoltada, cheguei à rua Conde de Bonfim na Tijuca e chamei um táxi. Não apareceu nenhum. Como estou acostumada com filme americano, em que a pessoa levanta o braço e aparece um táxi, naquela hora quase tive um ataque de riso. Aí, a produção veio até mim e me levou para o pronto-socorro. Foi preciso tirar o gesso e engessar o braço corretamente.

A verdade é que a gente só não grava se estiver morta! A televisão nos ensinou essa disciplina. Que é preciso gravar de qualquer maneira.

Enfim, já fiz três programas com o braço quebrado — além de *Vestido de noiva*, o *Sai de baixo* e a novela *A padroeira*.

MA — *Susana ou Sônia Maria: nesse momento, a ficção encontra a realidade? A ficção esclarece a realidade? Ou a realidade serve de matéria-prima para a ficção? Você poderia comentar um pouco sobre a construção de suas personagens? O quanto você utiliza de memória emotiva (lembrando dos ensinamentos do mestre da arte de interpretar Constantin Stanislavski) e o quanto é a criação pura da atriz?*

Com *Vestido de noiva*, a ficção esclareceu para mim a realidade. Na verdade, acho que o tempo todo a gente fica se equilibrando entre a realidade e a ficção, e acho que a realidade é mais absurda que a ficção.

No caso da literatura, a realidade serve de matéria-prima para a ficção. E sempre observo a realidade à frente da ficção. Quando sou escalada para um papel, nunca penso em ninguém, a não ser na criação do autor. É a minha técnica. Não costumo utilizar a minha memória emotiva porque acho que assim saio do personagem. Na vida real, o tempo é diferente do da ficção. E, como já comentei, centro-me na construção da personagem em si. Então é a atriz quem tem que chorar ou ficar triste. É a atriz Susana Vieira e não a mulher Sônia Maria. Porque, caso contrário, eu deveria assinar Sônia Maria Susana Vieira!

O diretor Wolf Maya costuma dar uma dica de pessoa real. É o estilo dele. Mas eu acredito também que cada um de nós é maravilhoso fazendo o seu papel na vida.

Como diz a Fernanda Montenegro, nossa profissão é um ofício. Então, se essa é minha profissão, meu ofício, trabalho com prazer e dou o meu melhor no que faço. Trabalho há mais de 50 anos numa empresa que me oferece grandes possibilidades de melhorar como profissional e me permitiu criar meu filho, ter uma família, uma vida economicamente equilibrada. É uma tranquilidade de vida que dificilmente você encontra na profissão de atriz ou na carreira artística. A Globo me deu subsídios para que eu pudesse desenvolver a minha carreira. Claro, foi o conjunto de meu ofício que me levou a isso. Fiz teatro, um pouco de cinema... Mas sou grata à TV Globo mais do que tudo, pois nada se compara a ela em termos de desenvolvimento artístico, tanto na área de criação, de entretenimento, quanto na área pessoal. Portanto, foi graças a essa empresa que eu pude trabalhar incessantemente, demonstrar o meu talento e a minha vocação para viver e ser feliz.

44. A música que me move

Música é vida. A música clássica foi a primeira que soou no meu ouvido porque meu pai era um amante de música erudita. Aos domingos, em Buenos Aires, acordávamos em casa com música clássica. É o som com que eu fui criada e achava bonito. Meu pai punha para tocar pra gente "As quatro estações", de Vivaldi. Escutávamos Mozart, Tchaikóvski... Beethoven e a "Nona sinfonia"... Dramática! E o Mozart! Adoro! O Mozart é danado! Atormentado! É o meu compositor clássico preferido.

Só não gostava das óperas de Wagner, difíceis de entender porque eram em alemão — eu preferia as italianas, que eram mais compreensíveis, falavam mais à minha alma.

Na minha visão, a ópera é um teatro exacerbado, e uma forma muito eficiente de ensinar teatro é assistir a uma ópera. Se eu tivesse uma escola de teatro, começaria por uma ópera. A música já conduz a uma emoção.

Acredito que os musicais de hoje estão cumprindo esse papel, uma vez que a ópera não é popular entre nós, os sul-americanos. Há, entre nós, um tratamento elitista em relação à ópera. Veja, por exemplo, a modernidade de *West side story* (*Amor, sublime amor*), que eu assisti em 1962. Isso foi muito inovador na época. Mas o brasileiro não era muito afeito aos musicais. Hoje, não! É um musical atrás do outro... Mas, para mim, *West side story* é o suprassumo ao reunir dança, canto e tragédia. E eu parabenizo os novos produtores dos musicais brasileiros que conseguiram abrir um novo público para o cenário teatral.

Admiro muito a obra de Chopin — minha mãe tocava bastante as suas composições. Amo em especial o "Concerto para piano" e "Orquestra nº1", do Chopin, que me foi apresentado pelo meu irmão Sérvulo Augusto. A Rádio MEC, antigamente, só tocava música clássica e eu andava em volta da Lagoa Rodrigo de Freitas ouvindo música clássica, num radinho pequenino — aquela volta da Lagoa passava em três segundos porque eu não andava na calçada, andava em cima da música.

Apesar de toda essa ligação com a música, nunca consegui "montar" um som em casa. O rádio que ouço, tomando sol, olhando para essa natureza belíssima que me acompanha, é de quinta categoria, com bombril na antena.

Mas, voltando à minha infância, durante os anos em que morei fora do Brasil, como não podíamos perder a raiz, lembro que meu pai nos fazia ouvir música brasileira do Norte, do Nordeste, como o Trio Irakitan... Enfim, de todas as regiões do Brasil. De São Paulo, era o Adoniran Barbosa. Tem canções que lembro de quando eu tinha oito ou nove anos... "Peguei um Ita no norte", "Pé de manacá"... Aquela coisa mais dramática, do tango, e dos homens chorando num bar, meu pai não gostava que ouvíssemos.

Os meus sentimentos — superficiais e profundos — são demonstrados sempre através da música. Um texto bonito com um som musical é o meu *leitmotiv*, a minha força para viver. Meu divertimento musical é maior do que o meu divertimento teatral. Quando digo que gosto de música eletrônica, é porque tem um tipo de batida que me move, me comove, me sinto feliz ouvindo esse tipo de música. A mesma coisa é o funk. Nem sei direito as letras do funk e, se algumas são censuradas, o que me importa é a batida, o ritmo, o movimento do funk... Onde ele nasceu, como se expressa e como me conquistou. A mim, a conquista veio pela raiz, de origem afro-americana.

Do passado, lembro da primeira cantora brasileira de que ouvi falar, que era a Dóris Monteiro, e do Dick Farney. Tenho fascínio pela música nordestina: Maria Bethânia, Elba Ramalho, Fafá... E pela geração de Brasília! Roqueiros como Renato Russo, um primor de poeta, adoro "Que país é este?"; Capital Inicial; Zé Ramalho, Fagner e Os Paralamas do Sucesso, que tem uma das minhas músicas preferidas — "Alagados".

Tenho minhas músicas, meus cantores e compositores preferidos por conta de letras que casam perfeitamente com meus momentos. Cazuza, por exemplo, fala de amor, mas vinte anos atrás, menino rico, também batia na gente com política, quando dizia: "A tua piscina tá cheia de ratos", "Meus inimigos estão no poder". Cazuza já descrevia o país que estamos vivendo hoje. Então, esse menino era gênio mesmo. Tenho paixão pelas músicas e pela ousadia dele, por sua visão de um país que já estava apodrecido e a gente não tinha se dado conta. É um tipo de música que me agrada muito porque sou muito interessada em política.

Também sou apaixonada pelas músicas românticas de Roberto Carlos porque elas são atemporais. Roberto Carlos está aí até hoje. Aquela música que ele vai pela estrada de Santos, acho uma obra-prima. Seu talento de compositor junto com Erasmo Carlos é de imenso valor. O que noto é que o timbre de voz do Roberto, a maneira dele cantar, é muito coloquial. Ele abriu o caminho para uma expressão musical sem grandes firulas. As músicas dele batem no meu coração até hoje.

E, quando cheguei ao Rio, o samba me conquistou.

A MÚSICA E O TEXTO

MEU IRMÃO SÉRVULO é maestro, arranjador, pianista e compositor. Foi o único que puxou o talento musical da minha mãe, que tocava piano e tinha paixão por Beethoven. Sérvulo compõe trilhas sonoras para musicais, faz muito *jingles*.

Quando eu comecei a ensaiar a peça Shirley Valentine, minha irmã Suzaninha sugeriu que eu indicasse meu irmão para fazer a trilha sonora do espetáculo. Falei com o Miguel, que já conhecia o trabalho de Sérvulo, e ele achou ótima a sugestão. E deu tudo certo. Meu irmão veio ao Rio, assistiu à peça e quatro dias depois me mandou a trilha, captando não apenas o ritmo do espetáculo, mas a essência da personagem Shirley em tons musicais.

Adorei as músicas que meu irmão compôs. Eu nunca havia trabalhado com o meu irmão até então. Foi uma das experiências mais bonitas e inesquecíveis da minha carreira. Sérvulo Vieira completa cinquentas anos de carreira em 2024!

Na peça, Shirley vai para a Grécia, e Sérvulo sabia que nossa mãe gostaria de ter conhecido a Grécia, mas morreu antes de realizar esse sonho. A partir dessa lembrança afetuosa, ele compôs a música. E chorou antes de compor, com muita sutileza, uma música única, preciosa, sem letra para acompanhar a personagem. Na peça, 40% sou eu como atriz, 30% é o Miguel dirigindo e 30% é o Sérvulo.

O Miguel Falabella dá muito valor à trilha sonora e acha que a música é uma pontuação ou, às vezes, a frase principal. Ele coloca a música, o texto de uma música ou o som de uma música como se fizesse parte do texto escrito.

MA — *Após essa longa viagem musical regida por nossa estrela, impossível não fazer uma ligação entre a criação de personagens e os temas musicais da telenovela. Algum personagem inspirado em tema musical para enriquecer a sua composição ou alavancar uma emoção?*

Dennis Carvalho foi o primeiro — ou um dos primeiros — diretor da TV Globo que notou a importância de se extrair a emoção do ator numa cena utilizando a música como elemento de apoio. E ele colocava, normalmente, música clássica. Num dia em que você tem de gravar quinze, vinte cenas, em que há cena de vida, morte, drama, comédia, ele começou a colocar música no estúdio. A música ajuda muito na concentração do ator e contribui para a realização de uma cena de forte emoção. O texto podia ser de quem quer que fosse, bem ou mal escrito, novela de época ou moderníssima, mas a música entrava e você fazia bem aquela cena.

Aí eu conheci Amora Mautner em 2014, no especial *Eu que Amo Tanto* sobre as mulheres no *Fantástico*. Era tudo muito difícil porque a série mostrava todos os dramas vividos pela mulher: tortura, humilhação, choro, sofrimento.

No elenco, Carolina Dieckmann, Marjorie Estiano, Mariana Ximenes... Como domar essas mulheres tão esplendorosamente loucas e joviais, como a Amora também é?! Nós quatro na mesma sintonia de idade, porque eu tenho o mesmo espírito de garota que elas têm!

Então, a Amora nos trancou num estúdio ao som de Bibi Ferreira e Maria Bethânia e nós cantávamos as músicas delas nos arrastando, nos jogávamos no chão... Numa cena de intenso drama, ela tirou toda a minha maquiagem e colocou uma luz branca fortíssima sobre a minha cabeça. Dizem que o resultado foi dramaticamente excepcional.

45. Nem boneca nem vestidinho

Meu gosto de mulherzinha não é boneca nem vestidinho. É carro. Para mim, grife só se for com relação à marca de carros! Gosto, antes de mais nada, de carro alto, forte, para eu poder enxergar tudo e me sentir protegida. Infelizmente, no Brasil, tem de se pensar assim e aqui carro também precisa ser blindado.

Aprendi a dirigir em 1962 num Gordini, um carro pequenininho azul. Depois, passei a dirigir uma Kombi, que pertencia à Escola Monteiro Lobato, de meu pai. Quando me casei, o primeiro carro que tive foi um Fusca, verde-escuro, 1962, que eu achava uma belezinha. Naquela época não se usava cinto de segurança.

Certo dia, eu estava no nosso apartamento da alameda Santos, em São Paulo, quando o Régis me chamou dizendo que queria me mostrar uma coisa na rua. Como sempre gostei de carro de corrida, era apaixonada pelo Karmann-Ghia, achei que ele tivesse me comprado esse carro, vermelho, que eu adorava. Chego na rua e me deparo com um Mustang vermelho, enorme! Na verdade, dentro do carro estava o Roberto Carlos, que eu tinha loucura para conhecer e, embora trabalhássemos na TV Record nessa ocasião, eu nunca tinha tido a oportunidade. Meu Deus, foi um dia de imensa felicidade!

O Régis acabou me presenteando com um Karmann-Ghia vermelho. Depois disso, baixou um garoto em mim e eu só queria saber de carro, de mexer em motor, gostava de carro com motor envenenado. Aí veio o Corcel GT e eu ia com ele para Itanhaém, litoral de São Paulo, de madrugada, com o Rodrigo e minha irmã Sandrinha. Em anos mais recentes, descobri as camionetas com a caçamba para eu poder levar todos os cachorros!

Forno & fogão

DESCOBRI O ENCANTO DOS programas de culinária com a Ana Maria Braga na TV Record. Eu era fã e não perdia o programa por nada nesse mundo. Depois, ela foi para a Globo com o Mais Você.

Comecei a observar atentamente o processo desses programas porque sei que cozinhar é uma tarefa muito demorada, que exige muita disciplina, você precisa estar presente o tempo todo. Você não pode sair nem para fazer xixi que o leite derrama. Qualquer desatenção e queima o feijão. Cozinha, comida no fogão é exatamente como uma criança de um ano e meio. Você não pode tirar o olho nem do fogão, nem da criança.

Hoje, eu observo no programa *MasterChef* a disciplina que é necessário ter na cozinha, a precisão em lidar com o preparo dos alimentos. Quando eles falam "um ovo" precisa ser exatamente "um ovo". E eu sou absolutamente fora da receita... Uma colher de açúcar, uma colher de sal... Sempre acho que é pouco. Então, a quantidade, a habilidade em misturar os ingredientes com equilíbrio, é isso que faz um grande *chef*, um grande prato. São as medidas e o interesse do cozinheiro. É a seriedade com a qual ele prepara o prato, é como se você estivesse escrevendo um livro, como nós estamos!

Acho esse processo criativo muito lindo! Só acho esquisita a presença de três jurados. Como é que você vai ter um conceito de comida com três jurados diferentes, com três bocas diferentes, com três paladares diferentes? Porque cada um vai gostar de um prato. Então, nunca compreendo o conceito do juízo do prato. Quando eles falam da apresentação do prato, estão sendo preconceituosos porque estão vendo a beleza. Prevalece o gosto de cada um dos jurados. Eu vejo muito isso: "O seu prato está uma delícia, mas a apresentação está horrível". Isto é uma grande falta de respeito com o cozinheiro e com o prato que ele preparou! Porque há quem sirva o feijão em cima do arroz e há quem prefira o feijão separado do arroz. Cada um tem uma maneira de comer ou servir o prato. Ou seja, você prepara e serve o arroz com feijão do jeito que você quiser! Então, se eu fosse jurada, eu iria dizer o quê?

Esse momento do programa eu considero de uma grande crueldade. Não entendo essa crueldade com que esses jurados tratam as pessoas, essa competição com braveza, severidade, com ofensa. Tudo o que é ofensivo não traz benefício. Os jurados gostam de dizer que tudo é para a carreira do candidato, porque a carreira é feita de pedras... Aí um jurado diz para o outro: "Está muito ruim, não dá para comer, tive nojo". Como é que você fala isso na cara de uma pessoa? Você acha que aquela pessoa vai sair do programa vitoriosa? Vai sair pensando em fazer um novo prato para agradar esse ou aquele jurado? Esses programas englobam aspectos psicológicos muito fortes. E isso tudo me fascina porque eu questiono, eu sofro ao ver aqueles candidatos chorarem pelos resultados... Aí o jurado diz: "Não precisa chorar, cozinha é assim mesmo! É sofrimento! Para ser um grande cozinheiro precisa aguentar o chef gritando". Fico pasma, não sei quem está certo: eu ou eles?

Eu só sei que ainda hoje Ana Maria Braga é uma rainha. Ela tem um olho no peixe, que é a comida, e o outro no gato, que é o texto dela, a risada, os assuntos, sua enorme empatia.

46. A SEDUÇÃO DOS CABELOS

O POETA VINICIUS DE Moraes dizia que beleza é fundamental. Mas eu acho que começa pelo cabelo. Cabelo é fundamental. Se você se deita com um homem, antes de qualquer carícia erótica, de qualquer gesto que você faça, a mão na cabeça, a mão no cabelo demonstra uma grande intimidade, um grande gesto de amor, o afago. Então, para mim, quando uma pessoa toca no cabelo da outra, é mais do que um beijo.

A mulher se sente muito acarinhada quando o homem passa a mão no seu cabelo. E vou dizer mais: quando o homem quer ser um pouco mais agressivo no ato sexual, ele puxa o cabelo da mulher, mas sem violência. Isso é atávico, natural do homem, e permanece até hoje com forte carga sexual. Essas carícias sexuais que envolvem o cabelo são fortíssimas. Se eu passo a mão na cabeça de um homem, ele fecha o olho... E isso não significa carência de mãe ou qualquer outro tipo de carência! Você precisa da mão do outro, do cafuné feito pelo outro. Ninguém vai ficar fazendo cafuné em si mesmo, sozinho...

O que quero dizer é que na base disso tudo está o afeto, o romantismo, sentimentos que foram retirados do homem, da vida moderna. É por isso que o homem afetuoso e romântico ou não existe mais ou tem vergonha de ser assim, de demonstrar isso. E o afeto é igual para qualquer um. Pele com pele! O fato é que nós mulheres passamos quase 80% de nossa vida no cabeleireiro. Algumas...

A FORÇA DE NOSSO CABELO

O CABELO É UMA preocupação diária e nos acompanha até a morte — muita gente quer se matar quando ele fica branco e outras assumem isso de maneira espetacular! E isso é maravilhoso! Adoro essas mulheres que ficam com o cabelo branco para dizer que estão aceitando a vida. Mas, para mim, se fosse para ficar com cabelo branco, para que precisaria existir tanta tinta de cabelo, gente? Se a tinta para pintar cabelo foi criada é para ser usada, para ser comprada.

Se o homem pinta o cabelo, quando começa a ficar branco, é sinal que cabelo branco incomoda, sim, muita gente! Outros, não. Há pessoas que usam com grande destemor e galhardia o cabelo branco; as mulheres, eu adoro, dá um ar *cult*, chique.

AS MUDANÇAS

EU ADORAVA ALISAR MEU cabelo, escovando de um lado para o outro e colocando um lenço para firmar. Essa moda do cabelo liso era fruto do cinema americano, das atrizes nórdicas, quase todas louras de olhos verdes ou azuis. Hoje é que as meninas assumem o cabelo como ele realmente é, em cor e estilo. E eu acho ótimo! Um avanço e tanto na sociedade.

47. A REGRA DO JOGO

EU QUERIA MUITO FAZER uma novela do João Emanuel Carneiro, tinha loucura para trabalhar com ele e com a Amora Mautner, uma pessoa autêntica — queria ser dirigida por uma mulher. Então, eles me chamaram para fazer a Adisabeba em *A regra do jogo*. Eu estava com o pé quebrado e foram cenas dificílimas para mim, naquele momento, porque o meu cenário era num morro, com ladeiras, tudo criado na maior perfeição dentro dos Estúdios Globo. Mas dei conta do recado.

É que na mesma época eu fazia um musical chamado *Barbaridade*, e foi em São Paulo, numa prova de roupa, que tropecei, caí e quebrei o pé. Por isso, comecei a gravar a novela apavorada porque fazia uma mulher mandona, alegre, que dançava funk, subia e descia aquele morro com a agilidade que tenho na vida real — mas como faria isso com o pé quebrado? Mais um teste, mais uma prova de fogo. Assim, no primeiro capítulo, combinou-se com a diretora e os câmeras que eu nunca apareceria mancando. E olha que eu dançava funk, ia até o chão com a bota ortopédica sem que ninguém — o público — soubesse que eu estava com o pé quebrado.

Assim que entrei na novela, senti uma grande empatia por Roberta Rodrigues, Letícia Lima, Cauã Reymond e Juliano Cazarré. Fiz uma espécie de grupinho com esses atores que foram com os quais mais contracenei durante a novela. Acho que eles viram que eu estava meio insegura, mas o fato é que cuidaram de mim com afeto. E também tudo isso com o querido Tony Ramos.

Como a Roberta Rodrigues morava no Vidigal, ela dizia: "Eu vou te ensinar como é que se fala no morro. Fala 'nem'!". Ela começava a me ensinar umas palavras mais comuns e por aí acho que convenci. Fiz cenas maravilhosas com ela e com o Juliano Cazarré, ótimo para contracenar...

MA — Susana, você me fez lembrar de nosso grande ator e amigo em comum, José Lewgoy, que dizia sempre que a construção de um personagem é como uma casa. Você vai escolhendo os objetos de acordo com o padrão social da casa. Porque, se tudo parte do você, corre-se o risco de o ator representar sempre a si mesmo.

Concordo completamente com ele, éramos amigos. Lewgoy era uma pessoa temida no sentido de ser um homem muito culto, sem papo-furado, e me achava uma pessoa especial. Se ele achava isso, eu devia ser mesmo. Realmente, o Lewgoy falava que, se o ator não fizesse isso, quem entraria em cena seria você mesmo e não a personagem. Por isso, não trago nada de casa, nem óculos, unha postiça. Espero o conceito do personagem do autor, do diretor e do figurinista e quase sempre acabo acertando. Muitas vezes posso não concordar, como foi com a Adisabeba com aquele cabelo ondulado de setenta centímetros que eu achava que não iria aguentar e aquela roupa justa, mas encarei. Esse conceito de representar foi a grande escola de José Lewgoy.

A Adisabeba nasceu por um milagre, uma força da natureza, por eu querer fazer o melhor. Logo de cara me pediram para a personagem ter aquele cabelo. Reconheço que isso trouxe sensualidade para a personagem, um tipo totalmente diferente, mas criado a partir do cabelo.

Antes de pensar em como representarei o meu papel, preciso saber qual é o cabelo da personagem, a composição física é responsável por 50% da minha criação. Preciso saber primeiro qual a visão do diretor sobre a personagem e seus trajes. Pergunto para a figurinista: "Qual é o traje? Por que você escolheu essa peruca?". Aí crio a personagem e, quando mergulho, vou fundo... A transformação para criar a Adisabeba começava pelo cabelo, para dar um choque no público. Quando vi, já estava na novela e naquele papel, com aquele cabelão.

Eu tinha composto a Adisabeba baseada no meu movimento de corpo, só que contava com o corpo todo, com a perna. De repente, eu era uma mulher usando uma bota ortopédica. Outro aspecto interessante da personagem era o figurino. Eu descrevendo a roupa dela, salto alto, roupa justa, curta, me lembro da crítica que eu fiz ao figurino do último capítulo de *Te contei?*. Naquela época, 1978, tinha achado aquilo um exagero, fora de sentido.

Mas veja como tudo depende da história e da moral da época porque as mulheres gostam de ser sensuais.

Sempre fui muito libertária em relação a me vestir. Nunca segui a moda de nada. Adoro desfile de moda nos filmes, mas não frequento desfiles nem compro roupa de grife. Gosto de me vestir confortavelmente e fora do padrão vigente. Ou seja, uma mulher acima dos sessenta ou setenta não pode usar saia acima do joelho, mas eu uso. Uma mulher com 78 anos ou mais não pode usar uma calça jeans justa, mas eu uso. Uma mulher depois dos cinquenta não deixa os braços de fora, mas eu deixo. Então, tenho a maior liberdade para me vestir independentemente da minha idade, do que a moda ou a moral vigente manda.

Mas que moral é essa? Tem muita gente que diz: "Ela não tem mais idade para usar aquele tipo de roupa". Não sei quem foi que falou qual é o tipo de roupa que a gente tem que usar com cinquenta, sessenta, setenta... Não existe esse tipo de informação no Google ou na Enciclopédia Britânica. Mas posso até procurar como é que devo me vestir aos oitenta anos...

48. Os ossos do ofício

EM 2015, ME CONVIDARAM para fazer um musical: *Barbaridade* de Luis Fernando Verissimo, Ziraldo e Zuenir Ventura, com texto de Rodrigo Nogueira. Como sempre digo sim para tudo, aceitei para depois ver realmente o que era. Foi o que aconteceu quando me chamaram para patinar no *Domingão do Faustão*. Lá fui eu e depois é que lembrei que não sabia patinar.

Quando a produção do espetáculo *Barbaridade* me chamou, eu sabia que teria que cantar e dançar. Depois é que eu fui mais uma vez enfrentar o desafio, com tenacidade, disciplina e objetivo claro. Podia não ser a melhor, mas sabia que ia fazer. Acontece que comecei a ficar muito rouca, porque era inverno. Além disso, eu estava passando pelo fim do casamento com o Sandro, ou seja, estava emocionalmente um pouco insegura. Mas o teatro musical me trouxe uma alegria, junto dos atores-bailarinos.

As minhas origens! O meu coração só bateu pelas bailarinas e bailarinos. Um deles é Diego Montez, filho do Wagner Montes e da Sônia Lima, uma graça de pessoa! Comecei a me aproximar também da mulher do lanche e das camareiras, porque tenho que ter a minha turma que, geralmente, não é a turma dos atores em que um não gosta de incenso e você gosta; o outro gosta do ar--condicionado no vinte e você, no dezoito; a outra passa o tempo todo no celular.

Mas, enfim, eu me liguei àquele grupo de jovens bailarinos que eram divertidos, sonhavam. A assistente da coreógrafa era a Roberta Fernandes, esposa do Marcelo Serrado, maravilhosa, e só de ser da família do Marcelo eu já me sentia próxima. Enfim, é muito complexo fazer teatro musical, mas, quando eu entrava em cena, fazia tudo muito bem-feito. Eu fazia três números de dança e três de canto. Pusemos as músicas da peça num tom mais baixo, mais grave, e escolhi Cássia Eller, que eu amo.

Depois fomos fazer o espetáculo em São Paulo, um lugar que rende porque em São Paulo se vai muito ao teatro. Quando eu experimentava o figurino, meu pé se embolou em um vestido muito comprido, de voal, caí e quebrei o osso lateral do pé, uma fratura quase exposta. Com isso, terminou a minha história nesse musical.

De certa forma, só quero agradecer por ter trabalhado com essa gente toda. Eu que sou de uma geração, de 1970, 1980, em que o teatro era uma das artes mais valorizadas e que formou os maiores atores brasileiros.

Fiquei honrada ao ver o Ziraldo e o Luis Fernando Verissimo na plateia — na juventude li toda a obra do pai dele, o Erico Verissimo. Além do Zuenir Ventura, que é meu "fãzíssimo" e eu dele, claro! "Você que é maravilhosa! Uma mulher encantadora preenche o palco!" — era o que ele dizia.

49. Agruras da tecnologia...

Tenho muita dificuldade em me relacionar com a tecnologia. Não me conformo com o excesso de tecnologia hoje na vida das pessoas, porque compreendo a necessidade que o ser humano tem da fala, do toque, do olho no olho. Isso é uma troca de experiência valorosíssima, muito maior e mais vital do que ficar apenas se relacionando com uma máquina. É isso que mantém a gente vivo, porque ninguém vai se casar com um robô. O homem até pode ter a fantasia de uma mulher inflável, mas isso não quer dizer que ele vá morar numa casa com uma mulher inflável! Então, cada vez mais eu fui antipatizando com esse excesso de tecnologia.

Observe os atendimentos eletrônicos: disque um se você estiver calmo; disque dois se você estiver nervoso... e assim por diante. Veja o tempo que gastamos com isso... A verdade é essa. Isso é a modernidade, fazer o quê? Mas sempre vou preferir que uma pessoa me explique no lugar de uma máquina.

Hoje em dia, quando chego ao trabalho, observo que as pessoas não têm o texto numa folha. No estúdio, está todo mundo lendo o texto no celular, a Globo manda o texto pelo celular. Uma vez dei uma bronca em não sei quem que passava o texto porque estava olhando o celular... Eu achei que o meu parceiro de cena estava lendo mensagens no celular! Mas, não! Soube que o texto também poderia ser enviado para o celular.

Me recuso porque não fui chamada para trabalhar com celular, não enxergo, não sei ler, acho que é um abuso. Para mim, quero o papel. Porque teatro para mim é texto, papel, página, caneta, é riscar, corrigir.

Tecnologia *versus* Ator e texto

Dizem que a nova Globo é toda digital. Ah, é, mas você é digital para trabalhar? E aí os capítulos chegam pelo celular. Mas gosto do papel, de riscar, rabiscar. Me atrapalho muito na leitura pelo celular, impossível enxergar direito. Sem condições e não faz bem para o globo ocular. Mais do que isso, eu quero saber se nós somos digitais! Se o choro é digital! Como é o emocional? É digital? Para nós, seres humanos, isso é muito complicado. Eles próprios se atrapalham com esse exagero digital. Como não havia meios para a produção imprimir na Globo, eu acordei de receber pelo celular e imprimir o capítulo em casa.

Em *Terra e paixão*, por exemplo, eu só vi o Tony Ramos, a Glorinha Pires e eu com papel na mão. O papel é físico, então você consegue deter melhor a personagem, marcar as suas falas. O texto, o papel, significam a vida concreta. É uma relação vital. E, numa extensão disso tudo, eu digo que, apesar de toda evolução tecnológica, o que é meritório, necessário, claro, o público se liga mesmo é na emoção do ator e do texto. A mesma coisa nos restaurantes. Eu quero virar as páginas do cardápio para escolher o meu prato! Vejam também as reprises das novelas.

Bambolê está quase sem cor de tanto tempo, mas tem um texto precioso, um elenco de primeira, entrosado com a direção, que se comporta com a década em que se passa a novela, nos anos 1950, e tem feito sucesso! O mesmo posso dizer em relação à novela *A sucessora*, um dos maiores clássicos de todos os tempos. E por que se tornou um clássico, aliás, uma das produções mais festejadas no mundo? Exatamente pela sintonia da melhor qualidade entre ator, texto e direção. Eu compreendo o valor da tecnologia, isso é óbvio, mas ela precisa servir de base para a produção e não se sobrepor a ela. As produções da Globo, em especial, parecem coisa de cinema com câmeras que deslizam sobre os trilhos. Mas a base de tudo será sempre a emoção, o bom texto e a boa interpretação, com personagens cativantes. Veja o teatro! Ele não tem nada de modernidade. É a arte do ator e ponto-final.

No dia em que eu morri na novela, morri mal pra caramba. Eu não sei morrer. No último dia de gravação, eu estava triste. O Cauã também, porque nós somos muito crianças. Alguns atores que estavam no meu bar são atores novos na TV e me trataram como se eu fosse uma deusa, uma rainha. Todo mundo me recebeu com um tratamento muito especial. Eu me senti muito amada, diziam que tinham um brilhante nas mãos. Isso tudo de maneira espontânea; era eu, a Susaninha de sempre. E eu contribuía com os novos atores, indicando o melhor ponto de luz e dizendo: "Fala alto! Você está murmurando". "Você tem que lembrar que a sua avó está assistindo à novela!". Por esse motivo, a chamada naturalidade muitas vezes atrapalha, porque, afinal, trata-se de uma representação artística. Então, quando eu falo o texto, a última fileira do teatro precisa escutar. É uma interpretação da vida. Naturalidade você encontra dentro do metrô! E foi a mensagem que eu passei para a Valéria Barcellos, mulher trans que interpreta a carismática personagem Luana Shine. "Não se intimide, fale alto. Você já ultrapassou a barreira e está na novela das nove. Eu estou deixando o meu cenário para você. Tome conta, tome posse desse cenário". Levei duas bolsas bem exageradas para a personagem dela, e a Valéria gostou tanto que disse que iria usar uma delas na vida real! Então, eu contribuí com alguém, com uma artista, na vida real e na ficção. O importante é sempre dar o melhor de nós!

Uma homenagem que fizeram para mim por meio da personagem agradou em cheio ao público que me acompanha. A Cândida é fã dos artistas, do Tarcísio, Glória, Cuoco... E aí destacaram uma foto minha com o Sérgio Cardoso em *Pigmalião 70*. Lindo isso! A minha chegada à Globo...

E a produção! Parecia um quarto francês e eu usava roupas de brechó. Eu sou muita grata também à figurinista Paula Carneiro. Eu não tinha a menor ideia de como era uma dona de bordel do Mato Grosso do Sul. Essa caracterização me ajudou com 50% da personagem. Aí são 30% para o autor e 20% para o diretor. E chegamos aos 100% que sou eu!

Por tudo isso, que eu relatei, considerei que essa morte foi do dia para a noite porque estava no contexto da história. Mas eu não sabia morrer. Acho que repeti a cena umas doze vezes. E a Cândida teve a honra de morrer nas mãos de Tony Ramos! E a Susana recebeu flores e chocolates.

Por Tony Ramos

Há certos companheiros, companheiras de trabalho que a gente fica buscando adjetivos não para qualificar pura e simplesmente. Mas para definir tudo isso: a competência profissional, o carisma, a espontaneidade, a transparência, a sinceridade. A gente fica buscando adjetivos para definir uma pessoa como a querida Susana. Querida porque é querida mesmo! A gente fica buscando um adjetivo para melhor qualificá-la. Não sobre a sua competência. Mas eu fico procurando um adjetivo que seja absoluto, que a possa definir por tudo o que ela representa. Então eu prefiro sempre dizer e vou continuar repetindo: Susana Vieira é uma luz que ilumina cada set de gravação, cada lugar por onde ela chega, passa, anda, fala. Porque Susana é assim: de muito carisma, muita força, muita perseverança. E, principalmente, com o talento que tem, ela revoluciona qualquer personagem porque vai buscar nas entrelinhas de suas personagens, de sua criação, vai buscar inquietar o público no bom sentido; no sentido da reflexão. Grande Susana Vieira, companheira de tantas jornadas; mas principalmente uma atriz que eu admiro, respeito e que eu quero ver mais vez ao meu lado trabalhando, se Deus assim permitir. Grande e querida colega! Um talento que esta nação conhece muito bem. Susana merece este livro! Susana merece todas as nossas homenagens. Um beijo a ela, sempre!

50. RECONHECENDO O MUNDO

VIAJEI E VIAJO MUITO… Reconheço que o fato de termos saído de um país, o Brasil, para irmos morar na Argentina e depois no Uruguai foi ampliando as nossas fronteiras, fomos compreendendo as diferenças com maior facilidade. E isso eu devo aos meus pais, à visão moderna que eles tinham sobre o mundo, o interesse sobre a História. Isso com certeza me fez reconhecer as diferenças do mundo de maneira muito mais efetiva.

Quando terminamos de filmar *Amigas de sorte*, com Arlete Salles e Rosi Campos, fui para Miami, mas dessa vez pedi ao meu filho para ficar em um hotel em Palm Beach, porque queria ver o mar. Durante os vinte anos que fui visitar o Rodrigo, só conhecia a casa dele — que ficava em um bairro distante, isolado — e o shopping. E foi ali, de frente para o mar, que percebi a diferença: "Gente, isso daqui é que é vida!". Eu queria mesmo ficar olhando para o mar… Agora sim, cheguei em Miami!

Certamente gostaria de conhecer o mundo inteiro. Alguns países me fascinam mais, e há aqueles que me encantam, mas ainda não tive a oportunidade de conhecer, como a Austrália, por exemplo, que tem de tudo: mar, neve e um bicho pelo qual eu sou fascinada — o coala. Inclusive, foi o apelido que dei para uma pessoa que adoro, a Deborah Secco, porque meu filho a chamava de "coalinha", de tão pequenininha que ela era. Ela é muito amorosinha comigo. E acho o coala um bichinho muito amoroso.

Adoraria conhecer os países da Ásia. O Canadá é outro país que me encanta, com neve e montanha. Tenho muita simpatia pelos países, pelos povos. Trouxe ótima lembrança de quando estive em Israel, por exemplo. Profundo respeito pelo sistema de vida deles, assim como tenho pelo povo milenar dos países árabes. Acho inclusive que não temos o direito de interferir no modo de vida de outros povos. Acho natural que em outra cultura as mulheres usem o véu. Por aqui a gente não usa minissaias?

Muitas pessoas não têm mais uma religião... Admiro os muçulmanos que param para fazer duas horas diárias de oração. Há um respeito pela religiosidade, mas uma vertente dessa religião também levou à guerra. Enfim, são contradições gigantescas. Mas que direito temos de criticar? Respeito os muçulmanos.

Tenho curiosidade pela cultura, pela fala deles, por uma mulher de hijab...

A IMPORTÂNCIA DO CONHECIMENTO

ACHO QUE A MAIORIA das pessoas no poder nunca ouviu falar do que é educação, do que é cultura... Em *Fahrenheit 451*, um ditador mandava queimar todos os livros que existiam em seu país. Sempre me impressiono com o poder que os livros têm.

Eu lia muito e leio até hoje. Quando pequena, em Buenos Aires, tinha o estímulo dos meus pais e o do próprio país, porque lá o hábito da leitura é realmente muito forte. O cidadão não pode estar preparado para a vida se não estudar português, matemática, história e geografia. Com esse conhecimento, você não se perde no mundo, você vai se expressar e escrever melhor, fazer uma conta, ter ideia de onde está e se a profundidade daquele rio pode te fazer morrer afogado ou não. E conhecer as belezas desse planeta.

51. Careta não, disciplinada

Usufruí a vida do meu jeito, mas, como era muito certinha, era tida como careta. Na verdade, eu era absolutamente disciplinada. Poucas vezes na vida fiquei em baixa, deprimida. O mais importante é a alegria, o bom humor.

> MA — *Interrompo a disciplina de nossa atriz para lembrá-la de que Cleyde Yáconis, um dos maiores nomes da arte dramática, dizia que, para fazer toda a baderna em volta, você tem que ter um eixo muito forte para não se perder... E você tem esse eixo, Susana. Observo que você tem um eixo muito seguro, bem resolvido. Aliás, você fez um belo papel que a Cleyde já havia interpretado na* TV *Tupi, em 1973, a Clarita Assunção de* Mulheres de areia.

Exatamente isso. Eu entrava na bagunça, mas meu eixo estava bem resolvido. Até hoje coloco em dúvida aquele ditado de que o homem é fruto do meio em que ele vive. Não aceito isso! E só entraria numa vida marginal, desregrada, se quisesse.

Acho que a vida é cheia de diplomacias, pisamos em ovos, "Sua Excelência, Meritíssimo"... Eu acho que "senhor/ senhora" já é suficiente. Mas se não falamos "excelência ou meritíssimo" somos passíveis de punição. Como tenho um temperamento forte, sou mandona e, se deixar, dou ordens, e não é por mal, sempre me vigio. Educação é fundamental e, quando é para pedir alguma coisa, usa-se "por favor" e "obrigada".

Sou uma ótima dona de casa, chata pra caramba, sujeira comigo não pode, essa flor já está murcha, essa mesa tem que sair daí! Mas não é neurose, é que sou dona da minha casa. Limpo geladeira, vejo o que está podre, esse lado de dona de casa me distrai e é importante. Lavo louça e não penso em nada. Meu budismo está nesses trabalhos manuais e domésticos — se tem uma hora em que medito, não penso em nada, é nesse momento de arrumar a casa.

Mas é claro que eu conto com a ajuda de profissionais com os quais estabeleço a confiança: a primeira qualidade para pessoas tão próximas.

Eu, que sou tão altiva, achei que poderia dar conta de ser dona de casa e de ser mãe de cachorro, cuidar de documentos, papagaios e marcar entrevistas. Mas não. Porque, com o tempo, a carreira da gente foi se modificando, os meios de comunicação se ampliaram e a gente precisou contar com a ajuda profissional qualificada para dar conta de tudo isso.

Há uma necessidade cada vez maior de as revistas quererem saber o que você acha disso e daquilo, até revistas de cachorros pedem a minha opinião...

Acordo feliz ou zerada. Fato é que me refaço diariamente. Se houve algum problema no dia anterior, acordo quase que zerada após uma noite boa de sono. Às vezes dou mais importância à bomba de água que pifou — afinal, a água vai me fazer falta, né?! — do que fico sofrendo por homem.

Qualquer coisa, desfaço no dia seguinte porque, se não é concreto, eu deleto. É a minha capacidade de dar a volta por cima. Na casa em que moro hoje, cada tijolo foi meu, respeito o tijolo que eu construí e que veio de trabalho, não veio de diretor nenhum, nem da Mega-Sena... Reconheço as oportunidades que tive, mas também reconheço o quanto trabalhei durante todos esses anos para estar aqui, nessa casa maravilhosa.

Hoje, aqui em casa, seu Francisco faz as compras todos os dias; a Cida cuida de mim, da minha roupa, dos cachorros, organiza meu quarto, penteia o meu cabelo; a Cláudia cozinha e a Rose cuida da casa. São pessoas por quem tenho profundo respeito, admiração e afeto.

Quem trata das questões práticas, da casa, por exemplo, é a Sônia. E a Sônia vem e vai a toda hora. Para chamar a Susana de volta, tenho que ter um organograma, uma agenda, ter um texto, sou muito disciplinada. Quando saio por aquela porta, sou a Susana. Aí não lembro de nada, não quero que ninguém me ligue para dizer que quebrou alguma coisa, que faltou água, quero que me poupem, porque lá eu sou a Susana Vieira. Porque com facilidade eu vou voltar para Sônia, já que sou humana.

Não é que eu saia do personagem, o personagem aqui sou eu, a personagem é a Sônia, não é a Susana. O temperamento é meu, o corpo físico pra chegar até aqui é meu, então acho que esse lado de conversar, saber de tudo, ser curiosa não é da Susana Vieira não, é da Sônia. Gostar ou não gostar, me apaixonar ou não é a Sônia. Esse lado Sônia fica aqui dentro de casa.

Minha casa é meu porto seguro, onde eu posso ser o que quero ser, livre de qualquer julgamento. É também o meu lugar de descanso, da cabeça e do corpo, no meio do silêncio da montanha, um lugar íntimo e acolhedor, e cercada de mato, plantas e das minhas vidas, os meus cachorrinhos. E o meu lado Sônia fica aqui dentro da casa...

No divã

TODA VEZ QUE CHEGO à analista, é uma alegria!

Acho que fazer análise é isso mesmo, é se sentar em frente ao analista e falar sobre quase todas as coisas diárias que me incomodam. Minha analista, dra. Ana Beatriz Barbosa, morre de rir comigo, diz que tenho um senso de humor muito bom e isso ajuda a aliviar um desgaste desnecessário. A gente bate papo, fofoca, minha análise é uma hora de recreio, pois transformamos tudo em solução. Os assuntos são sempre os mesmos: problemas familiares, namorados, situações que desestabilizam. Enfim, problemas que conseguimos solucionar. Esse encontro é reconfortante, estabilizador (mas só por uma semana!). Mas é sempre acolhedor! Em resumo: a terapia é fundamental para o nosso equilíbrio, para a harmonia de nossas emoções.

52. Eu e o Carnaval

O Carnaval entrou na minha vida quando eu tinha dezesseis anos. Ou talvez tenha chegado antes, aos sete ou oito, quando morávamos em Buenos Aires e uma vez por ano vínhamos de férias para o Rio de Janeiro.

Quando entrei na tv Tupi, eu tinha dezesseis ou dezessete anos e fui com o grupo de dança da Maria Pia Finócchio fazer uma apresentação especial, com a presença de cantores como Pery Ribeiro, num clube de Santos. Tudo terminava numa grande festa de Carnaval e nesse encerramento me apresentei como porta-bandeira. E, exibida, gostei.

Quando eu morava na Ilha do Governador, o Iate Clube Jardim Guanabara também tinha, é claro, a sua festa de Carnaval.

Era o clube que nós frequentávamos.

Meu pai não permitia que eu fosse à festa à noite, mas, durante o dia, tinha a festa ao redor da piscina — se eu não estiver enganada, com a presença do bloco da União da Ilha do Governador, e eu também saía de porta-bandeira!

O Carnaval na Globo

Já na tv Globo, quando o Régis Cardoso trabalhou como diretor de imagens, ele chegou a colocar um Carnaval no ar, no Rio de Janeiro. Régis ficava no caminhão, no *switcher* (cabine onde trabalham, durante uma gravação ou transmissão ao vivo, o diretor de TV e a equipe técnica), comandando os câmeras na avenida, e eu ficava sentada sozinha na arquibancada de ferro, na avenida Presidente Vargas, sem perigo algum, adorando toda aquela festa.

O Régis era muito atuante no Carnaval carioca, tanto que virou presidente do Salgueiro e criou uma comissão de frente na escola com todas as mulheres da televisão, altas e bonitas. Como precisava também de bailarinas que fizessem uma coreografia, escolheu a mim e a Marília Pêra. Lembro que, assim que entrei na avenida, o salto do meu sapato para o desfile quebrou. A Marília sugeriu que eu tirasse o salto do outro par para ficar tudo igual...

Ao meu lado, só mulheres altas e eu pequenininha, bailarina, sim, mas me sentindo inferior porque achava que nem iria aparecer. Eu entrei com 1,58 metro na avenida.

Mas foi o maior orgulho quando ganhamos dez, porque nossa apresentação coreografada era perfeita. Naquela época, com o Régis, eu ensaiava no galpão, e, quando acabava o desfile da Sapucaí, a gente ia embora passando por ruas escuras, nada de camarote. Eu achava aquilo muito triste, detestava, xingava, não compreendia por que depois do desfile a gente não podia retornar para a avenida, ir para um lugar melhor, descansar e usufruir da festa.

Desde que houve a profissionalização das escolas de samba, a comissão de frente sempre foi muito importante, é a apresentação de uma escola. E é onde as pessoas mais se exibem, em especial o diretor da escola, o criador. Já estive na comissão de frente na Grande Rio, também levada pelo Joãosinho Trinta; eu fazendo o papel da Maria Louca, com Dom Pedro pequenininho e doze escravizados carregando o meu manto que pesava 45 quilos e que ajudei a bordar com lantejoulas porque a escola não tinha muito dinheiro. O Joãosinho Trinta, grande carnavalesco, me achou uma pessoa inteligente, viva e capaz, e representar a Maria Louca foi uma coisa única! Atravessei a avenida com toda a naturalidade e, contando assim, vejo a loucura e a responsabilidade em aceitar isso. Depois, teve um ano, 1992, em que a Leão de Nova Iguaçu homenageou Janete Clair. Aí foi tranquilo, apenas marquei presença no carro alegórico. Eu sei que, das duas vezes em que fui comissão de frente, ganhamos nota dez!

Portela para sempre

Foi no Carnaval de 1970 que virei para sempre portelense por conta de "Foi um rio que passou em minha vida" (que não foi samba-enredo) do Paulinho da Viola. Eu conhecia a música que ele havia feito como declaração à sua escola do coração, a Portela, e na concentração começaram a tocá-la. Eu fiquei muito emocionada e comecei a chorar e, quando finalmente a escola entrou na avenida, eu já estava tomada pela emoção. A música era exatamente o que estava acontecendo: "Foi um rio que passou em minha vida e meu coração se deixou levar". Isso era de uma beleza, a voz do Paulinho, a empolgação da Escola... Eu estava sentada na arquibancada porque o Régis fazia direção de tv, das imagens externas, dentro de um caminhão da tv Globo. Até eu ser convidada para ir para a Grande Rio. Mas, de qualquer maneira, quando a Portela passa, o meu coração bate também.

De todas as canções brasileiras, essa foi a coisa mais linda que eu já vi e ouvi, tanto que virei Portela na mesma hora. Na concentração, ao som desse verdadeiro hino, a escola se aquecia, se empolgava e todos os seus foliões vibravam muito. O que eu sei é que, quando a Portela passou, fiquei absolutamente encantada com a escola.

No Sambódromo

Eu era amiga da Neusinha Brizola e ela me convidou para inaugurar o Sambódromo em 1984, no camarote do pai dela, o governador Leonel Brizola. O Sambódromo trouxe uma nova cor para o Carnaval e eu fui ficando cada vez mais fascinada. Desde essa data, nunca mais deixei de ir aos desfiles no Sambódromo.

Senhora da Avenida

O Carson Gardeazabal, que foi meu segundo marido durante dezessete anos, adorava carnaval, conhecia o pessoal da Grande Rio e me convidou para conhecer a quadra em Duque de Caxias. Comecei a frequentar o barracão, os ensaios, enfim, a me entrosar na escola. Era uma escola pequena, do segundo grupo. Eu era muito bem tratada. A escola foi crescendo e nós passamos do segundo grupo para o grupo especial. Em 1991, o Jayder Soares, presidente da escola, criou a Ala dos Artistas e me convidou para ser a madrinha. Pela primeira vez eu tive um destaque no carnaval e, durante esse tempo todo, por causa da minha frequência e amor à Grande Rio, a escola começou a me dar um lugar de destaque na frente, como convidada especial. Após alguns anos desfilando como destaque na escola, Jayder me convidou para eu ser rainha de bateria. Até então eu vinha sambando no chão, na frente do carro abre-alas. Eu nunca vou me esquecer de quando o Jayder contratou Joãosinho Trinta, que era um ícone do carnaval para todas as escolas, um homem de bom gosto, um carnavalesco de uma criatividade incrível; ele teve a ousadia de me convidar para participar da comissão de frente da escola. É uma grande responsabilidade porque é uma categoria em que geralmente ela ganha o prêmio. A escola tem as suas melhores notas na categoria de comissão de frente e a cada ano eles vêm se aperfeiçoando mais. Por dois anos, eu fui rainha de bateria da Grande Rio e quando o Jayder me convidou eu vivi uma experiência única. Eu já queria ser rainha para estar perto da bateria, que é uma sensação muito especial. Aquilo é força, luta pela comunidade, eles batem naqueles tambores como se fosse uma vitória! E a vitória para eles é muito importante! Então isso te dá muito orgulho, uma responsabilidade por estar representando a escola. E a bateria é a coisa mais importante para uma escola de samba.

Quando fui rainha de bateria na Grande Rio, carnaval de 2005, era também o ano da *Senhora do destino*. Eu chamei o meu filho, que estava em Miami, para estar ao meu lado atravessando a Marquês de Sapucaí. Pedi ao Jayder Soares, presidente da escola, que meu filho vestisse a roupa da diretoria. Eu queria que meu filho sentisse aquela emoção que eu estava sentindo. E vivi ali a maior emoção da minha vida! Sessenta mil pessoas gritando: "Maria do Carmo, cadê você? Eu vim aqui só pra te ver".

O meu filho não tinha ideia do que era atravessar a avenida e, sobretudo, *não tinha ideia do que era atravessar a avenida ao lado de Susana Vieira,* que acima de tudo, era a mãe dele! Ele ficou boquiaberto e orgulhoso de mim. Aquilo tudo foi uma apoteose! Eu estava com sessenta anos e era um momento muito especial para mim. Eu queria alguém da minha família por perto. Porque você está na avenida, com sessenta mil pessoas olhando para você e ao mesmo tempo você se sente a pessoa mais sozinha do mundo! Você está sujeita a chuvas e trovoadas. A perder o ritmo, a se emocionar. Foi a maior solidão e, ao mesmo tempo, a maior companhia que eu já tive na minha vida. Uma solidão com sessenta mil pessoas...

MA — *Essa solidão ao atravessar a avenida me faz lembrar da solidão de um monólogo no palco, pergunto à nossa atriz. O que ela de pronto rebate:*

De jeito nenhum! No palco, eu me apoio na plateia, portanto, *não te-nho a sensação de estar sozinha. Por isso, no teatro, para mim, não tem a quarta parede. Eu incluo o público no espetáculo.*

Voltando ao desfile, no dia seguinte a imprensa registrou que eu havia sido a "Senhora da Avenida". José Wilker, o bicheiro Giovanni Improtta da novela *Senhora do destino*, estava junto. Sou eternamente grata ao Aguinaldo Silva pela criação da nordestina Maria do Carmo. Ali havia uma mistura da Susana Vieira com a Maria do Carmo de *Senhora do destino*. Eram duas emoções em uma só pessoa! Sobre isso, falarei um pouco mais à frente.

OVERACTING

HÁ UMA GUERRA DE vaidades nas escolas, onde entra inveja, maldade, competitividade... Nunca briguei com ninguém, sempre me senti orgulhosa, mas, é claro, eu sentia que muita gente tinha inveja de mim na Grande Rio. O Jayder gosta muito de mim, me respeita, sabe da minha força junto ao público e dentro da escola. Sabe que, quando entro na avenida, em qualquer lugar onde esteja, quando passo é um show. Quando ele me convidou para desfilar com o David Brazil, no Carnaval de 2015, foi um arraso, porque o David também frequenta tudo, conhece todo mundo, é superpopular e querido.

Foi com o David que aprendi o que chamam de *overacting,* que funciona como uma saída maravilhosa. Você atravessa o aeroporto com a mala, meio atrasada, e ao mesmo tempo fala com todo mundo. Dessa maneira, você disfarça aquele momento, que pode ser de tensão, e deixa todos se questionando; eles não sabem se acham graça, se você é desbocada, se te amam. Então é assim: "Susana Vieira, eu te amo!". E eu respondo: "Eu também!". Esse meu tipo um pouco *over* é ótimo para sobreviver nesse caos social. O tipo *over* protege. Os paparazzi me adoram! Porque, se uma foto minha posada rende menos, para ele é importante tirar uma foto no flagra para ganhar mais. Ao encontrar um paparazzo num lugar, eu combino com ele que vou fingir que estou experimentando um sapato sem perceber que ele está me observando e ele me fotografa.

Aprendi um pouco como ser uma pessoa de sucesso na rua sem me aporrinhar ou sem ter que dizer: "Meu amor, eu estou com vontade de chorar". Ou: "O avião já vai sair!". Isso representa proteção. Porque você aplaina o dia a dia de ser famoso e pode sair de casa com certa tranquilidade. A nossa vida não é o que a gente gostaria que fosse. A nossa vida é muita exposta e o público se sente dono de você…

Resumindo: já fui madrinha da ala dos artistas, rainha de bateria duas vezes, fiquei em cima do carro alto, fiquei em cima do carro baixo, fui plateia, público, tudo, enfim. Hoje, acho que não vou mais sair no Carnaval. Já desfrutei de quase tudo que o Carnaval pode me dar. Menos ter sido enredo da minha Escola. Mas continuo assistindo ao maior espetáculo da Terra de camarote!

Arquivo pessoal

Acima, meu pai e minha mãe; abaixo, eu e meu irmão Sérgio Ricardo vestidos para uma festinha em Buenos Aires.

Acima, com cinco anos de idade conhecendo o rigoroso (e charmoso) inverno de Buenos Aires; abaixo, férias na praia de Copacabana, no calor do Rio.

Um "recuerdo" de minha vivência escolar no Uruguai.

À esquerda, apresentação de balé no Teatro Colón, em Buenos Aires; à direita, fazendo pose para capa de disco de vinil no início da década de 1960, época da TV Tupi.

Ao lado, no estúdio do programa *Grandes Atrações Pirani*, na TV Tupi, em 1961; abaixo: já comecei bem no drama! Contracenando com Luis Gustavo em *Crime e Castigo*, clássico de Dostoiévski, para o *Teleteatro Brastemp*, na TV Tupi, em 1963.

O cotidiano (e as agruras) de um casal da década de 1960 em teleteatro da TV Tupi. Em cena com Henrique Martins.

1963: subindo ao altar com Régis Cardoso, e Hebe Camargo foi nossa madrinha! Do casamento, nasceu meu filho, Rodrigo Otávio, em 1964.

Cartaz de *Seu único pecado*, minha passagem pela Record de Paulo Machado de Carvalho em novela da pioneira Dulce Santucci.

Em *Almas de pedra*, da TV Excelsior, gravada nos estúdios da Vera Cruz, em São Bernardo do Campo (SP). Na foto eu estou com Jovelty Archangelo e, abaixo, Glória Menezes (que também fazia papel de um homem).

Em família: com Régis e meu filho Rodrigo aos cinco anos de idade.

fotos: arquivo pessoal

Minha estreia na TV Globo no sucesso *Pigmalião 70*, fazendo par com o astro da arte dramática Sérgio Cardoso; na página ao lado, a doce feirante Candinha de *Pigmalião 70* conquistando meus primeiros fãs.

Arquivo pessoal

Também trabalhei em Fotonovela! *Ninguém Destruirá o Nosso Amor*, da revista Sétimo Céu, em 1973. E com a participação de Rodrigo. Mas ele não fazia meu filho na história.

Acervo Mauro Alencar

Em *O bofe*, uma sátira de Bráulio Pedroso, eu fazia uma vendedora de livros. Com Ziembinski e Betty Faria.

Domingo tinha o *Programa Silvio Santos* na TV Globo. E eu recebi o Troféu de Rainha da TV por *Escalada*, em 1975.

Acervo Mauro Alencar

A Cândida de *Escalada* foi, efetivamente, a minha primeira protagonista! De uma simplória mulher do campo, minha personagem impulsionou a Lei do Divórcio na vida real.

arquivo pessoal

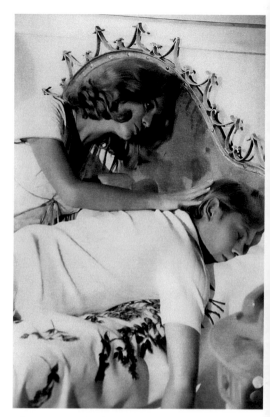

Anjo mau, de 1976, retumbante sucesso de meu padrinho na TV, Cassiano Gabus Mendes. À esquerda, eu, Ilka Soares, Neila Tavares, Pepita Rodrigues, Kátia D'Angelo e Vera Gimenez; à direita, o amor de Nice por Rodrigo (José Wilker).

Alcyr Cavalcante / Agência O Glo

Edinho na novela e Erick na vida real. Mas tanto faz: o amor foi o mesmo

A sucessora: com Rubens de Falco, sucesso que conquistou o mercado estrangeiro e um romance que saltou da tela da TV para a realidade, e com Nathalia Timberg: clima de medo e mistério na mansão da falecida Alice Steen, um retrato na parede.

De uma densa personagem em *Os gigantes*, saltei para um ensaio erótico para as lentes do fotógrafo Miro, em 1981.

Os gigantes, no título e no elenco. Uma novela que nasceu polêmica! Com Francisco Cuoco, Dina Sfat, Tarcísio Meira, eu e Joana Fomm.

Com Claudio Marzo em *Cambalacho*, sucesso de Silvio de Abreu com direção geral de Jorge Fernando.

Na cantina da trama policial de *A próxima vítima* havia espaço também para o amor entre Ana e Juca (Tony Ramos).

A poderosa Branca em um de seus telefonemas icônicos de *Por amor*, a crônica social na telenovela de Manoel Carlos.

Fotos: arquivo pessoal

"Bastidores da gravação de *Senhora do destino*. Eu e minha filhota" Carolina Dieckmann. Um sucesso arrasador!

Acima, gravação em Paris de *Duas caras* com José Wilker; ao lado, com Tony Ramos em *A regra do jogo* na cidade cenográfica do Morro da Macaca.

fotos: arquivo pessoal

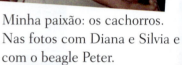

Minha paixão: os cachorros. Nas fotos com Diana e Silvia e com o beagle Peter.

Meu aniversário de 81 anos, no Algarve, em Portugal. Rodeada pelo amor de meu filho, Rodrigo, e de minha nora, Ketryn.

Primeiro Natal em Miami co[m] meus netos, Bruno e Rafa[el]

Gloriosa e apoteótica no Carnaval de 2014, no abre-alas da Grande Rio; abaixo, na folia de 2017 com Jayder Soares e Mauro Alencar.

Família: acima, com Sandrinha, Sérvulo Augusto e Sérgio Ricardo; ao lado, com Sandrinha e Suzaninha Gonçalves. Amo vocês!

fotos: arquivo pessoal

Acima, em 1990: comemorando a estreia de *A partilha* com Miguel Falabella; nas duas fotos em preto e branco no alto, à direita: com Tônia Carrero no espetáculo *Constantina*, de Somerset Maugham e com Otávio Augusto em *Entre quatro paredes*, de Sartre. Na imagem colorida, à direita, no papel de Maria em *A paixão de Cristo*, em Nova Jerusalém (PE, 2010). Nesta passagem eu estava com Jesus (Eriberto Leão), Madalena (Dig Dutra) e João (Renato Góes).

Com meu filho, Rodrigo, que foi me assistir no monólogo *Shirley Valentine*, em Porto Alegre, 2016.

Eu, senhora do meu destino

SENHORA DO DESTINO FOI um divisor de águas na minha carreira, na minha vida. Pela novela, por meu personagem — a grandiosa Maria do Carmo Ferreira da Silva — , pelo elenco; criou uma empatia nacional em torno do meu nome. Isso foi dito até pelo presidente Lula. Pela primeira vez, tínhamos uma protagonista nordestina, uma retirante que venceu pelo seu esforço, em "novela das oito" da Globo. Que saiu de seu convívio familiar e veio para o sudeste ganhar a vida, em busca de trabalho.

Eu penso que muito disso foi pelo fato de eu ter interpretado uma mulher nordestina, uma pernambucana, vitoriosa (ainda mais eu sendo do sudeste do país). A Globo contratou uma professora de prosódia para adequar o nosso sotaque à origem de nossos personagens e, em especial, para adequar tom e ritmo da fala de minha personagem com Carolina Dieckmann (que interpretou Maria do Carmo na primeira fase da novela).

E eu tinha muita vontade de interpretar uma nordestina. Até então achava difícil que me chamassem para um papel assim porque sei que tenho características urbanas, com sotaque muito acariocado. Para começar, a personagem Maria do Carmo foi escrita para uma outra atriz. Eu iria fazer a Nazaré Tedesco. E, por fim, por uma decisão da direção, do Wolf Maya, com o autor Aguinaldo Silva, eu fui escolhida para assumir o papel da protagonista. E Renata Sorrah — a escolha certeira! — também brilhou no papel. Até aquele ponto, normalmente o nordestino não tinha o protagonismo da história. Então havia muita pressão em cima de mim porque eu precisava agradar, em especial, aos nordestinos. A novela era contada do ponto de vista do nordestino, de uma retirante que vem de Pernambuco e conquista a vida no Rio de Janeiro, em Duque de Caxias. Foi uma grande vitória nossa! Da Globo, da televisão brasileira. Um trabalho intenso. Praticamente um ano em que eu só decorava o texto e gravava. E usufruía do sucesso da novela! Eu me afeiçoei ao elenco porque eu precisava deles. Um elenco maravilhoso! Eu precisava dos meus quatro filhos para atuar bem, para me sentir forte, interpretados por Marcello Antony, Eduardo Moscovis, Leonardo Vieira, Dado Dolabella; além da busca de minha personagem pela filha roubada, Lindalva (Carolina Dieckmann).

Também tenho as melhores lembranças da personagem Clementina, governanta, cozinheira e conselheira vivida por Miriam Pires, que lançou até um livro de receitas! Além das namoradas dos meus filhos. Nós fizemos uma grande família! Também tive o prazer de trabalhar com José Wilker e José Mayer; e ambos os personagens me disputando. Isso fez com que o personagem ganhasse mais visibilidade porque o público adora histórias de amor, adora ver uma pessoa desejando a outra. Então, eu, como mulher, também me senti muito envaidecida não só por isso, mas também porque eu era disputada por dois grandes atores da TV Globo. O público gostava de me ver tanto com o Dirceu (José Mayer) quanto com Giovanni Improtta (José Wilker). Um intelectualizado, mais sério; o outro, um contraventor, puxando pela comédia. E ambos encantavam.

Além disso, tinha todo o vocabulário criado pelo fabuloso Aguinaldo Silva e que ganhou vida na excepcional criação de José Wilker. Ao final da novela, o público foi obrigado a votar com quem Maria do Carmo deveria terminar a história porque eu tinha química com os dois atores e o autor levou isso até o fim. E eu terminei com o bicheiro. O público também quis isso em sua maioria.

Mas eu acredito também que teve um fator determinante: a escola de samba Unidos de Vila São Miguel, presidida por Giovanni Improtta, homenageou a trajetória de minha personagem com o samba — enredo "Senhora do destino". E isso uniu ficção e realidade. Eu, na Grande Rio, e Maria do Carmo na escola criada pela novela, conforme já contei. Aguinaldo foi casando a ficção com a vida real. À noite, gravamos, no Sambódromo, a sequência do Carnaval especialmente para a novela, com os carros alegóricos da escola Unidos de Vila São Miguel. Depois, a direção da novela misturou as imagens do Carnaval real do Sambódromo com a novela. Como já contei, no dia em que eu desfilei como rainha de bateria da Grande Rio, o público misturou tudo: Susana Vieira, com Maria do Carmo com Senhora do Destino com Susana Vieira! Uma integração total entre realidade e ficção.

MA — *Susana, é fato que ambos faziam o par perfeito com você. Mas havia uma ligação entre você e o Wilker no inconsciente coletivo muito forte. E isso também empurrava a Maria do Carmo para os braços do Giovanni Improtta.*

Concordo com você. E o tratamento dado a ela por Giovanni Improtta era arrebatador.

Mas a Maria do Carmo era muito inteligente também, e Dirceu fascinava por sua cultura, contando a ela as histórias da ditadura. O Improtta, com o seu humor, com certo deboche e ironia ao olhar os acontecimentos da vida e certa loucura... Tudo isso conquistou por demais a Maria do Carmo.

Então, tudo era de grande interesse. O personagem do Wilker, por exemplo, também era uma novidade (Paulo Gracindo havia feito muito sucesso interpretando um bicheiro lá no início dos anos 70 em *Bandeira 2*), sua composição, maneirismos, tudo muito sedutor.

Já na reunião de elenco, eu percebi que em cada núcleo havia personagens, temas e atores brilhantes! Havia a questão do Alzheimer na personagem de Glória Menezes, que era casada com o Barão de Bonsucesso (Raul Cortez); e o Ítalo Rossi no papel de mordomo na residência do casal. Eu tinha aulas de interpretação em cada núcleo, em cada cenário.

Também primorosa a direção do Wolf Maya. A Carolina Dieckmann não tinha nada de mim. Mas, quando eu vi os primeiros capítulos, pensei: "Meu Deus! Preciso imitá-la dada a nossa sintonia com a personagem!". Do mesmo modo, quando o tempo passa e ela se transforma em Susana Vieira... Tudo muito bem trabalhado, nos mínimos detalhes. E, em Duque de Caxias, a Maria do Carmo faz a sua vida, a partir de uma loja de material de construção. Era um Brasil novo, uma homenagem ao Nordeste.

Então, envolta por todo esse cenário, quando eu apareci na avenida e misturaram o nome de Susana Vieira com Maria do Carmo, eu acho que isso foi o ápice de minha carreira. Eu, completamente senhora do meu destino!

Por Renata Sorrah

Susana é das pessoas que eu mais admiro. Seu talento. Seu cuidado e apreço pela família. Sua vida e sua força! Nós fizemos alguns trabalhos juntas. Quando vejo algo que eu não fiz, penso em como gostaria de ter feito junto com ela. Que grande atriz. Que bela companheira de cena! Susana joga bonito com a gente. Olho no olho. Ela joga limpo, com alegria e prazer. É uma pessoa com espírito. Sempre para cima e alegre. Ligada na vida. Qualquer mensagem que transmita, por mais simples que seja, é de uma força. De uma potência! Tem pessoas que têm o poder de encantar às outras. Susana é uma delas. Um sucesso. Merece todas as palmas e os aplausos por sua história. Gosto imensamente dela.

Por Wolf Maya

Susana Vieira faz parte da história da minha vida! Da minha vida criativa. Eu entrei na Globo com 27 anos de idade e a primeira novela em que eu tive autonomia, o taco, a direção, foi *Bambolê*, de 1987, com Susana Vieira e Cláudio Marzo. E eu fiquei muito amigo dos dois, de todo o elenco, sem dúvida alguma. Isso foi há quarenta anos, mas Susana e eu somos amigos e parceiros até hoje. Ela protagonizou minha primeira novela e também esteve na linha de frente da última, *Amor à Vida*. Então é uma história redonda de vida de reconhecimento, de confiança, de admiração. Ela é uma das pessoas, mulheres, atrizes mais interessantes que já cruzaram a minha vida! Principalmente na minha vida profissional. Somos amigos pessoais porque ela é adorável! Mas na televisão ela é uma profissional, talvez, única. É de uma competência, de um profissionalismo, de uma autoridade naquilo que sabe fazer; de uma suavidade na direção. Ela sempre me admirou e eu a admirei. E é muito bom trabalhar com quem se admira. Então nós fomos muito fiéis e entregues um ao outro. E isso levou a grandes performances na televisão que a gente tem na nossa história. Então, se eu tenho que citar uma atriz na minha vida pessoal como ator e diretor, a primeira atriz com quem eu me envolvi e trabalhei foi Nathalia Timberg. E a primeira atriz com quem eu mais trabalhei na televisão e que mais tive um envolvimento de criação absolutamente fantástico foi Susana Vieira. Então, parabéns à Susana, um beijo de muito amor, admiração, carinho e parceria. E ela é na verdade um ícone da televisão brasileira. Nós ainda vamos entender, com o passar do tempo, a importância da televisão para a cultura e integração desse país. E Susana é um ícone porque ela esteve presente em todos os momentos na casa de todos os brasileiros nesses últimos quarenta, cinquenta anos. Ela esteve presente na casa de todos os brasileiros fazendo-os se entreter, se divertir, se emocionar, se reconhecer uns aos outros; com personagens absolutamente populares e brasileiros. *Senhora do destino* foi um ícone. Foi uma celebração ao nosso encontro: ela, eu e Aguinaldo Silva, outro grande parceiro. Um encontro eternizado que estará no ar a vida inteira! Um beijo, Susana! Eu te amo e parabéns.

53. Quando o destino me traiu

Foi às vésperas do Carnaval de 2006. Eu ocupava o posto de rainha de bateria da Grande Rio e Marcelo Silva, por ser policial militar, trabalhava como segurança de meu amigo Jayder Soares, patrono da escola. Durante os ensaios, ele pediu para tirar uma foto ao meu lado. Disse que admirava muito o meu trabalho e queria uma foto para mostrar para a mãe, também minha fã. Me encantei por seu tipo, por seus olhos verdes e disse a ele: "Olha que segurança lindo!". No dia do desfile da escola, o meu motorista passou mal e Jayder destacou dois seguranças para me buscarem: Jorjão e — coisa do destino! — o Marcelo.

Sempre tive consciência que um amor dura o tempo que tiver que durar. Ao mesmo tempo, quando estou amando, sempre acho que vou viver com aquela pessoa a vida inteira! Não consigo começar uma relação amorosa achando que vai durar dois anos apenas. Não imaginava viver com o Carson, meu segundo marido, por dezessete anos! E, por mim, também teria passado a vida inteira com o Régis! E foram apenas sete anos de casamento.

Acordei um dia com uma traição contada pelos jornais: "Marido de Susana Vieira tem uma amante há meses". Uma traição enorme com fotos, com provas. Na mesma hora, botei Marcelo pra fora de casa, e ele foi morar com a amante num hotel na Barra.

Esse é o único capítulo da minha vida em que uma parte dessa história só ficará entre mim e a polícia. Mas posso garantir que foram os piores dias da minha vida. Eu tive que andar escoltada e ter seguranças na minha casa dia e noite.

O DIREITO DE AMAR

O QUE MAIS ME chocou nisso tudo é que a imprensa ficou contra mim. Nunca vi isso na minha vida. Repito: *Eu nunca vi isso na minha vida!* Se tenho algum trauma em relação à imprensa, especificamente sobre a notícia de famosos, é ela ter ficado contra mim. Fui ridicularizada. Todos diziam a mesma coisa: "Você acha que o cara não iria te trair? Você achou que ele iria morar com você e que não teria outra mulher? E você queria que acontecesse o que com um cara bem mais novo?". Eu me perguntava se, por um acaso, alguém com 35 anos é um jovenzinho. Ele era um homem. Era o meu marido, não um namorado.

Foram inúmeras capas e reportagens para esse assunto, entrevistaram até a amante, tudo para me esculhambar. É difícil você acreditar que uma jornalista escreva um editorial como se a errada da história fosse eu. Eu era a vítima!

Tudo aconteceu numa quinta-feira, e no sábado eu tinha agenda para um programa de TV da Angélica gravado em Salvador. Quiseram saber, na Globo, se eu iria. Confirmei, afinal, nunca deixei de ir a nenhum compromisso meu de trabalho. E fui para Salvador com segurança da TV Globo. Ao chegar, abracei forte a Angélica, ficamos assim por um tempo e ela chorou comigo. Me senti acarinhada por toda a equipe, e Angélica achou que eu não teria condições de fazer a entrevista. Respondi: "Tenho! Me aguarda até amanhã".

Acordei outra mulher e a entrevista com a Angélica foi uma das melhores que fiz na minha vida, falamos de outros temas. Eu estava bonita, feliz e alegre. E ela, como sempre, inteligente, sensível e amiga.

O JULGAMENTO

ENFRENTAR A IMPRENSA é que foi difícil. Comecei a ficar grosseira, porque faziam perguntas horríveis, absurdas. A imprensa só me julgou. E não imaginava que toda a sociedade estava me julgando também desde o começo. Que achavam que o casamento por si só já era ridículo, que eu ter me casado de noiva tinha sido uma palhaçada. Nas estreias que eu ia, festas, baladas, todos perguntavam: "Como é que é ser traída?".

Levei minha vida igual, com o empenho de sempre. E quer saber o que realmente penso disso tudo? Ninguém tem de justificar com quem namora. Enquanto não tinha acontecido a tragédia, as pessoas podiam comentar entre elas. Mas, depois de ter convivido 25 anos com a imprensa, eu merecia um tratamento mais respeitoso. O que mais me ofendeu e feriu foi a imprensa inteira ter ficado contra mim, isso foi a coisa mais absurda, abjeta, preconceituosa que já vi. Quem teve uma *overdose* que o levou à morte foi ele! Quem tinha uma amante era ele. E eu que viro a irresponsável por ter me casado por amor?

Diziam: "Como você não viu isso antes?". E por um acaso alguém conhece tanto o outro assim antes de um intenso convívio? Pois se até convivendo diariamente com alguém surpresas desagradáveis podem acontecer!

Depois, tomei conhecimento que muita gente já sabia do que acontecia, mas nunca me contaram nada. Acho péssimo esse negócio de não contar para não fazer sofrer, porque, quando você sabe lá na frente, sente-se traído por todo mundo. Então, se você sabe que aquela pessoa é abjeta, avisar ao outro é fundamental. O que pode acontecer? A pessoa dizer: "Não acredito"?

Vejam bem, não sou uma pessoa imbecil, já tinha casado várias vezes, tinha um filho adulto, tenho uma carreira, uma profissão! Não era uma menininha para ficar traumatizada com uma traição. Não sou mulher de segurar homem perto de mim o tempo todo. Gosto de liberdade, de ter a tarde livre para as compras, de ir ao cabeleireiro duas vezes por semana. Se tiver que ir para Miami e o meu companheiro não puder ir, eu vou. O marido estava trabalhando, não ia e ponto final.

Então, quando as pessoas me perguntavam se eu não achava natural que isso acontecesse, eu respondia que não. Porque ainda acredito no ser humano. Porque não me passa pela cabeça que, quando eu me apaixono, a sociedade inteira está achando que aquele homem jovem está comigo para me explorar. Quando vejo um casal de namorados, homem com mulher, homem com homem, mulher com mulher ou velho com velha, nunca penso que estão namorando por uma razão espúria qualquer. Não penso dessa forma, não julgo as pessoas, eu acredito no amor.

54. O PREÇO DA VELHICE

No Brasil, o desrespeito ao idoso é pavoroso. A velhice incomoda o outro. Ser velho no Brasil é o auge da ofensa. No Instagram, o que eu leio é: "Velha metida a moça; velha que só gosta de garoto". O fato de você estar/ser velho ou ter uma idade que não aparenta, ofende.

Quem mais chama atenção de que a gente está ficando velho é o outro, não somos nós, eu até costumo me chamar de "vovó". Mas você quer saber qual é o maior xingamento que essas pessoas anônimas fazem a mim no Instagram, na internet, nas redes sociais? "Velha." Não sou chamada nem de feia, nem de má atriz, nem de ladra, de nada. Sou apenas "velha". A forma como mais gostam de me ofender é me chamando de "velha escrota", "velha horrorosa". Outro dia tinha um recado assim: "Susana Vieira? Ué, ela não morreu? Já deveria estar morta, né?".

Queriam que eu estivesse caquética. Porque se incomodam com o fato de eu ainda usar saia curta, já que quero e tenho uma perna bonita; ou por estar com a cara bonitinha; ou porque faço alongamento, musculação e tudo o que for de exercício físico — só não pratiquei asa-delta — ainda. Já sei que o que ofende os outros é o fato de que não caí morta por ter chegado à velhice natural, aos oitenta anos.

Tenho é que agradecer muito a Deus por chegar a essa idade. Quero seguir a escola da dona Fernanda Montenegro, da dona Nathalia Timberg e da dona Laura Cardoso — comecei a carreira com a Laura e quero caminhar por aí. Talvez eu esteja mais perto da escola delas porque elas também viveram para o trabalho, mas tiveram as suas vidas e não perderam o viço, nem o vigor, nem a curiosidade. São pessoas agradáveis de conviver e talentosíssimas. Quero continuar trabalhando, porque você só melhora o seu talento, a sua vocação, se trabalhar.

Ainda posso evoluir como artista.

55. Um novo olhar

Essa questão da saúde, de ter que me tratar para seguir bem, trouxe um novo olhar sobre a minha vida. Não posso continuar achando que o emprego vem em primeiro lugar. Sei que ele é fundamental para qualquer pessoa, existem milhões de pessoas desesperadas no Brasil porque estão desempregadas. Sempre que desejo alguma coisa para alguém, digo assim: "Que o seu trabalho continue, que o Brasil melhore, boas vendas para você. Que você continue empregado". Porque a gente precisa de um emprego para comer. Agora, o trabalho precisa vir junto com a saúde. Então, atualmente, depois desse susto, de ter descoberto a minha doença, a leucemia, me deu vontade de largar tudo isso. A vida hoje em dia, principalmente para nós atores, não estou dizendo em termos econômicos, mas em termos sociais e de amabilidades, ficou muito, muito desgastante. Você precisa se preocupar com Twitter, Instagram e com todos os infinitos meios para se comunicar. Qualquer pessoa que faz sucesso hoje em dia consegue milhões de curtidas. São milhões de pessoas que apertam um botão. Pois eu já vi como é que se aperta esse botão. Isso é tentador, vicia. Inclusive sei também que você pode comprar seguidores.

Eu, rainha dos memes

Para começar, quero dizer que eu nunca fiz nada para virar meme. Isso acontece porque a pessoa é engraçada, criativa… Sei lá…

O ator Carmo Dalla Vecchia está me imitando. Imita os meus *memes* como uma perfeição que eu nunca vi. E os meus *memes* viralizam de maneira impressionante! E olha que são os antigos. Quando eu virei *meme*, eu nem sabia o que era isso.

Começou timidamente no início dos anos 2000 e só foi crescendo, explodindo nos últimos anos. O que eu falava, a minha frase que virava *meme*, era uma defesa minha contra uma parte da imprensa em eventos, coletivas de estreia de novela. Tem sempre alguém fazendo perguntas mais desagradáveis, para provocar. Como eu não sou uma pessoa passiva, de fazer cara de paisagem ou apenas sorrir… Eu até adoraria ser assim, mas não sou. Ou seja, no meio de uma entrevista, vem uma pergunta para me irritar bastante e aí eu respondo, claro. É isso que eles adoram! Em Hollywood ou na Inglaterra, ninguém chega perto de uma atriz e faz uma pergunta idiota, indigna, desrespeitosa. Na minha vida já aconteceram coisas bem desagradáveis e que parte da imprensa se apoderou para jogar na minha cara na hora em que eu estou sendo entrevistada para uma novela ou até mesmo entrando no Theatro Municipal para um concerto.

Então, qualquer coisa que eu diga passou a ter interesse. Eu sei que eu sou *meme* com oitenta anos! Afinal, os *memes* são criados a partir de situações atuais ou coisas do passado que voltam com uma visão do presente.

> Frase de uma entrevista de 2009: "O que é uma pessoa ruim, ou duas, para 130 milhões de brasileiros que me amam. Então, meu amor, ninguém é mais poderoso do que Deus e eu".

Quando eu me casei com o policial e ocorreu todo o escândalo que ele causou, eu tinha a imprensa toda aqui na porta de casa. Assim que ele morreu, eu fui a um show de música com a Ludmilla. Eu estava chegando e vieram me perguntar se eu estava triste com a morte dele, se ele havia sido ruim para mim. Que resposta eu deveria dar a uma pergunta dessa? Então, essa frase foi uma defesa, uma visão real da vida que eu tenho. E, claro, eu respondi, dentro de um sentimento cristão, que eu tenho Deus dentro de mim.

> Quando durante uma passagem ao vivo do Vídeo Show, em 2009, pegou o microfone de Geovanna Tominaga e disse: "Com licença, vou pegar o microfone dela,

sabe por quê? Porque eu não tenho paciência para uma pessoa que tá começando".

Eu estava fazendo um quadro para o *Vídeo Show* com o Renato Aragão. Estava ensaiando e o programa tinha o costume de colocar algumas pessoas, alguns repórteres, passando pelo estúdio para mostrar que era ao vivo. Naquele dia, resolveram colocar uma repórter nova, e o Boninho ficou conversando com ela pelo ponto eletrônico. Só uma pessoa com muita prática, muita habilidade e tempo de profissão para escutar o comando do diretor e fazer a entrevista com o convidado. E eu tenho um respeito absoluto pelo Renato Aragão e vi que o programa ia entrar no ar. A Geovanna estava muito nervosa, então ela começou a querer me ensinar onde eu devia ficar. E ainda ouvindo o Boninho pelo ponto, fazendo tudo ao mesmo tempo sem reverenciar o Renato Aragão, que estava parado na porta do cenário.

Foi quando eu tomei o microfone dela. Eu sei que eu não poderia ter falado aquilo em voz alta, mas foi instintivo. Para proteger a mim e ao Renato Aragão, um mito do humor, sem a intenção de magoá-la.

Quando cantou "Per amore", ao vivo, no Faustão, em 2010.

Eu fui gravar um CD com músicas de novelas em que tinha trabalhado. E escolhi um repertório muito chique, mas entrei num processo de muita exaustão e fiquei rouca. Então o Faustão me chama para cantar no Domingão, e, quando chega no ar, mudam a música e ele pede para eu cantar "Per amore", em italiano, um clássico com Zizi Possi da trilha sonora da novela *Por amor*. Não tinha balé, *playback*, nada... Eu lendo mal, sem saber interpretar a música. Foi terrível. Até hoje eu não compreendi essa atitude do Fausto Silva. Isso foi o maior vexame da minha vida. E pior foi ter visto isso virar *meme*, o que me fez mal. Eu fui imitada até com crueldade por uma comediante, que é da própria TV Globo, Dani Calabresa. Não há como compreender esse desrespeito profissional e pessoal. Para piorar, eu me sentei de mal jeito no colo de meu filho e o meu peito ficou todo para fora da blusa. Uma pena tudo isso porque o CD — *Brasil Encena com Susana Vieira* — lançado em dezembro de 2010, ficou bom, uma gracinha. Foi gravado no estúdio O Barquinho, de Roberto Menescal, no Rio de Janeiro.

> As frases de Branca Letícia, de *Por amor*.

Ah, eu não posso esquecer que todas as barbaridades que a Branca Letícia de Barros Mota falava com a maior naturalidade em *Por amor* viraram *meme*.

56. O ser feminino

Os dias em que fiquei recolhida em casa por conta da minha recuperação, em 2018, foi como se estivesse no exílio. Pensava muito na minha família e nos meus amigos, em quais amigas eu gostaria de juntar aqui em casa, mulheres que falam ao meu coração... É uma amizade, uma admiração. E fiquei pensando: ao longo da vida, você vai conhecendo pessoas que vão se tornando os seus amigos e, de certo modo, a sua família. Eu nunca consegui separar essas duas coisas. A palavra família tem um conceito que leva à ideia de mesmo sangue, à árvore genealógica. Você não pode substituir o pai e a mãe por amigos. Depois, você escolhe o mundo onde você quer viver.

Quando estou muito sozinha ou muito triste, fico pensando em quem eu chamaria aqui para quando eu precisasse chorar. A primeira pessoa que me veio à mente foi a Vanessa Giácomo, a pessoa mais delicada que já vi, quando fala que está com saudade de mim, que foi uma honra trabalhar comigo... Aquela menina talentosa olhando pra mim! Me dá vontade de chamá-la aqui na minha casa e pedir um abraço! Eu queria desabafar, não sobre a minha doença, mas desabafar como mulher.

Outro dia, mandei um recado para a Regina Duarte e ela me retornou de uma maneira tão especial, fiquei encantada! Nunca imaginei que a Regina agiria daquela maneira, com aquela grandeza! Que admiração ela tem por mim!

Outra vez, enviei um e-mail para a Irene Ravache — ela é incrível, o trabalho dela me fascina. Vejo muito a alma da pessoa. Como é chegar até aqui? Vamos desmistificar esse negócio de terceira idade. Você vai ficando mais sábio, não liga quando está ficando mais velho. Mas existe um processo, sim. E eu sou uma pessoa normal, igual a qualquer outra. Não posso fingir. Não trabalho na lavoura, que é um lugar que parece permitir que a mulher envelheça. Essa mulher trabalha num lugar que leva ao envelhecimento: o sol, o trabalho pesado na terra, na agricultura, mas que é a vida. O natural é ser como eles, porque creme de limpeza, hidratante ou protetor solar são muito modernos, é coisa da nossa vida urbana, da cidade. Antigamente a nossa avó era saudável usando, consumindo óleo de coco e ela chegava velha à velhice! Com as rugas aparecendo, ela ia engordando e não estava nem aí... Mas havia uma celebração em torno dela e isso jamais a faria se sentir como uma "velha", no sentido de alguém que não serve mais.

Comecei, então, a fazer uma lista das pessoas que admiro, que amo, mesmo que elas não saibam. São pessoas que estão há muito tempo na carreira, dentro daquele caldeirão que é a televisão: Arlete Salles, que eu nem vou colocar aqui porque é *hors-concours*, está sempre presente. Junto da Arlete vem a Natália do Vale. A nossa ligação vem desde as primeiras novelas que fizemos até os anos e anos que passamos juntas fazendo *A partilha* pelo país.

Eu também queria me encontrar com pessoas que amo sem nunca ter tido muita intimidade porque sou muito fechada. Posso parecer aberta, mas não sou. Isso seria uma experiência nova para mim.

Enfim, além da Arlete, tem a Renata Sorrah, a Cássia Kis. Por exemplo, uma pessoa de muito tempo atrás, a Maitê Proença. Convivi muito com a Maitê porque nós trabalhávamos com o Roberto Talma e ele tinha a grande capacidade de unir o elenco: ficava no centro e todos nós olhávamos para esse centro. Isso fazia com que ele tratasse todos por igual, dava o mesmo carinho do primeiro ao último nome do elenco. Era muito difícil, quando terminava a produção da novela, nos afastarmos. Enfim, convivi muito com a Maitê mesmo sem ter uma intimidade mais profunda. E sempre achei ela uma pessoa especial, boa de se conversar. Às vezes eu achava que ela tinha uma certa "implicância" com a minha maneira de me vestir ou pelo fato de eu ir aos bailes funks ou de me casar com homem jovem. Mas, quando ela fala comigo pelo Instagram ou manda recado, vejo que não. Então, eu estava certa de gostar dela. Admiro a inteligência da Maitê e tenho inveja de ver ela pegar uma malinha e viajar pelo mundo sozinha, até para a Índia...

Outra amiga que eu traria na hora do sufoco é a Lúcia Veríssimo. Convivi muito com ela, linda, linda! Amiga, disponível, adora cachorro, então é claro que tenho uma empatia com ela. É uma pessoa verdadeira, como a Maria Ribeiro. Descobri a alma de Maria Ribeiro quando ela começou a escrever, no Segundo Caderno do jornal O *Globo*, crônicas variadas. Lia como quem come quando está com fome. Eu acho Maria Ribeiro tão inteligente, tão inquieta, profunda, sempre com perguntas sem respostas. E, na hora, eu me identifiquei com ela. Eu sabia que ela era atriz, mas não conhecia o seu lado literário. Soube que ela veio morar aqui no meu condomínio. E qual não foi a minha surpresa quando recebo um livro dela com uma linda dedicatória, de amor e admiração.

Essas pessoas de que eu estou falando me passam confiança. Pensei em armar um palco e juntar todas elas. Não são muitas pessoas, mas são elas que me fazem levantar da cama.

O que eu quero com essas amigas, com essas mulheres, é isso tudo.

57. Minha fé

Meu pai era ateu, minha mãe, católica. Íamos à missa no bairro do Brooklin, em São Paulo, mas não fiz primeira comunhão — queria ter feito porque achava o vestido muito bonitinho, o livrinho... Quando eu perguntava o que era a primeira comunhão, me diziam: *é a confirmação de que você é católico.* Só que eu nunca soube de ninguém que chegasse até ali e dissesse: "Não confirmo, não aceito".

Meu pai, mesmo estando no Exército, era comunista. Havia essa contradição, mas ele nunca se importou com isso. Morreu acreditando no espiritismo, porém nunca nos forçou a nada. Em algum momento, começou a ajudar um amigo que era presidente do Centro Espírita de São Paulo. Depois disso, foi trabalhar no cvv — Centro de Valorização da Vida, sendo voluntário nessa organização de prevenção ao suicídio. O número de pessoas salvas pelo cvv é maior do que o de pessoas que não se salvam...

A minha religião, apesar de eu ser católica, não me fazia sentir bem em nenhuma Igreja Católica, com as palavras dos padres. A única pessoa que diz frases com as quais me identifico é o papa Francisco. Primeiro, porque ele não tem nada a ver com toda a camada de hipocrisia e de coisas pesadas, os tabus da Igreja. O que eu sentia ao frequentar outras igrejas era que o padre lia como se tivesse decorado, e ainda em outra língua, o latim. Como é que você pode conquistar alguém falando em outra língua? Filosoficamente e espiritualmente?

Falo tudo isso porque, quando você vai à igreja procurando uma paz espiritual e uma pessoa começa a conversar com você de maneira normal, ela chega até você. É diferente de quando um padre só lê em latim em voz baixa.

Acho que nessas religiões todas que estão por aí existe uma braveza, uma disciplina imposta que me deixa um pouco chocada. Não me agrada essa tendência de menosprezar a religião do outro. Na religião católica, os santos existem, são necessários. Veja o dia de Nossa Senhora Aparecida! Mais de cem mil pessoas vão até a igreja para homenageá-la! Nossa Senhora Aparecida tem uma representatividade absoluta no Brasil, ela representa a esperança.

Sempre que começo a gravar uma novela, uma amiga chamada Graça me leva a imagem da Nossa Senhora da Conceição para me proteger. As camareiras todas gostam muito de mim e montam um pequeno altar onde fazem questão de colocar a Nossa Senhora.

Já contei sobre minha admiração aos muçulmanos, adoro o mistério na cultura deles. Tinha curiosidade sobre a vida deles, queria conhecer mais sobre o Alcorão, saber o que ele diz que eles levam tão a sério. E que beleza eles pararem para rezar, sempre agradecendo a Deus, que eles chamam de Alá. A gente por aqui se esqueceu de rezar, e rezar em conjunto é muito forte!

Frequentei algumas igrejas evangélicas, os amigos me dando sugestões, e me sinto bem com o pastor, acho muito interessante quando ele começa a falar sobre história.

O que falta ao mundo é o respeito, o entendimento entre as religiões.

Arte, fé e paixão

Paixão de Cristo de Nova Jerusalém.

Nova Jerusalém, em Caruaru, é o maior teatro ao ar livre do mundo. São cem mil metros quadrados, nove palcos, cenários que remetem à época de Cristo, vinte mil pessoas na plateia, dentro da Fazenda Nova, distrito de Brejo de Madre de Deus. Em todos os anos, geralmente em abril, faz-se a encenação do drama do calvário nesse grande espaço. Essa megaencenação acontece há mais de meio século!

Em 2010 fui convidada para participar da encenação bíblica no papel de Maria. Eriberto Leão fazia o papel de Jesus; Mauro Mendonça, Herondes; Paulo César Grande, Pilatos; Renato Góes, João; e Dig Dutra, Maria Madalena. Foi uma das maiores emoções da minha carreira, pois era a minha primeira experiência numa encenação bíblica. O trabalho inicial era gravar todas as falas de todo o elenco e, na hora do espetáculo, o som das vozes saía de enormes caixas espalhadas pelo terreno grandioso a fim de que as vinte mil pessoas pudessem ouvir; nós atores, quando chega a nossa hora na via-crúcis, temos que dublar o sofrimento e as palavras dos nossos personagens. Eu nunca fui boa em dublagem. Nem em karaokê, nem em filme, nem para fazer graça no Instagram. E vou dizer a verdade: por mais que o espetáculo seja dramático, ele coloca você num lugar de concentração absoluta, de sofrimento pelo outro, com milhares de pessoas em volta acompanhando atentos e compungidos essa história. Eu não consegui acompanhar a dublagem com perfeição. Na hora em que Jesus estava no meu colo, depois que o retiraram da cruz, eu chorava pela cena, mas também porque eu não havia feito o melhor trabalho da minha vida. Fiquei muito frustrada. Pedi perdão a Deus, inclusive, você acredita? No dia seguinte, já mais conformada, fomos ao Mercado Regional de Caruaru, para apreciar e comprar esculturas de barro tradicionais, estátuas coloridas do grande artista popular Mestre Vitalino e agradecer a Deus e aos donos desse evento único e majestoso que existe em Pernambuco, por eu ter estado presente naquele abril que marcou para sempre a minha vida e a minha melhor lembrança.

A MEDITAÇÃO

EU ESTAVA MUITO AGITADA, tropeçando na minha fala. Queria muito estar em um lugar que me tranquilizasse. Tentei de tudo, já que não tinha restrições e minha curiosidade é muito ampla. Poderia ser o hinduísmo ou o budismo, até tenho um Ganesha no meu quarto e um Buda na porta da minha casa que ficava virado de costas para a rua — alterei, queria entrar em casa e olhar para ele.

Procurava por um professor que me ajudasse a respirar, porque o meu maior problema é a ansiedade. Se eu dominar a minha respiração, vou ficar uma pessoa mais equilibrada na hora de falar, não vou ficar tão agitada. Aí fui ao centro de meditação no Leblon.

Confesso que achei muito difícil parar de pensar. Até porque gosto de gente, gosto mais de conversar que de meditar. A meditação me deixa sonolenta, e quando vejo estou com tanto sono que percebo que parei de pensar. Mas o professor falava: "Quando vocês estiverem muito sonolentos, deitem-se e durmam". Só que isso é muito relativo. Porque, se eu tiver no meio da Globo, em momento de reflexão, como é que vou fazer? Mas é o que eu tenho feito aqui em casa, na minha cama. Eu começo a fazer meditação, me dá sono, me deito e durmo.

Vi que o que os mestres propõem é muito profundo, não consigo atingir, nem mesmo essa sensação de parar de pensar, de esvaziar a mente... Porque eu não quero pensar, mas vêm cenas na cabeça, com cores, parece um filme, é inacreditável. E entre o sono e a vigília não estou mandando naquelas imagens. Fico muito bem, às vezes me dá sono e brigo com ele.

MA — Nesse momento, interrompo a reflexão religiosa da atriz: você própria encontrou a sua religião, certo? Religião, ligação com Deus... E você, Susana, se ligou, exatamente como você é, com Deus.

Sim, você está certo. Sem abrir a boca, eu sou grata! No meu quarto, sinto tanta paz e a minha oração é tão curta... são três palavrinhas. Mas a intenção interna é sincera e isso me traz uma paz divina, celestial: Estou feliz, com saúde, os cachorros dormem, o meu filho está na casa dele com a mulher dele, os meus netos estão bem, tenho o meu trabalho.

Na verdade, acho que todas as religiões são muito válidas, a gente precisa ter nossos parâmetros e cada um tem os seus. E respeito quem não quer ter nenhuma também, qual o problema? Mas sabe o que eu acho o mais importante disso tudo? Ter fé! Só isso!

58. Rajá

Quando eu já era adulta, meu pai me deu um pastor-alemão bebezinho, o Rajá. Era um cachorro manso, educado, e eu sentia nele a delicadeza do seu olhar de conivência, cumplicidade. Consegui sentir por ele, especificamente, um sentimento de afeto, achava que ele podia ser o espírito de minha mãe porque me acompanhava silenciosamente, se movimentava pouco dentro de casa, me olhava suavemente. Na hora de dormir, ficava ao lado de minha cama. Essa elegância silenciosa e alegre era típica da minha mãe, e eu falava com o meu cachorro da mesma forma que a minha mãe nos tratava, com delicadeza.

Quando o Rajá morreu, eu não conseguia me levantar da cama. Parecia que um prédio havia caído em cima de mim. Um sentimento estranhíssimo, igual ao dia em que perdi minha mãe. Eu frequentava um médico homeopata e disse a ele: "O Rajá morreu e estou com medo de ter perdido a ternura, o afeto, porque, tirando a minha mãe, afeto é quase espiritual".

Sempre tive muito claro para mim que a delicadeza da minha mãe é o que eu conhecia como afeto. E eu sentia que tinha perdido o afeto com a morte do Rajá. Porque, quando minha mãe morreu, pensei que nunca mais seria uma pessoa doce, terna, suave, compreensiva, bem-humorada, alegre, porque morri dentro de mim e tive raiva do mundo por ter perdido minha mãe.

O psicólogo dos cães

Os meus cachorros têm um *dog trainer*, e isso não é coisa de rico, não. Esse profissional não é um mero adestrador, mas, sim, um psicólogo que observa todos os humores, o comportamento de cada cachorro, e elabora com cada um deles um tipo de treinamento específico para que vários cachorros morem todos juntos.

O Léo sabe que não adianta ter muita força na voz para treinar um cão. Queria alguém assim para a minha vida. Eu o contrataria para ser o meu treinador, o meu *coach*, porque ele é um homem educado, fala baixo e nos mostra tudo o que a gente faz de errado com o cachorro, como gritar, falar alto.

Outro dia, ele fez meditação com os cachorros. Cheguei em casa e estavam todos quietos, nenhum deles abriu nem um olho! Assim como a planta precisa de alguém que cuide dela, o animal também precisa de um momento de seriedade, de disciplina, de atenção. Nós também precisamos disso tudo! O cachorro precisa de alguém que lhe dê atenção, não precisa ser do tipo exacerbado como o que eu dou para eles, não é aquela permissividade que acontece quando você é mãe de cachorro. É uma disciplina e, ao mesmo tempo, um carinho, com voz de comando. Até a Larinha, que é tão pequenina e muito raivosa, fez a aula bem quietinha.

59. ÉRAMOS SEIS

EM 2019, SILVIO DE Abreu, à época diretor de dramaturgia da Globo, me convidou para essa quinta versão do clássico romance de Maria José Dupré. Era uma participação especial, pois eu voltava à teledramaturgia depois da série *Os dias eram assim,* de 2017. Entre uma produção e outra, fiz o tratamento da leucemia. Foram dez sessões de quimioterapia, de seis horas cada uma.

Eu pouco conhecia das versões anteriores de *Éramos seis*. Minha lembrança maior era do lindo trabalho de Irene Ravache como dona Lola, no SBT, na década de 1990. Dessa vez, na produção da Globo de 2019, a protagonista era a Glorinha Pires e fiquei com o papel que fora de Nathalia Timberg também no SBT.

Quando li meu papel, pensei que seria mais simples, mas vi que eu havia pegado um desafio, um papel de composição pela idade da personagem, pela época da novela, que se passava entre as décadas de 1920 e 1940. Emília, a tia de Lola, era uma mulher solitária, viúva de um homem riquíssimo, e com duas filhas: Justina (Julia Stockler), autista, e Adelaide (Joana de Verona, excelente atriz luso-brasileira). E quem me trouxe o tom da personagem foram as duas jovens atrizes. Com a realidade delas, eu fiz a composição da Emília. No primeiro dia em que me encontrei com a Julia Stockler, muito talentosa, ela já estava com a personagem composta, alheia a tudo e a todos, autista... Como eu seria mãe dela, precisava ter esse peso, saber lidar com essa dificuldade, lidar com uma pessoa, a minha filha, que não falava comigo. Isso é que é maravilhoso no trabalho do ator. A composição da personagem.

Meu papel era algo totalmente diferente na minha carreira. Fiz um trabalho lindo graças ao elenco que me ajudou, e contracenar com Glória Pires é uma diversão. Quando digo diversão, não é para você rir. É para relaxar e dizer: "Meu Deus, como a vida é bela, como a vida é boa, como *é* bonito e bom representar com gente que você admira, com quem ensina alguma coisa, como a Glorinha Pires".

60. Pensar no futuro

Acordo sempre muito feliz. Mas a felicidade é um sentimento momentâneo, você não é feliz o dia todo porque a vida vai te dando tensão, aborrecimento, expectativa. Você então começa a ver que, quanto menos compromisso ou aporrinhação, melhor.

Quando você fica mais velho, sua saúde demanda mais cuidados. E, naturalmente, você precisa ter de cinco a dez médicos para tratar da cabeça aos pés, passando pela parte psiquiátrica. Então, o cérebro é o primeiro. Ele se transforma, parece que dá uma envelhecida, e isso apavora. Aí você começa a cuidar dos olhos, dos dentes, do cabelo. Você consulta sua agenda: hoje é o oftalmologista, amanhã é o psicólogo. De repente tem um pneumologista. O meu médico, dr. Wolmar Alcântara Pulcheri, que é hematologista e trata da minha leucemia, me disse: "Susana, a sua parte frágil é o seu pulmão, você precisa ter um pneumologista que acompanhe você até o fim da vida, assim como eu te acompanho. Tudo isso precisa ser mantido sob controle". Esse veredicto do Dr. Wolmar me mantém sempre alerta! Mas eu não deixo ele me abalar, me dominar.

Em 2018, fiz uso, pela primeira vez, de uma cadeira de rodas, uma experiência que eu jurava que nunca teria. Ao chegar com Rodrigo no aeroporto do Galeão, no Rio de Janeiro, para embarcar para Portugal, meu filho sugeriu que eu percorresse aqueles terminais em uma cadeira de rodas. Recusei, respondi que preferia ir me arrastando, mas acabei aceitando como uma experiência e foi ótimo, só faltou me pegarem no colo. Resolvi usufruir da minha idade, e quando alguém passava por mim a caminho do portão de embarque parecendo mais preocupado, eu dizia: "Está tudo bem, meu amor. Estou com preguiça". Fui levando tudo na brincadeira e cheguei nova no avião. Quando desembarquei em Portugal, também já estava reservada uma cadeira de rodas para mim. Ninguém reparou nisso. Vieram todos muito carinhosamente me cumprimentar, como é de costume em Portugal. Isso acabou com o meu preconceito em relação a você estar em cadeira de rodas e se sentir menor, das pessoas acharem que você está inativa. Porque o meu maior medo é alguém pensar que estou incapacitada para alguma coisa. Tenho pavor disso! Tenho que servir à vida e ao próximo até a morte.

Foi uma viagem linda, estivemos no Algarve — meu filho, minha nora, Ketryn, e eu —, passeamos de barco. Só que, na volta, ao embarcar para o Brasil, quebrei o pé no aeroporto ao subir no ônibus que me levaria até o avião. Quando cheguei, o médico recomendou que eu usasse uma bota e isso para mim foi a maior provação, porque você precisa da ajuda de outra pessoa para tudo, logo eu que sou superenergética, autossuficiente. Comprei um andador e nada. Comecei a ficar deprimida, pois não adiantou a bota, não adiantava também ninguém me segurar, eu precisava estar numa cadeira de rodas.

Converso muito com mulheres de todas as idades e elas são todas muito parecidas. E isso independe de estarem novas, velhas, conservadas ou não. Acontece que a gente entrou numa neura que não existia. Você velha, no mundo de hoje, capitalista, carnal, sexual? O que acontece? O velho não recebe afeto! E todo ser humano precisa de afeto e de amor em primeiro lugar. Sexo, paixão, tudo isso passa. Despertar tesão, sexualidade é uma coisa, mas o afeto vem em primeiro lugar. Foi sempre assim e continua sendo, é a essência da vida, o toque, o afeto. Enfim, nos momentos em que fico no quarto, muito solitária, querendo desabafar, penso nas pessoas por quem eu tenho muito afeto e sinto que elas têm afeto por mim. Envelhecer tendo afeto é mais suave.

A idade pesa! E tudo isso é uma lição de vida. Claro que tudo depende do temperamento da pessoa: existem as mais frias, as mais quentes, as mais impulsivas. Eu talvez seja muito impulsiva. O dizer "não" e o dizer "sim" é um grande equilíbrio. Na vida pessoal, por exemplo, vou procurar tudo o que me aborrece e vou dizer "não" — a um fato, a uma pessoa, o que quer que seja na minha vida que me incomodou durante muito tempo... Já consegui cortar. Isso eu já vi e pronto, é definitivo. Pode me fazer mal quando eu penso nesse assunto, mas já foi. Então, não quero mais esse assunto ou essa pessoa na minha vida.

MA — *Susana, você trouxe uma modernidade para a arte dramática, você representa a personagem, mas observa-a de longe e consegue muitas vezes criticá-la. Isso era a proposta do dramaturgo e encenador alemão Bertolt Brecht.*

Acho que fui brindada por Deus com o talento, porque entro em cena e não faço caras ou tenho reações que não sejam verdadeiras. Então, numa situação dramática de medo, por exemplo, eu não estou com aquele medo todo... Represento. Ou seja, acho que represento mais do que assumo a loucura das personagens. Jogo a minha loucura muito mais na minha vida pessoal do que nas personagens. Tenho uma vida pessoal muito mais variada e contraditória do que a maioria das personagens que eu já interpretei. Não me lembro de ter ficado tão sofrida ou magoada com algum personagem. Também não consigo me desfazer dos meus fantasmas através dos meus personagens. Se tenho fantasmas, traumas, não consigo terminar com eles por meio dos meus personagens. Continuam comigo...

MA — *Mas você também entrega a sua vida para as construções das personagens, certo? O seu corpo como suporte humano para os personagens.*

Sim, mas isso é inconsciente. Vou nadando como um peixinho e, quando vejo, estou em alto-mar. Tenho uma característica muito boa que os autores devem gostar. Quando leio um texto, um capítulo de novela, por exemplo, sei que aquilo não foi escrito por mim, então já tiro a minha responsabilidade dali. Não sou culpada de nada. É uma personagem criada e escrita por outra pessoa. Respeito cada frase como atriz, como profissional. Isso talvez seja o que me faça ser tão boa atriz! Não invento a personagem, não crio a personagem, leio e interpreto o que está escrito. Por isso, os autores devem ser muito bons, senão eu acabo me sobrepondo a eles.

A minha personagem vem com o texto. O autor dá todas as dicas no texto. A história é sempre do autor, na literatura, no teatro e na TV. Obedeço ao texto. Depois, com o tempo do personagem, vou incorporando algumas características pessoais, um tom diferenciado de voz... Mas nada muito planejado. E, quando eu tenho alguma dificuldade ou não concordo com algo, sempre converso com o diretor.

61. A PANDEMIA QUE MUDOU NOSSA VIDA

EU ESTAVA PRONTA PARA ir à Globo gravar a novela *Éramos seis* quando recebo uma ligação da produção da novela dizendo que eu não fosse para a TV porque estava havendo uma doença, não muito clara, mas transmissível por meio do ar. A imprensa norte-americana já estava dando notícias da gravidade dessa doença e eu recebia essas informações através da minha nora, a Ketryn. O que ninguém previa é que a pandemia fosse se alastrar pelos continentes, pelo mundo e durar dois anos! Me cuidei muito pela idade e porque a minha imunidade é baixa.

Nesse período, foram novas sensações, medos, desilusões. Não sou de levar muito a fundo as desilusões — não deu, passou e vou em frente. Mas dessa vez foi uma desilusão de pensar que a vida havia acabado e de que não tinha adiantado nada eu ter me guardado com saúde, alegria e disposição, porque, viva ou morta, durante o período da pandemia, não fiz falta para ninguém, e essa constatação me deixou muito triste. Tive depressão, não de ter que tomar remédio, mas uma depressão intelectual, relacionada ao não poder mais trabalhar, sabendo que nada substitui a emoção, o abraço, o olhar, o afeto dos colegas!

A vida parou... O tempo que a gente valoriza tanto, o minuto que é tão valioso, de repente virou nada. Era como se a gente não estivesse vivendo!

Tenho uma doença, leucemia linfocítica crônica, não é curável, mas venho convivendo com ela esses anos todos e muito bem. Levo uma vida normal, mas não posso pegar uma doença forte. Faço exames de dois em dois meses e a cada resultado que vem, o médico me diz: "Parabéns, Susana, os seus exames estão ótimos!". Tentei esse tempo todo disfarçar a minha doença com o meu trabalho, que me dá uma alegria afetiva, mais do que uma alegria profissional ou financeira. Mas na pandemia fiquei muito vulnerável e acordava todos os dias querendo checar se eu não tinha qualquer sintoma do coronavírus.

Nunca vi uma doença tão fatídica, levando tantos idosos! Pela primeira vez na vida, depois de acreditar que poderíamos viver até os cem anos, vem uma doença e diz que com setenta você está na curva da morte! Resumindo: se eu morrer hoje, não sou nada. Os poderosos pensam que as máquinas podem substituir a gente. É como se a pessoa pudesse viver sozinha. E como vai ser a relação humana com a arte? Com os quadros, os livros, a música? E vamos parar de hipocrisia: a pandemia não melhorou ninguém. Com medo, ninguém melhora... As pessoas ficaram mais egoístas. Aumentou o nível de pobreza, a solidão. E o que mais me fez falta foram os abraços.

SOLIDÃO NA PANDEMIA

CHEGUEI À CONCLUSÃO DE que ficar sozinho é bom, mas a solidão forçada é horrível. Eu me refiro à questão afetiva, da vida amorosa de uma pessoa. Então, quando começou a pandemia, tive que desfrutar do distanciamento obrigatório, que é a pior coisa do mundo.

O meu pensamento ficou muito vago naquele período todo. Minha única obsessão era não morrer! Felizmente, não preciso de ninguém, foi ficando cada vez mais distante a necessidade de ter um par na pandemia. Eu era obcecada por isso, sempre gostei de ter um namorado, de beijo na boca. Pensava sempre em romance. Porque os romances sempre começam no Carnaval, Natal, Ano-Novo ou festa junina, locais de muita gente. Quando entro numa sala, já olho para encontrar quem me interessa e é essa chama interna que faz pulsar a vida. Sempre fui muito sedutora e sempre quis seduzir muito, gosto do jogo de sedução. E sinto que o sucesso da mulher que faz o homem rir é enorme!

Considero o contato físico, o encontro com as pessoas, fundamental para a nossa sobrevivência. Não procuro namorado por telefone e tenho pavor de aplicativo. Isso pode custar a minha vida moral, profissional e psíquica, portanto, passo longe desses sites de encontros sexuais. Falo como Susana Vieira — eu teria uma atitude completamente diferente se eu não fosse Susana Vieira. E, com pandemia ou não, eu continuo sendo Susana Vieira, e não a Soninha. A Susana Vieira é a forte da história, quem chora é a Soninha, apenas sentindo a solidão. E a Soninha chorou muito na pandemia por tantas pessoas que morreram por falta de atendimento médico, pela precariedade do serviço médico no Brasil.

Tenho que admitir que sou muito privilegiada porque a minha casa me oferece a vida, e a natureza ao redor da minha casa me protege. Isso é a presença de Deus.

Os cachorros foram os meus grandes companheiros na pandemia. Se Deus fez uma bênção na minha vida, foi colocar nela todos os cachorros que tive. E eles estão na minha vida há muitos anos! Acho que isso faz parte do plano de Deus para me manter viva! Os cachorros me mantêm viva! E as plantas em volta da minha casa também.

62. E A VIDA RECOMEÇA

COM O FINAL DA pandemia, a vida recomeçou, e eu fiquei pensando o que eu iria fazer. Foi quando o produtor de teatro Edgard Jordão sugeriu retomar o monólogo *Shirley Valentine*. Nós já tínhamos um convite de Portugal que a pandemia interrompeu. Então, investir na peça em Portugal, mesmo sem patrocínio ou um produtor europeu, foi a maneira que nós encontramos de recomeçar a vida, de começar a nadar, começar a viver... E foi o que fizemos a partir de maio de 2022. Estivemos em Lisboa, Leiria, Sintra, Braga e no Porto.

Em Portugal, há um respeito pelo artista. O português não tem essa intimidade que o brasileiro tem que tanto pode prestigiar o ator como pode desrespeitá-lo, tanto pessoalmente quanto pela internet.

Os portugueses têm imensa admiração por nós, por nossas produções da TV; respeitam a gente de um jeito encantador!

Foi bonito porque fizemos Portugal de carro, naquelas estradas que parecem um veludo, com paisagens encantadoras. Confesso que já estou um pouco cansada de aeroportos e de todo esse clima frenético que se instalou neles, de atendimento precário, como se parecesse o fim do mundo.

Eu havia mergulhado num buraco tão fundo que talvez não se conheça o fim... Isso é, inclusive, uma fala da peça. E, de repente, quando eu subi, eu estava com pessoas maravilhosas.

Quando voltamos, eu já estava pronta e entusiasmada para outros trabalhos.

Por Aguinaldo Silva

Foi no Teatro Tivoli, em Lisboa, maio de 2022, que eu vivi um dos momentos mais emocionantes de minha já longa e sempre movimentada vida. E quem proporcionou à minha humilde pessoa foi ninguém menos que uma das minhas duas divas essenciais (a outra é Bette Davis): Susana Vieira. Aplaudida de pé pelo teatro lotado após a estreia do monólogo *Shirley Valentine*, dirigida por Miguel Falabella, que ela interpreta com a excelência de sempre. Susana disse de sua alegria por pisar mais uma vez nos palcos portugueses, alegria ainda maior, segundo ela, porque eu estava lá para vê-la em sua estreia.

Seguiu-se o diálogo que tento reproduzir agora:

— Onde é que você está, Aguinaldo? — gritou Susana lá do palco…

E eu, de pé, como o resto da plateia, engoli minha proverbial timidez e gritei lá da fila N:

— Estou aqui!

Ao que a diva bateu o pé e reclamou indignada:

— Mas eu mandei que botasse você na primeira fila!

E desatou a falar sobre tudo o que fizemos juntos e como isso foi importante para a sua carreira, num rápido discurso ao fim do qual ordenou que todos fizessem como ela e me aplaudissem… E a plateia obedeceu sem pensar duas vezes. Agora, vejam só a magnanimidade da qual só é capaz uma verdadeira e grande estrela: aquela era a noite de Susana e, após sua excepcional performance no palco, tudo que ela merecia era o aplauso e o carinho do público…

Mas ela fez questão de dividir esse carinho e esse aplauso comigo.

Só tenho uma palavra para definir uma atitude dessas: grandeza. Sim, repito, este foi um dos momentos mais emocionantes da minha vida. Nos bastidores, aonde fui depois cumprimentá-la, como se não tivesse me proporcionado essa extraordinária prova de bondade e, repito, de grandeza, Susana me perguntou aflita: "O que você achou? Será que estive bem no palco?". E eu fui sincero e lhe disse que aos meus olhos de fã incondicional e amigo eterno ela nunca está apenas bem — ela é sempre extraordinária. Por isso lhe digo aqui e agora o que, toldado pela emoção, não lhe disse ao final do espetáculo: muito obrigado por existir e por ser essa atriz extraordinária e grande figura humana, Susana. Que você viva mil anos e seja sempre corajosa, atrevida, desaforada, amorosa e talentosa.

Uma nova reflexão sobre a vida

Em julho de 2023, eu fui fazer exame de covid para participar do programa *Que História é Essa, Porchat?* e deu positivo. Tinha tomado as quatro doses. Meu médico achou estranho que a doença continuava e, na quarta semana, ele resolveu me internar. Foi constatado que eu já estava com 50% do pulmão direito tomado. E olha que eu fazia exercícios com uma terapeuta pulmonar, com peso, para me exercitar e fazer o pulmão funcionar. Acho que, como eu sou forte e tenho vitalidade, essa sequela não aparecia. E o meu estado físico, tirando o pulmão, estava muito bom! No mundo todo fala-se muito do coração, mas o pulmão também mata. Do mesmo modo que o intestino é o segundo cérebro. Por que a gente fica nervoso e tem uma dor de barriga? Enfim, o emocional mostra no seu corpo que alguma coisa não anda bem. Claro que há uma falta de vitamina, a idade etc… Mas o emocional é a base. Nunca me esqueço que o médico que tratava de minha mãe disse que ela havia "construído" o câncer que, por fim, a levou de nós… Isso tudo está ligado à imunidade, que está ligada ao nosso psicológico, ao sentimento, à fragilidade física, à falta de vitamina e de sono. Então você precisa estar atento a tudo, cuidar de seu corpo em toda a sua plenitude: física, emocional e espiritual. E eu comecei a ver que a minha imunidade estava baixa. Com isso, a covid ficou em mim por quarenta dias.

O primeiro dia em que deu negativo, eu resolvi viajar porque eu concluí que era mortal. Eu estava me sentindo abençoada por Deus por ter sobrevivido, e bem, a tudo isso. Então, quando o Edgard apareceu com uma lista de cidades para a Shirley, eu disse "não". Porque, até então, e dane-se a modéstia, eu me achava muito especial para Deus. Foi quando eu vi que eu era mortal e disse para mim mesma: "Pode parar! Vou ter que refazer esse plano todo. Vamos ao plano B". E com isso eu fiz uma nova reflexão sobre a vida.

Da sardinha à Sardenha

Eu comia um sanduíche de atum aqui em casa. Mas eu queria de sardinha. Eu conversava com o meu filho Rodrigo e sua esposa Ketryn, que moram em Miami, quando resolvi que devíamos viajar para a Sardenha. Chamei dona Cida, que trabalha comigo aqui em casa. Aliás, tudo o que acontece na minha vida passa primeiro pela Dany e por dona Cida. Então eu disse para a Cida que eu resolvera viajar por concluir que eu sou mortal e por saber que eu queria comer peixe. Sardinha! Uma vontade louca de sardinha, parecia até que eu estava esperando bebê. Uma lembrança boa do passado. Enfim, organizei a família, eu, meu filho, a nora, os netos e fomos para a Itália. Minha assessora e amiga Dany Tavares, e Cida, minha secretária particular, também foram comigo para Sardenha, Nápoles e Capri.

Por Ketryn Goetten Vieira Cardoso

Meu primeiro encontro com Susana foi bem complicado, bem difícil porque, se por um lado ela é bem familiar e ama demais, em excesso até, e você consegue chegar perto da atriz Susana Vieira; por outro, chegar perto da mãe, da avó, da Sônia Maria Gonçalves Vieira, é bem mais difícil. Ela é bem fechada, poucas pessoas têm acesso à vida dela, à casa, aos cachorros, ao mundo dela. Então, para ela permitir que eu fizesse parte do mundo dela, da família, levou uns dois anos. Mas ela nunca conversava muito comigo. Era apenas uma relação de respeito, mas não de amor, porque eu estava vivendo com o filho dela. Era um tratamento frio por parte de ambas. E, como leoninas, somos muito parecidas.

Em 13 de abril de 2014, quando eu me casei com o Rodrigo num cruzeiro, Royal Caribbean, de Santos para Ilhabela, para a minha surpresa, Susana estava presente! Eu compreendo também que havia um certo receio em se aproximar de mim em função dos netos, frutos do primeiro casamento de Rodrigo, com Luciana. Àquela época, eu também não tinha um bom relacionamento com Luciana, o que também é perfeitamente natural. Depois passou tudo! Eu me casei em alto-mar e Susana ficou muito emocionada nesse casamento. Logo após a cerimônia, ela vem até mim, olha nos meus olhos e começa a chorar. Eu também comecei a chorar. Naquele momento a gente se entregou. Foi um encontro de almas. Eu senti toda a energia e veracidade na atitude dela porque a Susana é muito sincera em suas emoções. Ela não consegue ser falsa! E foi nesse encontro que ela falou: "Ketryn, bem-vinda à minha vida e à minha família". Eu chorei, eu chorei muito porque eu nunca imaginei um sentimento tão intenso por parte de Susana! Isso prova o movimento da vida, que tudo pode se modificar, renovar para melhor. E, naquele momento, ela se entregou e a gente se abraçou muito, a gente chorou muito. Rodrigo, claro, também ficou muito emocionado. A partir dali, viramos muito mais que amigas, como se eu tivesse me tornado a filha dela! Passamos a ter uma dependência emocional muito grande uma com a outra. Não no sentido de apego, mas de cumplicidade em relação à vida. Para mim, Susana é o meu esteio, meu alicerce. E eu sou tudo isso pra ela. Então, em muitos momentos, quando ela está doente, quando ela não está bem, quem fica 24 horas com ela sou eu! Ela tem essa necessidade de estar comigo porque a gente sorri o tempo inteiro, a gente se faz bem. E tudo isso só acontece quando vem de forma natural. Ou seja, é uma relação pura, verdadeira e muito, muito amorosa. Durante a cerimônia de casamento, Susana, que praticamente não bebe, pediu uma garrafa de uísque. Eu quase caí para trás. E ela bebeu, namorou, arrumou um companheiro... E chovia muito! Mas Susana nem se importou com a chuva. Foi dançar no meio de todos os convidados. Na hora de jogar o buquê, eu preferi entregar esse símbolo de tanto amor nas mãos dela. E nós duas nos ajoelhamos embaixo da chuva. Parecia cena de filme! Nos ajoelhamos, uma na frente da outra e foi quando eu entreguei meu buquê a ela. Eu disse que, a partir daquele momento, eu começava a amá-la com muita intensidade, para sempre. Que ela poderia contar comigo como pessoa, como amiga, como nora para o resto da vida dela... E Susana tem uma frase que eu amo: "Se um dia você se separar do Rodrigo, eu me caso com você! Eu não largo de você nunca mais!". Acho que essa frase resume todo o sentimento de amor que uma tem pela outra. E eu sei que isso é o sonho de toda mulher. Ter uma sogra de verdade, que cuide de você como a Susana cuida de mim. Eu e Rodrigo temos um compromisso de casamento a cada cinco anos. O primeiro foi com o elemento água, daí ter sido em alto-mar. O segundo foi diante do elemento terra, em Paris. Susana que fez a cerimônia desse casamento. Em 2024, será com o elemento fogo, no deserto do Saara. E, a partir do segundo casamento, tive e terei a bênção de ter sempre Susana à frente da cerimônia. Porque, por fim, entre as diversas experiências da vida que se dissipam feito fumaça, o amor verdadeiro dura por toda a existência. É isso que temos eu e Rodrigo. E foi o que aconteceu comigo e Susana. Então, ela sabendo o quanto eu e Rodrigo nos amamos de verdade e o quanto o filho está feliz, é natural que ela também se sinta feliz. E isso é saúde, é o melhor da vida. É o que todos nós deveríamos procurar incessantemente... Eu tenho uma predisposição para ser feliz porque só se vive uma vez. E quando Susana falou, olhando nos meus olhos, "Bem-vinda à minha vida", isso ficou inesquecível para mim, registrado para sempre no meu coração. Junto a isso, a gratidão pela leitura do meu caráter que tanto Susana quanto a dra. Ana Beatriz fizeram de mim. Eu as amo por tudo de melhor que trouxeram para a minha vida!

O REENCONTRO COM SHIRLEY VALENTINE

NA VOLTA DA VIAGEM à Itália, aí sim reencontrei-me com a minha *Shirley Valentine*. E fizemos novo roteiro pelo Brasil, a partir de janeiro de 2023. Fizemos duas temporadas de grande sucesso, em São Paulo e no Rio de Janeiro. Depois, Florianópolis, Porto Alegre, Belo Horizonte, Brasília, Campinas, Vitória, Santos, São José do Rio Preto e Curitiba. Normalmente fazíamos duas apresentações em cada cidade e terminamos no Guairão, com duas mil pessoas!

Em São Paulo, ocorreu um incidente. Tudo porque eu não quis o café do hotel. Eu queria pão francês, ovo quente e as frutas do dia a dia... maçã, mamão, banana. Fomos, a Rose e eu, numa dessas padarias maravilhosas que tem aos montes em São Paulo, no bairro do Brooklin. Saí da padaria e havia alguns meninos de rua vendendo bala. Eles logo disseram: "Olha aquela mulher da TV!". É diferente quando dizem: "Olha a atriz da novela!".

Eu ainda ofereci um sanduíche, mas eles queriam vender. Apareceu também um senhor e quis uma foto comigo. Eu, claro, parei para a foto e pedi para a Rose chamar um táxi. Mas o carro parou longe da calçada e havia um buraco na rua. Eu caí e torci o pé. Fui para o hotel e de lá para o hospital. Conclusão: quebrei o quinto metatarso. Essa é uma parte frágil do meu corpo. Colocaram uma bota e tomei um forte remédio. Era o dia da estreia da peça em São Paulo. Eu combinei que faria o monólogo sentada, mas na segunda frase eu já estava de pé! No segundo dia, já caminhava desde o início e, no terceiro dia, já estava dançando! Sim, porque o palco me anestesiou e trabalhei dois meses anestesiada! Eu tenho um compromisso que é muito sério. Era o meu compromisso com o teatro. E essa noção de compromisso, de responsabilidade, veio com o meu pai. Eu pensava comigo mesma: "Eu vou estrear sim, essa bota não vai me atrapalhar!" E eu subia e descia com a bota, me emocionava... Fiz tudo o que a Shirley tinha que fazer. Foram dias difíceis no particular, porque a bota deixa você desconjuntada. Isso até chegar a cirurgia. Muito do alívio veio por conta de eu fazer academia e manter o corpo em ordem. De qualquer maneira, uma coisa é você quebrar o pé aos trinta, outra coisa, aos oitenta... Mesmo com a minha disciplina de academia, com esteira em casa. Mas eu renasci naquele teatro. E honrei meu compromisso com o público porque o mundo anda tão louco que ninguém respeita mais nada, perdeu-se muito da noção de educação e respeito.

A DOAÇÃO

HÁ O TRABALHO PARA ganhar dinheiro e há o trabalho que você se dispõe a fazer pelo outro. Seja por amor, gratidão, responsabilidade social ou por tudo isso junto. A Dany, minha assessora e empresária, sempre diz isso. Sempre participei de campanhas beneficentes, mas foi com ela que eu aprendi o verdadeiro significado da doação. Quando você se coloca à disposição para ajudar o outro, você faz com o coração grato. Compreender a dor do próximo e se disponibilizar para acolhê-la me faz evoluir. A bênção precisa ser compartilhada. Doar-se é um ato de amor e nem sempre precisa ser público. Claro que existem campanhas que divulgamos, porque é assim que o objetivo final é alcançado.

Mas existem também muitas outras formas de ajudar, que vai desde dinheiro, eventos, vídeos, vaquinha on-line e até usar roupas e objetos de pequenas marcas para ajudá-las na divulgação, sem receber nada em troca. Quanto menor e mais artesanal é, mais eu quero dar a oportunidade da visibilidade. Prestigiar o trabalho de quem está começando e daqueles que estão lutando a para sobreviver também é uma forma de amar. Estou sempre aberta para causas sociais sérias. Me sinto feliz por estar disponível para o bem do outro.

UMA CAMPANHA MUITO PARTICULAR

GABRIELA LEITE, A CRIADORA da Daspu, grife de roupa feminina para prostitutas lançada em 2005 na praça Tiradentes, centro histórico do Rio de Janeiro, me convidou para integrar uma campanha sobre os cuidados com a vida sexual das prostitutas. Gabriela liderou um movimento para o uso de preservativos entre as prostitutas e os cuidados com as infecções sexualmente transmissíveis. Fizemos um curta-metragem e eu interpretei o papel de uma prostituta. Esse filme passou em todos os prostíbulos do Brasil.

Eu havia terminado de fazer uma personagem de imenso sucesso, a Maria do Carmo em *Senhora do destino*, e me tornei porta-voz desse movimento de extremo valor para a saúde pública. Eu não tinha consciência completa sobre isso, até porque eu nunca fui exatamente de levantar bandeiras... Talvez só lá pra frente, em 2013, em momento político, contra a corrupção. Mas, de modo geral, essa não é a minha praia. Eu não levanto bandeiras porque eu sou a bandeira!

Em 2004 fui convidada para sair na primeira Parada do Orgulho Gay, no Rio de Janeiro, em cima de um trio elétrico. Elza Soares também estava presente. Ou seja, todos os participantes do evento estavam solidários ao respeito humano.

Mais adiante, em 2006, eu fui chamada para ir a Brasília, convidada para o lançamento oficial do preservativo feminino. Fui convidada pelo presidente Lula e pelo Ministério da Saúde. E Lula, ao me ver, abriu um sorriso e falou: "Levei trinta anos para conhecer a minha atriz favorita!". Tudo isso porque eu havia terminado *Senhora do destino* e a trajetória da pernambucana Maria do Carmo lembrava muito a história da mãe de Lula, ou seja, de pessoas que saem do interior do Nordeste e se tornam vitoriosas! Assim como Lula também! E o próprio autor da novela, o meu querido Aguinaldo Silva.

Eu respondi: "E eu levei trinta anos votando no senhor e, finalmente, o senhor é presidente da República!". Ao conversar com ele, o presidente pegou no meu braço exatamente como fazia o meu pai, num sentido de proteção. E saímos andando rumo à sala do evento conversando sobre amenidades.

Tudo isso ocorreu no primeiro mandato de Lula. Eu me senti honradíssima e muito envaidecida com toda essa história com o presidente em um evento de importância gigantesca.

Meu destino é o sol... E por minha conta!

Eu não sabia o que iria acontecer comigo diante dessa composição da nova Globo. Afinal, eu estou com oitenta anos; aliás, passando dos oitenta... E eu não sabia se iria morar em Miami e viver aquele "bota a velha no sol, tira a velha do sol". Mas esse gosto eu não vou dar para ninguém, nem para o meu filho, nora e netos. Porque a vovó vai para o sol sozinha e a vovó sai do sol sozinha. Nem que seja me arrastando feito um jacaré!

Por sinal, "Sol" foi o apelido que recebi do Cauã Reymond quando fizemos *A regra do jogo*, porque ele falou que eu ilumino o lugar. Assim como o Carson, o grande amor da minha história, me chamava de "vida".

A única vez que eu chorei quando terminei um relacionamento amoroso, de casamento, foi com o Carson. Uma despedida dolorosa mesmo sabendo que não havia outro jeito. Porque, das outras vezes, sempre dei uma festa! Tanto é que eu e Carson reatamos, mas dentro de um novo tipo de relacionamento. Já contei que eu sou madrinha da filha dele. O Carson foi o melhor amigo que eu tive, a melhor lembrança, porque o amor é convívio, é convivência boa! Ele foi a pessoa com quem eu tive mais história e me levou para uma vida que eu queria e não sabia como, que era a vida no campo. Esta casa em que estou também foi construção dele! Ele fez até um jardim japonês aqui. Ele colocou uma pirâmide de cristal (que, na verdade, é de plástico) na cozinha para atrair energia positiva! Ou seja, vira e mexe ele entra na história. O Carson teve uma sensibilidade muito grande e contribuiu muito para a minha vida, tanto do ponto de vista emocional quanto espiritual.

E a Glória Pires, sabendo como o Carson me tratava, achou isso uma maravilha, disse que eu representava isso mesmo — a vida — e passou a me chamar de "vidinha"!

Isso aquece meu coração de verdade.

Octogenária?! Eu?

O meu contrato com a Globo estava para terminar quando eu fui chamada para uma participação especial em *Terra e paixão*. O meu papel, a Cândida, seria inicialmente da Fernanda Montenegro. Um papel grande mas curto, participando apenas de vinte capítulos da novela. Aí me oferecem um papel maravilhoso, mas disseram que eu teria que envelhecer para fazer a personagem, pintar o cabelo de branco.

Devo dizer que o diretor Luiz Henrique Rios foi muito elegante, carinhoso, educado comigo ao me apresentar o histórico da Cândida Ferreira, a dona do bar da cidade e conhecedora dos segredos dos moradores de Nova Primavera, a região do interior do Brasil criada por Walcyr Carrasco. O Luiz Henrique me disse que era um papel importantíssimo. Foi me convencendo de tudo o que eu era contra, inclusive que seria melhor o cabelo branco. Ao mesmo tempo, foi me valorizando como atriz, enxergando o meu talento. Me convencendo que fazer esse trabalho era importante para mim, para a novela e para o autor.

Por fim, veio a novela, passava dez horas gravando, e eu adorei a condução do Luiz Henrique Rios como diretor artístico da novela. Octogenária... Tá boa?

63. Bola pra frente

Quatro de novembro de 2023. Decisão da grande final da Libertadores. Fluminense e Boca Juniors. Antes de mais nada, eu quero dizer que sou Flamengo desde criancinha. Ou melhor, desde que cheguei ao Brasil. Neste sábado decidi torcer pelo Brasil porque mais uma vez tínhamos Argentina e Brasil disputando um troféu muito importante. Eu gosto muito de acompanhar jogos de futebol, esse esporte de paixão mundial. É tudo tão inesperado num jogo, tudo tão relativo, tão surpreendente... É como a vida! E é impossível não se empolgar nesse balé de pernas e braços soltos ao vento, corpos que se empurram, carinhos apressados, xingamentos e abraços. E o juiz sempre criticado.

Neste sábado, antes do início do jogo, o Maracaña preparou um show maravilhoso para abrir os trabalhos, para convidar para o jogo! Músicas e danças típicas dos dois países e bandeiras, muitas bandeiras coloridas com as cores dos times: azul, amarelo, grená, verde e branco. E o Maracanã lotado! Estava tudo tão lindo e emocionante que, quando o Hino Nacional começou a tocar, eu desabei no choro. Estava sozinha na cozinha, acabando de almoçar, mas a música composta por Francisco Manuel da Silva com letra de Joaquim Osório Duque Estrada entrou com toda a força no meu coração. É um tipo de emoção inexplicável porque ao mesmo tempo na tela da TV eu via vários jogadores também chorando e o público cantando às lágrimas. Enfim, após uma grande partida, o Fluminense ganhou e tudo virou uma grande festa! Esse é o povo brasileiro. Esse é o grande Brasil.

64. Meus netos em solo brasileiro

O MEU FILHO FOI morar nos Estados Unidos, recém-casado. Lá, eles tiveram dois filhos e, durante todos esses anos, nós tivemos uma convivência de passar as férias juntos, ou aqui no Brasil ou nos Estados Unidos, nos diversos lugares que ambos os países oferecem. Acontece que eu sempre quis que meus netos, além de falarem português, tivessem noção do país onde a avó deles vive. Luciana, a mãe deles, é professora de português, alfabetizadora e, claro, ensinou a língua portuguesa para os meus netos. Desse modo, eles passaram a falar inglês e português. Mas, além disso, eu sempre quis que meus netos conhecessem o país de origem da família dele, do pai dele, como era a realidade brasileira, como é que nós enfrentávamos as crises... Porque eles nasceram num país que é de primeiro mundo, onde as coisas são mais aparentemente como um sonho dourado.

Eu sei que uma parte da América Latina sonha em ir para os Estados Unidos para trabalhar, fazer dinheiro e sustentar as suas famílias. No caso do meu filho, ele foi convidado para ser presidente da Sony na Flórida. Os meus netos não tinham a menor noção da nossa fauna, dos nossos animais. Eu moro num lugar onde tem micos, macaco-prego, tem uma ave grande chamada jacu, tucanos, tem cobra jiboia, jaguatirica na Floresta da Tijuca (que é aqui atrás da minha casa). O carioca vive cercado de flora e fauna.

Eu queria que eles viessem saber um pouco de nós. Então em várias oportunidades eu chamava Luciana, minha ex-nora, com os meus netos para participarem dos eventos da minha vida porque era importante que minha família estivesse presente. Então, por exemplo, quando eu fui convidada para ser a Mamãe Noel no Morro da Rocinha, eu cheguei de helicóptero ao lado de um grande amigo meu para a vida toda, que eu conheço há mais de trinta anos, David Brazil (que veio como Papai Noel). O David foi também meu grande companheiro na Grande Rio e ele veio com esse convite da Rocinha. Fomos até o aeroporto de Jacarepaguá e subimos num helicóptero. E é impressionante ver a Rocinha de cima, as casas todas bem-organizadas, os degraus, as ruas bem estreitas não são definidas e ninguém se perde.

Quando o helicóptero parou, numa espécie de um grande estacionamento, no final da curva do "S", como eles chamam, os meus netos e a minha ex-nora estavam lá me esperando. Nós subimos num carro tipo trio elétrico e viemos descendo toda a Rocinha, com suas ruas e curvas. Chegamos ao palco e, de lá, eu fiz toda a distribuição de presentes para a criançada toda do Morro. É claro que foi uma experiência incrível para os meus netos, que nunca tinham ouvido falar em comunidade, no que era uma casa no morro, todo mundo se cumprimentando da janela.

Outra experiência muito forte que os meus netos tiveram foi em Nova Jerusalém, em Pernambuco. Como é um lugar de turismo, há um voo direto de Miami para Recife. Eu estava ensaiando, faltando alguns dias para o espetáculo. Aí eu liguei para a Luciana, convidando os meus netos para conhecerem a riqueza cultural do Brasil, a força da religião, e nós somos católicos. Então, eles vieram de Miami, desembarcaram em Recife e foram de carro até Caruaru, onde nós estávamos, e ficaram comigo assistindo a três ou quatro espetáculos que a gente fazia durante a Semana Santa.

Eu queria mostrar aos meus netos que a gente só vence com trabalho, que as coisas não caem do céu. Eu acho importante eles darem o devido valor ao dinheiro, pois estão num país que tem a moeda mais forte do mundo. O mundo não é dourado como a gente pensa que é Miami. Por isso, eu queria mostrar para os meus netos que existem diferentes civilizações, diferentes grupos sociais, formas de governo... Que a vida é muito rica e que temos várias maneiras de se viver.

Vovó à distância

QUANDO VOCÊ É UMA avó que mora a 6.717 quilômetros de distância de seus netos, vocês hão de convir, é uma relação bem diferente. Ficou muito mais difícil de se construir uma relação amorosa, afetuosa, para eles me chamarem de "vovó", porque eu me encontrava com eles especificamente uma vez por ano. Quando eles eram pequenos, eles vinham ao Brasil e ficavam na minha casa. Então nós passeávamos, brincávamos, íamos à praia. Mas era por apenas 15 dias. E, quando eu ia para Miami, ficávamos juntos, íamos para a piscina, porém também por um tempo limitado, contado. Então é muito difícil lidar com essa distância. Eu sei o quanto isso é difícil porque eu nunca tive avós presentes. Elas moravam no Brasil e eu morava na Argentina, no Uruguai... Então eu não tive avó quando era criança.

Fico, aqui, pensando que os meus netos também não têm avó presente. Ao menos avó paterna. Enquanto eles são crianças, a gente beija, abraça, ri, dá de comer; mas é uma coisa física, uma relação na qual não entra a troca de ideias, de visão de mundo, o bate-papo íntimo, caloroso entre neto e avó. Eu não acompanhei intelectualmente o crescimento deles, a evolução deles. Como de crianças a jovens e de jovens a adultos.

E eu sei da importância da avó, do carinho e do apoio incondicional que uma avó leva para o seu neto. Porque escuto isso: "Quando eu preciso de um carinho eu vou para o colo da minha avó; quando é para chorar eu procuro a companhia de minha avó... Quando eu preciso de dinheiro eu peço para a minha avó... A minha avó que me criou...".

Hoje, Rafael tem 27 anos e Bruno, 25. Mas esses 27 anos que se passaram ficaram restritos na minha cabeça aos momentos infantis deles.

Sei que sou um exemplo para os meus netos, mas um exemplo que sai nas revistas, que conversa com eles ao telefone. Posso dizer que eles sabem tudo o que eu penso, como ajo, sabem que sou respeitada, sabem do meu trabalho. Mas a questão é outra. Não tenho convívio com eles. Nosso encontro é sempre reunião em família, passeando pelo mundo. E eles estão há dez anos ligados em computador, celular — que eu acho um acerto e um erro da humanidade. Mas eu os amo! E muito. Para mim, estão logo depois do meu filho. Eles estão no mesmo canto de afeto do meu filho, dos meus irmãos, dos meus cachorrinhos...

Eu gostaria, sim, de ter convivido mais com eles. Por isso, estou pensando daqui a pouco ir morar em Miami para me aproximar deles, para ter um convívio com eles. O motivo de eu querer ir para Miami não é porque eu adoro aquela cidade. Nada é melhor que a minha casa, melhor que os meus funcionários que vivem aqui comigo na casa do Itanhangá, melhor que o meu Rio de Janeiro, a vista que eu tenho, a floresta aqui na minha frente... Eu amo tudo isso profundamente. Mas devo isso para mim. É um sentimento que está faltando dentro de mim, uma incompletude. Esse sentimento que está pulsando dentro de mim que é conviver com os meus netos e participar mais da vida deles. Preciso sentir o que é ser uma avó de verdade. Se uma avó é necessária ou não para a vida de seus netos? Eu acho que é.

Quero saber como é ser uma avó que na hora do aperto socorre o seu neto. Porque eles não têm a avó do lado deles para procurar na hora de um sufoco. Mas, se eles quiserem pegar um avião e vir aqui para o colo da avó, estou sempre de braços abertos para eles.

Afeto e saudade não são coisas palpáveis. Eles me chamam de "granny", de "Susy", como diz o mais novo. Mas isso tudo ficou tão no passado... quando eu penso neles tenho vontade de chorar. Poucas vezes eu ouvi a palavra "vó", só ouvi "granny". Não tenho o referencial de ser chamada de "vovó".

A separação do meu filho com a Luciana fez com que eles se distanciassem ainda mais. Antes disso, eu ainda ficava na casa deles com os meninos. Depois da separação, Rafael foi morar com o pai e o Bruno com a mãe. Rafael estudou Economia em Los Angeles, presente meu.

E eu deixo aqui o meu agradecimento à Luciana, mãe dos meus netos, por todos os momentos felizes que vivemos. Fui muito feliz ao longo desses anos de convivência e isso estará guardado para sempre no meu coração.

65. O tempo não para

PRECISAMOS TERMINAR ESTE LIVRO. Meu Deus, mas a vida não para, lembra *O tempo e o vento*, a imortal obra de Erico Verissimo. E, como diz meu querido Miguel Falabella em sua peça de teatro, *A vida passa*. Sim, a vida passou, mas eu continuo aqui!

Eu aprendi que a vida gosta de quem gosta dela. E isso eu gostaria muito de registrar e transmitir a quem acompanhou o nosso livro até aqui... Ou a quem acompanha a minha história de vida, de arte. Então, a partir daí, eu me sinto disponível para a vida.

Acredito que até o final da nossa vida a gente precisa ter desejo. Seja de um objeto, um trabalho, um alimento, uma viagem, uma pessoa... Você acordar sem um desejo na sua cabeça, o dia fica morno. Os desejos é que sustentam a gente e nos deixam mais alegres, mais leves, com vontade de viver e lutar para ter saúde, esbofeteando a morte, as doenças... Porque a vida com desejo é muito melhor. E não digo isso apenas do ponto de vista material, ocupacional, do ter o que fazer, me refiro ao desejo interno.

Eu quero ser uma mulher desejada, nem que seja pela minha inteligência, pelo meu sorriso, pelo meu texto... como eu desejo a vida, como eu desejo todo mundo. Essa é a maior mensagem que posso transmitir para quem já leu a minha história registrada aqui neste livro com o Mauro Alencar. Foi a busca de um constante desejo que me fez chegar até aqui e tornou a minha travessia mais possível, mais satisfatória ao longo dessas oito décadas de vida... E que eu já começo a ultrapassar também. Mas, afinal, o que é o tempo? Vou concluindo que o tempo é uma coisa imaginária, criada pelos homens, porque o tempo não se conta, se vive. Por isso eu nunca fiquei pensando muito em números. Eu tirei os números da minha vida e simplesmente vivi... as minhas dores e as minhas alegrias. Mas compreendendo cada vez mais que é também por meio delas, das dores, que crescemos, que ampliamos a nossa existência. Basta compreender e saber tirar proveito de tudo. Acredito que esse seja o sentido da cocriação na espiritualidade.

Recentemente eu, com oitenta anos, fui capa da revista *L'Officiel Hommes*, que é uma revista francesa especializada no comportamento do homem, com capas exclusivas de atores famosos ou modelos. A minha fama chegou até Paris e me convidaram para fazer a capa da versão brasileira da revista da publicação masculina da francesa *L'Officiel*. Eu fui a primeira mulher a posar para essa revista. Isso é a renovação da vida. Acho que esse é o maior presente que eu mesma poderia me dar. É isso que eu gostaria de transmitir, em resumo, ao meu imenso público e às mulheres em particular.

Na mesma época, eu com 81 anos, recebo um convite da revista *Vogue*. Então tudo isso só serviu para eu rir, sorrir. E eu fico pensando em todas as críticas que eu tive, nas maledicências que falaram a meu respeito. Agora eu fico aqui só observando tudo isso... e sorrindo. Porque eu sempre sorri para a vida e a vida sempre me deu motivos para sorrir. Ao mesmo tempo, os comerciais que chegam para mim, aos 81! Então eu só posso ser grata a Deus e à vida.

A minha comunhão com o público, com o meu fã-clube, as minhas personagens que movimentaram a sociedade, assim como eu, me fizeram aceitar o desafio de abrir minha longa história de vida tal e qual um romance, no qual se ultrapassa obstáculos para alcançar o sucesso pessoal e profissional que é, na verdade, parte de nossa evolução aqui na Terra.

Essa determinação eu sentia em mim desde muito cedo. Era o meu propósito de vida, e fui encontrando caminhos para suprir as minhas carências, tão inerentes ao ser humano, da melhor maneira possível.

O desejo não tem nada a ver com sonho. Deito e sonho coisas que nem imagino. É uma criação da minha mente que não comando, é algo divino. Então, como já disse, não tenho a palavra "sonho" na minha vida. A não ser sonhar, dormindo. E eu sonho com tudo e com todos! Mas, quando eu acordo, é desejar. Então eu desejo como se tivesse vinte anos! E a vida pulsa para mim.

É vida latente! E é essa a energia que eu emano.

É o desejo que vem me renovando e me tornou uma mulher a serviço da vida. E, claro, construindo a felicidade ao lado de meus amados cachorrinhos, cada qual com a sua personalidade, e juntos fomos nos adaptando uns aos outros.

Então, nessa hora, nada lhe afeta e você compreende uma dorzinha aqui, outra acolá. Tudo isso faz parte do processo de vida. Outro dia fiquei pensando, se eu não fosse Susana Vieira, eu queria ser uma mistura das atrizes Jane Fonda (que foi para os cuidados com o corpo) com Shirley MacLaine (que se encaminhou para os cuidados do espírito).

Mas eu amo mesmo é ser Susana Vieira! E tenho absoluta gratidão pela boa mistura que consegui entre a Sônia e a Susana que faz o espetáculo da vida recomeçar a cada dia.

Posfácio

ENQUANTO FINALIZAVA ESTE LIVRO, completei 81 anos e o susto passou. Resolvi ir a Portugal. Tirei quinze dias de férias do teatro e me entreguei à praia, ao sol, ao mar, às baladas... Minha família foi comigo e nos divertimos muito. Amo tanto o Algarve, com suas grutas e falésias, que essa foi a terceira vez que celebrei meu aniversário por lá. Esvaziei minha cabeça e aproveitei tudo como uma criança feliz.

Aos 81 anos, tenho vários projetos e muito o que fazer. Acho que o segredo é ter essa cabeça juvenil. Não fiquei amarga, nem preconceituosa, nem achando tudo horrível. A vida é um sobe e desce, sim. Mas eu mais subi do que desci. E, posso dizer, com minha vitalidade e com meu trabalho: sim, eu cheguei no topo. Isso significa parar? De maneira nenhuma!

Estou impossível. E tenho muito pela frente.

Para aqueles que eu amo

Ao escrever essa biografia, senti ainda mais orgulho da mulher potente e corajosa que me tornei. Mas reconheço que pessoas especiais foram essenciais na minha jornada até aqui e não faria sentido não citá-las e deixar registrado todo o meu amor e gratidão. Ninguém faz nada sozinho. A vida acontece com o outro e para com o outro. Ainda bem. Ter com quem contar é a maior riqueza dessa vida. Então, deixo aqui o meu agradecimento especial a todos os profissionais que passaram em minha vida.

Ao Mauro Alencar, pela escuta, respeito e carinho ao escrever essa biografia. Pelo desejo profundo e sincero de eternizar a minha história.

Aos meus colegas de trabalho, pela troca genuína, na vida e na arte. A todas as minhas camareiras, seja na TV, no teatro e no cinema, que sempre me enchem de cuidados e não esquecem o café com leite que eu tanto gosto. Diretores, autores, iluminadores, figurinistas, câmeras, produção e a todos os cabeleireiros e maquiadores que me enfeitaram no vídeo, na minha vida particular e nas campanhas publicitárias. Eu guardo no coração e na minha memória cada um de vocês.

Minha eterna gratidão à Dona Cida, minha secretária maravilhosa, que cuida de tudo na minha casa com muita eficiência e amor: das minhas contas, dos meus cachorrinhos, do meu look diário. Sempre brilhante em tudo que se dispõe a fazer. Ao sr. Francisco, meu motorista há dez anos, que me leva e me cuida, minha companhia diária por onde eu vou. Muito obrigada. Agradeço também à Claudia e à Rose, por cuidarem tão bem de mim aqui em casa. Pelas comidas gostosas e pelo carinho. E pelas risadas também. Obrigada Jackson, meu caseiro competente e fiel. E ao Roger, por cuidar do meu jardim e estar sempre a postos.

Aos porteiros e seguranças do meu condomínio, com quem faço questão de falar ao sair e chegar, todos os dias, sem exceção, para quem faço questão de demonstrar minha gratidão diária e respeito.

Aos meus médicos, pela disponibilidade e pelo direcionamento da minha saúde e no meu tratamento. Mesmo tendo uma leucemia crônica, aqui estamos! Vencemos! Deus é bom o tempo todo!

A vida também me deu Luis Claudio Portella, amigo confidente que me ensinou que nem sempre dois e dois são quatro. E que há anos mudou o seu Natal de lugar para passar aqui em casa.

A toda a minha família, que é grande em tamanho e amor. Vocês são o bem mais valioso!

Um agradecimento especial aos meus fãs. Sem vocês eu não teria chegado até aqui. Aos meus cachorrinhos, por todo amor que me dão e me deram. A solidão nunca existiu porque vocês existiram: João, Tábata, Diana, Silvia, Rajá, Jorge, Pegasus, Peter, Wulligan, Heitor, Max, Clarck, Scarlett, Tina, William, Lara, Bobi e Stefany.

E, por fim, à Dany Tavares, minha irmã de alma, meu anjo da guarda, minha vigilante atenta, minha rede de segurança, minha professora, meu amor incondicional para sempre!

Estrela na vida e na arte

NA DANÇA
Bailando comigo!

Apresentações como bailarina no Teatro Colón, em Buenos Aires
Anos 50
El jardín (1950)
Esperanza (1950)
La Condesa (1950)
Los zapatos mágicos (1951)
Las zapatillas rojas (1952)
Alícia en el país de las maravillas (1953)
Cinderella (1953)
El lago de los cisnes (1954)
La leyenda de Peter Pan (1954)
La sirenita (1954)
The nutcraker (1954)

Apresentações no período de Bailarina na TV Tupi, em São Paulo
Anos 60
Concertos Matinais Mercedes Benz (1960)
Grandes Atrações Pirani (1961)

NO TEATRO
Nos palcos do mundo

First lady (1958)
Personagem: Girl

Uma noite na broadway (1959)
Personagem: Girl

Teatro Mappin ao vivo (1960)
Personagem: Senhorita

Brotos em festa no Teatro Tupi (1962)
Personagem: Girl

Vamos brincar de amor em Cabo Frio (1965)
» Elenco: Dulcina de Moraes, Jardel Filho, Márcia de Windsor e Susana Vieira. Comédia musical de Sérgio Viotti e Fábio Sabag.

Alô Dolly (1966)
» Adaptação de texto teatral de Thornton Wilder no Teatro João Caetano.
» Elenco: Bibi Ferreira, Paulo Fortes, Hilton Prado, Susana Vieira, Augusto César, Lisia Demoro, Marli Tavares, Milton Carneiro, Francisco Serrano, Marlene Barros, Alda Marina e um time de 126 pessoas.

Romeu e Julieta (1969)
Personagem: Julieta
» Substituição da Regina Duarte no elenco do Rio de Janeiro — Teatro Ruth Escobar.
» Adaptação da peça de William Shakespeare, com direção de Jô Soares.
» Elenco: Susana Vieira, Heleno Prestes, Lélia Abramo, Sérgio Mamberti, Renato Machado, Teresa Austregésilo e Lafayette Galvão.

O jogo da verdade (1971)
» Comédia policial de Aurimar Rocha no Teatro de Bolso
» Elenco: Íris Bruzzi, Neuza Amaral, Susana Vieira, Aurimar Rocha, Hilton Prado e Nelson Caruso.

Ipanemissíssima (1973)
» Direção de Amandio no Teatro Santa Rosa, Rio de Janeiro
» Elenco: Regina Célia, Amândio, Roberto Ronel, Fernando José, Arnaldo Peduto, Márcia Gastaldi. Participação especial: Susana Vieira.

Tiro e queda (1974)
» Escrita por Marcel Achard e dirigida por Cecil Thiré no Teatro Copacabana
» Elenco: Tônia Carrero, Carlos Eduardo Dolabella e Susana Vieira.

Constantina (1974-1975)
Personagem: Maria Luiza
» Comédia de Somerset Maugham com direção de Cecil Thiré.
» Música de Nelson Motta e Guto Graça Mello no Teatro Copacabana.
» Elenco: Tônia Carrero, Roberto Maya, Susana Vieira e Felipe Wagner.

Os filhos de Kennedy (1976)
Personagem: Carla
» De Robert Patrick e direção de Sérgio Britto, com tradução de Millôr Fernandes no Teatro SENAC.
» Elenco: Susana Vieira, José Wilker, Vanda Lacerda, Otávio Augusto, Maria Helena Pader e Lionel Linhares.

Entre quatro paredes (1977)
Personagem: Estela
» Escrito por Jean Paul Sartre. Tradução de Luís Sérgio Person e direção de Cecil Thiré no Teatro SENAC.
» Elenco: Vanda Lacerda, Susana Vieira, Otávio Augusto e Milton Luís.

Roda cor de roda (1978)
Personagem: Amélia
» De Leilah Assumpção e direção de Gracindo Júnior no Teatro Glória.
» Elenco: Susana Vieira, Edwin Luisi e Natália do Vale.

Os órfãos de Jânio (1980)
Personagem: Gilda
» Comédia de Millôr Fernandes e direção de Sérgio Britto no Teatro dos 4.
» Elenco: Jacqueline Laurence, Susana Vieira, Vera Fajardo, Milton Gonçalves, Cláudio Corrêa e Castro e Hélio Guerra.

Pato com laranja (1980)
Personagem: Liz
» De William Douglas Home e direção geral de Adolfo Celi no Teatro Ginástico.
» Elenco: Paulo Autran, Susana Vieira, Karin Rodrigues, Rosita Thomaz Lopes e Márcio de Luca.

As tias (1981)
Personagem: Maria de Lurdes
» Texto de Doc Comparato e Aguinaldo Silva. Uma comédia em dois atos com direção geral de Luís de Lima no Teatro da Lagoa.
» Elenco: Susana Vieira, Ítalo Rossi, Paulo César Pereio, Edney Giovenazzi, Nildo Parente e Roberto Lopes.

A partilha (1990-1996)
Personagem: Regina
» Comédia dramática escrita e dirigida por Miguel Falabella no Teatro Cândido Mendes. Um enorme sucesso, apresentado em mais de 12 países.
» Elenco: Susana Vieira, Arlete Salles, Natália do Vale e Thereza Piffer.

A dama do Cerrado (1997)
Personagem: Leda Florim
» Texto e direção de Mauro Rasi no Teatro do Leblon.
» Elenco: Susana Vieira, Otávio Augusto, Beatriz Lyra e Luciano Mallman.

A vida passa (2000-2001)
Personagem: Regina
» Continuação do maior sucesso teatral de Miguel Falabella: *A Partilha,* escrita dez anos depois.
» Elenco: Susana Vieira, Arlete Salles, Natália do Vale e Thereza Piffer.

Água viva (2003)
Personagem: *Clarice Lispector*
» Baseado no livro homônimo de Clarice Lispector, livre adaptação dirigida por Maria Pia Sconamiglio. Estreou no Teatro Vannucci e formou mais de 40 mil espectadores.
» Elenco: Susana Vieira (monólogo) e dois dançarinos.

Namoradinha do Brasil (2006-2007)
Personagem: Ragilda
» Direção de Fernando Ceylão no Teatro das Artes.
» Elenco: Susana Vieira e Bárbara Borges.

A partilha (2012)
Personagem: Regina
» Remontagem do espetáculo de sucesso de Miguel Falabella, contendo todo o elenco original, com exceção de Natália do Vale.
» Elenco: Susana Vieira, Arlete Salles, Patricia Travassos e Thereza Piffer.

Barbaridade (2015)
Personagem: *Daniela Gordon*
» Espetáculo de Rodrigo Nogueira e direção de Alonso Barros. Baseado na história de Luis Fernando Verissimo, Zuenir Ventura e Ziraldo.
» Elenco: Susana Vieira, Osmar Prado, Edwin Luisi e Marcos Oliveira.

Shirley Valentine (2016-2023)
Personagem: *Shirley Valentine*
» Adaptação de Miguel Falabella da comédia de Willy Russell, com direção de Miguel Falabella e Tadeu Aguiar.
» Elenco: Susana Vieira (monólogo).

NA TELEVISÃO
Na construção da nova indústria do entretenimento

Teleteatro: TV Tupi

1961 — **Grande Teatro Tupi:** *Almas em suplício*

1961 — **Grande Teatro Tupi:** *Dona Xepa*

1961 — **Grande Teatro Tupi:** *Grave acusação*

1961 — **Grande Teatro Tupi:** *O chapéu cheio de chuva*

1961 — **Grande Teatro Tupi:** *O erro dos pais*

1961 — **Grande Teatro Tupi:** *Transgressão*

1961 — **Studium 4 — TV Tupi:** *A esposa do Coronel*

1961 — **Studium 4 — TV Tupi:** *Leningue*

1961 — **Studium 4 — TV Tupi:** *O baile de Anabela*

1961 — **Studium 4 — TV Tupi:** *Vou dizer que morri*

1961 — **TV de Comédia — Tupi:** *A teia de aranha*

1961 — **TV de Comédia — Tupi:** *Com qual dos dois?*

1961 — **TV de Comédia — Tupi:** *Fugir, casar ou... correr*

1961 — **TV de Comédia — Tupi:** *Um gosto de mel*

1961 — **TV de Comédia — Tupi:** *Veneno de cobra*

1961 — **TV de Vanguarda — Tupi:** *Bel-Ami*

1961 — **TV de Vanguarda — Tupi:** *O sorriso da Gioconda*

1962 — **Grande Teatro Tupi:** *No fundo do poço*

1962 — **Grande Teatro Tupi:** *O senhor acredita na lua*

1962 — **Grande Teatro Tupi:** *Só resta uma lágrima*

1962 — **Grande Teatro Tupi**: *A noite eterna*

1962 — **Grande Teatro Tupi**: *A única verdade*

1962 — **Studium 4 — TV Tupi:** *Domingo triste*

1962 — **Studium 4 — TV Tupi:** *O quarto mobiliado*

1962 — **Studium 4 — TV Tupi:** *Pelo amor, pelo bem*

1962 — **Studium 4 — TV Tupi:** *Um homem honesto*

1962 — **TV de Comédia — Tupi:** *A pupila de meus olhos*

1962 — **TV de Comédia — Tupi:** *Carnaval? Que horror!*

1962 — **TV de Comédia — Tupi:** *Depois apareceu alguém*

1962 — **TV de Comédia — Tupi:** *Nu com violino*

1962 — TV de Comédia — **Tupi:** *O beijo que era meu*

1962 — TV de Comédia — **Tupi:** *O círculo vicioso*

1962 — TV de Comédia — **Tupi:** *Sexta-Feira, às duas horas*

1962 — TV de Comédia — **Tupi:** *Tovarich — Helena*

1962 — TV de Vanguarda — **Tupi:** *Cimento — Dora*

1962 — TV de Vanguarda — **Tupi:** *Doce cheiro do sucesso*

1962 — TV de Vanguarda — **Tupi:** *História de um herói*

1962 — TV de Vanguarda — **Tupi:** *Melodia da noite*

1962 — TV de Vanguarda — **Tupi:** *O momento perdido*

1962 — TV de Vanguarda — **Tupi:** *Quando a neve tornar a cair*

1962 — TV de Vanguarda — **Tupi:** *Três Anas e três Josés em volta de uma cama*

1962 — TV de Vanguarda — **Tupi:** *Vale do destino*

1963 — **Grande Teatro Tupi:** *Diálogo das Carmelitas*

1963 — **Grande Teatro Tupi:** *Mulheres do crepúsculo*

1963 — **Grande Teatro Tupi:** *Ódio que mata*

1963 — **Tele-Teatro Brastemp 63** — TV **Tupi:** *Crime e castigo*

1963 — TV **Tupi:** *Terror nas trevas*

1963 — TV de Comédia — **Tupi:** *A teia de aranha*

1963 — TV de Comédia — **Tupi:** *Ciúme*

1963 — TV de Comédia — **Tupi:** *Histórias para serem contadas*

1963 — TV de Comédia — **Tupi:** *Isso é com todos nós, naturalmente*

1963 — TV de Comédia — **Tupi**: *Ladrão que rouba ladrão*

1963 — TV de Comédia — **Tupi:** *O terceiro degrau da escada estava quebrado*

1963 — TV de Comédia — **Tupi:** *SPH-35*

1963 — TV de Vanguarda — **Tupi:** *O cordão*

A telenovela diária chega ao Brasil

Excelsior, Tupi e Record

1966 — **A pequena Karen** *— Karen*
De Dulce Santucci
Direção: Fernando Baleroni

1966 — **Almas de pedra** *— Naná Ramalho*
De Ivani Ribeiro
Direção: Walter Avancini

1966 — **Ninguém crê em mim** — *Marisa*
De Lauro César Muniz
Direção: Dionísio Azevedo

1966/1967 — **As minas de prata** — *Joaninha*
De Ivani Ribeiro inspirada no romance de José de Alencar
Direção: Carlos Zara e Walter Avancini

1967 — **Estrelas no chão** — *Sílvia*
De Lauro César Muniz
Direção: Wanda Kosmo

1968 — **Amor sem Deus** — *Ana Beatriz*
De Alba Garcia
Direção: Ivan Mesquita

1968-1969 — **A última testemunha** — *Maria Tereza dos Anjos*
De Benedito Ruy Barbosa
Direção: Walter Avancini

1969 — **Seu único pecado** — *Karina Vidal*
De Dulce Santucci
Direção: Dionísio Azevedo

1969-1970 — **Algemas de ouro** — *Clotilde Ramos (Tide)*
De Benedito Ruy Barbosa e Dulce Santucci
Direção: Dionísio Azevedo e Régis Cardoso

1970 — **As bruxas** — *Diva*
De Ivani Ribeiro
Direção: Walter Avancini e Carlos Zara

De Candinha a Cândida, a telenovela vai conquistando o Brasil e o mundo...
E eu vou junto.

Globo

1970 — **Pigmalião 70** — *Candinha (Cândida)*
De Vicente Sesso
Direção: Régis Cardoso

1970-1971 — **A próxima atração** — *Regina*
De Walter Negrão
Direção: Régis Cardoso

1971-1972 — **Minha doce namorada** — *Nelita*
De Vicente Sesso
Direção: Fernando Torres

1972-1973 — **O bofe** — *Marilene*
De Bráulio Pedroso
Direção: Lima Duarte

1974 — **O espigão** — *Tina Camará*
De Dias Gomes
Direção: Régis Cardoso

1975 — **Escalada** — *Cândida Ribeiro Dias*
De Lauro César Muniz
Direção: Régis Cardoso

1976 — **Anjo mau** — *Nice (Eunice Mota Noronha Medeiros)*
De Cassiano Gabus Mendes
Direção: Régis Cardoso

1976-1977 — **Duas vidas** — *Cláudia*
De Janete Clair
Direção: Daniel Filho

1978 — **Te contei?** — *Luciana*
De Cassiano Gabus Mendes
Direção: Régis Cardoso

1978-1979 — **A sucessora** — *Marina Steen*
De Manoel Carlos
Direção: Herval Rossano e Gracindo Júnior

1979-1980 — **Os gigantes** — *Veridiana Gurgel*
De Lauro César Muniz
Direção: Régis Cardoso

1981 — **Baila comigo** — *Paula Vargas Leme*
De Manoel Carlos
Direção: Roberto Talma

1982 — **Elas por elas** — *Vanessa*
De Cassiano Gabus Mendes
Direção: Paulo Ubiratan

1983-1984 — **Guerra dos sexos** — *Marlene*
De Sílvio de Abreu
Direção: Jorge Fernando

1984 — **Partido alto** — *Gilda (Gildete)*
De Gloria Perez e Aguinaldo Silva
Direção: Roberto Talma

1985 — **Um sonho a mais** — *Renata Aranha*
De Daniel Más
Direção: Roberto Talma

1985-1986 — **Ti Ti Ti** — *Sra. Marcutti*
De Cassiano Gabus Mendes
Direção: Wolf Maya

1986 — **Cambalacho** — *Amanda Pereira Guerreiro*
De Silvio de Abreu
Direção: Jorge Fernando

1987-1988 — **Bambolê** — *Marta Junqueira*
De Daniel Más
Direção: Wolf Maya

1989 — **O salvador da pátria** — *Gilda Pompeu de Toledo Blanco*
De Lauro César Muniz
Direção: Paulo Ubiratan e Gonzaga Blota

1989-1990 — **Top model** — *Bárbara Ellen*
De Walter Negrão e Antônio Calmon
Direção: Roberto Talma

1990-1991 — **Lua cheia de amor** — *Laís Souto Maia*
De Ana Maria Moretszohn, Ricardo Linhares e Maria Carmem Barbosa
Inspirada em Dona Xepa, *de Pedro Bloch*
Direção: Roberto Talma

1993 — **Mulheres de areia** — *Clarita (Clara de Azevedo Assunção)*
De Ivani Ribeiro
Direção: Wolf Maya

1993-1994 — **Fera ferida** — *Rubra Rosa Pompílio de Castro*
De Aguinaldo Silva, Ricardo Linhares e Ana Maria Moretzsohn
Inspirada em romances e contos de Lima Barreto
Direção de Dennis Carvalho e Marcos Paulo

1995 — **A próxima vítima** — *Ana Carvalho Mestieri*
De Silvio de Abreu
Direção: Jorge Fernando

1996 — **Vira lata** — *Laura Gouveia Visconti*
De Carlos Lombardi
Direção: Rogério Gomes e Jorge Fernando

1996-1997 — **Salsa e merengue** — *Dolores Molidor*
De Miguel Falabella e Maria Carmem Barbosa
Direção: Wolf Maya

1997-1998 — **Por amor** — *Branca Letícia de Barros Mota*
De Manoel Carlos
Direção: Paulo Ubiratan, Roberto Naar e Ricardo Waddington

1998 — **Anjo mau** — *participação especial*
De Maria Adelaide Amaral
Direção: José Luiz Villamarim

1999 — **Andando nas nuvens** — *Gonçala San Marino*
De Euclydes Marinho
Direção: Dennis Carvalho

2001-2002 — **A padroeira** — *Dorothéia Lopes Cintra (Dodô)*
De Walcyr Carrasco
Direção: Roberto Talma e Walter Avancini

2003 — **Mulheres apaixonadas** — *Lorena Ribeiro Alves*
De Manoel Carlos
Direção: Ricardo Waddington

2004-2005 — **Senhora do destino** — *Maria do Carmo Ferreira da Silva*
De Aguinaldo Silva
Direção: Wolf Maya

2007 — **Paraíso tropical** — *Amélia Viana*
De Gilberto Braga e Ricardo Linhares
Direção: Dennis Carvalho

2007-2008 — **Duas caras** — *Branca Maria Barreto Pessoa de Morais*
De Aguinaldo Silva
Direção: Wolf Maya

2009 — **Caminho das Índias** — *Ela mesma*
De Gloria Perez
Direção: Marcos Schechtman

2013-2014 — **Amor à vida** — *Pilar Rodriguez Khoury*
De Walcyr Carrasco
Direção: Mauro Mendonça Filho

2015 — **Babilônia** — *Ela mesma*
De Gilberto Braga
Direção: Dennis Carvalho

2015-2016 — **A regra do jogo** — *Adisabeba dos Santos Stewart*
De João Emanuel Carneiro
Direção: Amora Mautner

2019-2020 — **Éramos seis** — *Emília Amaral Sampaio*
De Ângela Chaves a partir da novela de Silvio de Abreu e Rubens Ewald Filho
Baseada no romance de Maria José Dupré
Direção: Pedro Peregrino e Carlos Araújo

2023 — **Terra e paixão** — *Cândida Ferreira*
De Walcyr Carrasco
Direção: Luiz Henrique Rios

MINISSÉRIES, SERIADOS E SÉRIES
Novas linguagens, diferentes estéticas

1968 — **Os tigres** — *Maria Helena*
De Marcos Rey
Direção: Carlos Zara

1973 — **Tio Maravilha** — *Vivinha* — *série*
De Carlos Alberto de Nóbrega
Direção: Celso Nunes

1973-1974 — **Shazan, Xerife & Cia:** *A Bicicleta Voadora* — *série*
De Walter Negrão
Direção: Reynaldo Boury

1979 — **Aplauso** — **TV Globo:** *Vestido de Noiva* — *Alaíde (Teleteatro)*
De Nelson Rodrigues
Direção: Paulo José

1979 — **Carga pesada** — *seriado*
De Gianfrancesco Guarnieri e Ferreira Gullar
Direção: Paulo José

1979 — **Malu mulher** — *seriado*
De Daniel Filho
Direção: Paulo Afonso Grisolli

1980 — **Plantão de polícia:** *Caixa de surpresas* — *seriado*

1981 — **Caso especial:** *Os amores de Castro Alves* — *unitário*
De Doc Comparato
Direção: Fábio Sabag

1982 — **Quem ama não mata** — *Laura* — *minissérie*
De Euclydes Marinho
Direção: Daniel Filho e Dennis Carvalho

1983 — **Caso verdade**: *Vida nova* — *Apresentadora*
Criação e supervisão: Walter Avancini

1983 — **Mário fofoca:** Nem tudo que sobe desce — Sra. Paranhos — seriado
De Cassiano Gabus Mendes
Direção: Adriano Stuart

1988 — **Caso especial**: O dia mais quente do ano — Marli — unitário
De Marcílio Moraes
Direção: Wolf Maya

1990 — **Boca do lixo** — Ela mesma — minissérie
De Silvio de Abreu
Direção: Roberto Talma

1990 — **Delegacia de mulheres** — Ruth Baiana — seriado
De Miguel Falabella, Maria Carmem Barbosa e Patricia Travassos
Direção: Wolf Maya, Denise Saraceni e Del Rangel

1992 — **Anos rebeldes** — Mariana — minissérie
De Gilberto Braga
Direção: Dennis Carvalho

1992 — **Você decide**: Segredo de família — Apresentadora — série
De Boni
Direção: Paulo José, Roberto Talma, Herval Rossano e Fábio Sabag

1996 — **Sai de baixo**: Um homem para chamar Dirceu — Leda Florim — sitcom/ Teleteatro
De Daniel Filho e Luis Gustavo
Direção: Dennis Carvalho, José Wilker, Daniel Filho, Jorge Fernando e Cininha de Paula

1998 — **Você decide**: Dublê de socialite — Jacira Clark — série
De Boni
Direção: Paulo José, Roberto Talma, Herval Rossano e Fábio Sabag

1999 — **Chiquinha Gonzaga** — *Suzette Fontin* — *minissérie*
De Lauro César Muniz
Direção: Jayme Monjardim

2000 — **Brava gente:** *Meia encarnada dura de sangue* — *Elvira* — *série*
De Jorge Furtado e Guel Arraes
Adaptado do original de Lourenço Cazarré
Direção: Jorge Furtado

2000 — **Você decide:** *A hipocondríaca* — *Carmem* — *série*
De Boni
Direção: Paulo José, Roberto Talma, Herval Rossano e Fábio Sabag

2000 — **Você decide**: *O morto vivo* — *Ana* — *série*
De Boni
Direção: Paulo José, Roberto Talma, Herval Rossano e Fábio Sabag

2001 — **Brava gente**: *A sonata* — *Safira* — *série*
De Júlio Fischer
Adaptado do original de Erico Verissimo
Direção: Jayme Monjardim

2001 — **Sai de baixo**: *O namorado tem namorado* — *Rosa* — *sitcom / Teleteatro*
De Daniel Filho e Luis Gustavo
Direção: Dennis Carvalho, José Wilker, Daniel Filho, Jorge Fernando e Cininha de Paula

2001 — **Sai de Baixo**: *A primeira Cassandra a gente nunca esquece* — *Falsa Cassandra* — *sitcom / Teleteatro*
De Daniel Filho e Luis Gustavo
Direção: Dennis Carvalho, José Wilker, Daniel Filho, Jorge Fernando e Cininha de Paula

2003 — **Fantástico**: Retrato Falado "Zenaide Santos" — Mercedes — seriado (quadro do programa Fantástico)
De José Roberto Torero, Maurício Arruda, Mariana Veríssimo, Lícia Manzo e Marcus Aurelius Pimenta
Direção: Luis Villaça

2006 — **Minha nada mole vida**: Onde foi parar o ganso biscoito? — SuperFamosa — sitcom
De Fernanda Young e Alexandre Machado
Direção: José Alvarenga Jr

2006 — **Minha nada mole vida**: Que vença o melhor — SuperFamosa — sitcom
De Fernanda Young e Alexandre Machado
Direção: José Alvarenga Júnior

2006 — **Sob nova direção**: Futuro de matar — Madame Zora — sitcom
De Heloísa Périssé e Ingrid Guimarães
Direção: Mário Farias e Roberto Farias

2009 — **Cinquentinha** — Lara Romero / Aretuza Pena — minissérie
De Aguinaldo Silva
Direção: Wolf Maya

2011 — **Lara com Z** — Lara Romero / Aretuza Pena — minissérie
De Aguinaldo Silva
Direção: Wolf Maya

2014 — **Fantástico**
Eu que amo tanto — Sandra — seriado (quadro do programa **Fantástico**)
Baseado no livro homônimo de Marília Gabriela, com roteiro de Euclydes Marinho
Direção: Joana Jabace e Amora Mautner

2015 — **Chapa quente** — *Ela mesma* — *sitcom*
De Cláudio Paiva
Direção: José Alvarenga Júnior

2015 — **Os suburbanos:** *Aquela da Susana Vieira* — *Ela mesma* — *siticom*
Criação e direção: Luciano Sabino

2017 — **Os dias eram assim** — *Cora Dumonte* — *série*
De Ângela Chaves e Alessandra Poggi
Direção de Carlos Araújo

Variedades, Humor e Auditório

1970/1971 — **Chico Anysio Especial** — *humor*

2005 — **A turma do Didi** — *Ela mesma* — *humor*
De Renato Aragão
Direção: Alexandre Boury

2006 — **Domingão do Faustão**: *Dança no Gelo* — *Concorrente / Ela mesma*
— *auditório*
Apresentado por Fausto Silva com direção artística de Augusto César Vannucci

2009 — **Casseta & Planeta, Urgente!** — *Ela mesma / Maria do Carmo /*
Branca Maria — *humor*
Criado pelos integrantes do grupo Casseta e Planeta com direção de José Lavigne

2016 — **Apresentadora do Vídeo Show** — *variedades*
Apresentado por Otaviano Costa e Susana Vieira com direção de Aída Silva

2021 — **Se Joga**: *Susana Sem Filtro* — *Apresentadora* — *variedades*
Apresentado por Fernanda Gentil, Érico Brás e Fabiana Karla com direção de
Bianca Lopes e Frederico Neves

NO CINEMA
Luzes, câmera, ação!

1974 — **O forte** — *Ana Tereza*
Criado e dirigido por Olney São Paulo

1975 — **O casal** — *Cida*
Roteiro de Daniel Filho e Oduvaldo Vianna Filho com direção de Daniel Filho

1983 — **As aventuras de Mário Fofoca** — *Ana*
Roteiro de Carlos Lombardi e Cassiano Gabus Mendes com direção de Adriano Stuart

1984 — **Nunca fomos tão felizes** — *Leonor*
Roteiro de Alcione Araújo e Jorge Durán com direção de Murilo Salles

1993 — **Vênus de fogo** — *Rita*
Roteiro de Filipe Miguez, Fausto Fawcett e Victor Lopes com direção de Victor Lopes

2002 — **Xuxa e os duendes 2** — *Rainha das Bruxas*
Roteiro de Vivian Perl e Wagner de Assis com direção de Paulo Sérgio de Almeida, Rogério Gomes e Márcio Vito

2008 — **A ilha dos escravos** — *Branca Nina Magalhães*
Roteiro de António Torrado e José Evaristo de Almeida com direção de Francisco Manso

2012 — **As aventuras de Agamenon, o repórter** — *Ela mesma*
Roteiro de Marcelo Madureira e Hubert com direção de Victor Lopes

2012 — **Os penetras** — *Ivone*
Roteiro de Marcelo Vindicatto e direção de Andrucha Waddington

2015 — **Linda de morrer** — *Mãe Lina*
Roteiro de Carolina Castro e Marcelo Saback com direção de Cris D'Amato

2015 — **Sorria, você está sendo filmado** — Vera
Roteiro e direção de Daniel Filho

2021 — **Amigas de sorte** — *Nelita*
Baseado em um argumento de Fernanda Young e Alexandre Machado com direção
de Homero Olivetto

TRABALHOS INTERNACIONAIS
Nuevas emociones

Teatro
Rebecca, la mujer inolvidable (1983)
Personagem: *Sra. De Winter*
Adaptação para teatro do romance de Daphne du Maurier, inaugurando o Teatro
Camiño Real, em Lima, Peru.

TV
Televisa
1983 — **Profesión: Señora** — *Maria (México)*
SIC

2010-2011 — **Laços de sangue** — *Lara Romero / Aretuza Pena (Portugal)*

NA MÚSICA
Cantando pela vida

2010 — **CD** — **Brasil Encena com Susana Vieira**

EU APRENDI QUE A vida gosta de quem gosta dela. Acredito que a gente precisa ter desejo até o final de nossa vida. Seja por um trabalho, um alimento, uma viagem ou uma pessoa. Porque a vida com desejo é muito melhor. E seguem...

A vida e a arte da vida!

Janeiro de 2024

MAURO ALENCAR AGRADECE

Lucas Mimura, Edgard Jordão, Antonio Gilberto, Marcelo Del Cima e, muito especialmente, Dany Tavares.